러시아의 한국학과 북우 계봉우

글쓴이

윤병석(尹炳奭 Yoon Byungseok) 인하대학교 사학과 명예교수
반병률(潘炳律 Ban Byungyool) 한국외국어대학교 사학과 교수
박노자(Vladimir Tikhonov) 노르웨이 오슬로대학교 인문학부 문화연구 및 동방언어과 교수
조원형(趙原珩 Cho Wonhyong) 국립국어원 연구사
류준필(柳浚弼 Ryu Junpil) 인하대학교 한국학연구소 HK교수
이영호(李榮昊 Lee Youngho) 인하대학교 인문학부 사학전공 교수, 한국학연구소 소장
이현주(李賢周 Lee Hyunju) 국가보훈처 연구관
임학성(林學成 Lhim Hagseong) 인하대학교 한국학연구소 HK교수
계학림(Ге Хаким) 계봉우 선생의 막내 아들
이원용(李元容 Lee Wonyong) 러시아어 번역 및 러시아 관련 자유기고가

동아시아한국학연구총서 16
러시아의 한국학과 북우 계봉우

초판 인쇄 2013년 5월 13일 **초판 발행** 2013년 5월 23일
엮은이 인하대학교 한국학연구소 **펴낸이** 박성모 **펴낸곳** 소명출판 **출판등록** 제13-522호
주소 서울시 서초구 서초동 1621-18 란빌딩 1층
전화 02-585-7840 **팩스** 02-585-7848 **전자우편** somyong@korea.com **홈페이지** www.somyong.co.kr

값 24,000원

ISBN 978-89-5626-866-8 93810
ISBN 978-89-5626-835-4 (세트)

이 책은 2007년 정부(교육과학기술부)의 재원으로 한국연구재단의 지원을 받아 수행된 연구임(KRF-2007-361-AM0013).

동아시아한국학연구총서 16

러시아의 한국학과 북우 계봉우

Buku Gye Bong-U and Making of Korean Studies in Russia

인하대학교 한국학연구소 편

소명출판

| 간행사 |

인하대학교 한국학연구소는 2007년부터 '동아시아 상생과 소통의 한국학'을 의제로 삼아 인문한국(HK) 사업을 수행하고 있다. 상생과 소통을 꾀하는 동아시아한국학이란, 우선 동아시아 각 지역과 국가의 연구자들이 자국의 고유한 환경 속에서 축적해 온 '한국학(들)'을 각기 독자적인 한국학으로 재인식하게 하고, 다음으로 그렇게 재인식된 복수의 한국학(들)이 서로 생산적으로 소통할 수 있는 방법을 구성해내는 한국학이다. 우리는 바로 이를 '동아시아한국학'이라는 고유명사로 명명하고 있다. 따라서 동아시아한국학은 하나의 중심으로 수렴된 한국학을 지양하고, 상이한 시선들이 교직해 화성(和聲)을 창출하는 복수의 한국학을 지향한다.

이런 목표의식하에 한국학연구소는 한국학이 지닌 서구주의와 민족주의적 편향성을 극복하기 위한 방법으로 근대전환기 각국에서 이뤄진 한국학(들)의 계보학적 재구성을 시도하고 있다. 주지하듯이 한국에서 자국학으로 발전해온 한국학은 물론이고, 구미에서 지역학으로 구조화된 한국학, 중국・러시아 등지에서 민족학의 일환으로 형성된 조선학과 고려학, 일본에서 동양학의 하위 범주로 형성된 한국학 등 이미 한국학은 단성적(單聲的)인 방식이 아니라 다성적(多聲的)인 방식으로 존재하고 있다. 우리는 그 계보를 탐색하고 이들을 서로 교통시키고자 한다. 다시 말해 본 연구소는 동아시아적 사유와 담론의 허브로서 동아시아한국학의 방법론을 정립하기 위해 학문적 모색을 거듭하고 있다.

더욱이 다시금 동아시아 각국의 특수한 사정들을 헤아리면서도 국경을 넘어서는 보편적 가치를 모색할 필요성이 절실해지는 이즈음, 상생과 소통을 위한 사유와 그 실천의 모색에 있어 그간의 학문적 성과를 가름하고 공유하는 것은 여러 모로 의미가 있으리라 여겨진다. 이에 우리는 복수의 한국학에 대한 계보학적 탐색, 상생과 소통을 위한 동아시아한국학의 방법론 정립, 연구 성과의 대중적 공유라는 세 가지 지향점을 중심으로 지속적으로 축적되고 있는 연구 성과를 세 방향으로 갈무리하고자 한다.

본 연구소에서는 상생과 소통을 위한 동아시아한국학 연구에 있어 연구자들에게 자료와 토대를 정리해 연구의 기초를 제공하고, 또한 현재 동아시아한국학 연구의 범위와 향방을 보여줄 뿐만 아니라 그 연구 성과들을 시민들과 공유하는 것까지 고려하는 방향으로 총서를 발행하고 있다. 모쪼록 이 총서가 동아시아에서 갈등의 피로를 해소하고 새로운 상생의 방법을 모색하는 데 일조할 수 있기를 기대한다.

인하대학교 한국학연구소

| 서문 |

동아시아적 맥락에서 한국학을 재구축하자는 취지로 제안한 '동아시아한국학'의 실천방안 중 하나로, 우리는 국가사적 시야에서 소외된 변방의 한국학을 발굴함으로써 한국학의 계보를 재구축을 하고자 한다. 베트남 최초의 한국학자 김영건(金永鍵)을 발굴하여 공동연구한 것이라든지, 연변학(연변 한국학)의 구성작업을 진행하고 있는 것도 같은 취지이다. 북우(北愚) 계봉우(桂奉瑀, 1880~1959)의 한국학을 검토한 것은 '러시아 한국학'의 계보를 추적하는 과정에 속한다.

계봉우는 함경도에서 출생한 후 간도, 연해주, 중앙아시아 등에서 민족운동을 전개하고 그 일환으로 한국학에 관한 저술 및 교육에 전념한 인물이나, 의외로 국내학계에는 잘 알려져 있지 않은 편이다. 러시아의 한국학이 주류 계보에서 소외된 계봉우를 통해 그 실마리가 열리게 되었음을 볼 때 해외에 사장된 한국학의 다양한 계보를 발굴하는 작업이 절실함을 느낀다. 이러한 우회로를 통해 복수의 한국학을 발견하고 그 상생적 소통을 통해 다양성을 확보함으로써 한국학의 재구축이 가능할 것으로 믿는다.

그런데 사실 계봉우는 일찍이 본 연구소의 연구목록에 등장했다. 계봉우는 의병과 독립운동 연구과정에서 일찍이 주목된 인물이다. 그가 '뒤바보', '북우(北愚)', '사방자(四方子)'라는 필명으로 연해주 독립운동의 실상을 담은 『아령실기(俄領實記)』나, 한말 의병의 항일투쟁을 담은 『의병전(義兵傳)』 등의 저술을 남겼기 때문이다. 이들 저술의 필자를 추적하는데 앞장선 인하대학교 초대 한국학연구소장 윤병석 교수는 인하대 사학과에서 발간한 『인하사학』 제1집(1993.12)에 「계봉우의 생애와 저술목록」을 게재하고, 본 연구소에서 발간한 『한국학연구』 제5집 별집(1993.7)에 계봉우의 주목되는 저술인 『동학당폭동』을, 『한국학연구』 제6·7합집(1996.12)에는 「이동휘와 계봉우의 민족운동」을, 『한국학연구』 제22집(2010.5)에는 「계봉우의 민족운동과 한국학」을 게재하여 계봉우 연구를 주도하였다. 아울러 윤 교수는 1997년 독립기념관에서 계봉우의 대표적인 저술인 『조선역사』, 『조선문학사』, 『꿈속의 꿈(Сон Во Сне)』, 『동학당폭동』 등을 영인하여 『북우계봉우자료집(北愚桂奉瑀資料集)』 1, 2권으로 간행하는 일을 주도하기도 하였다.

이렇게 민족운동가로서의 삶과 러시아 한국학자로서의 삶이 결합하여 계봉우는 '동아시아한국학'의 계보 상에서 부활했다. 본 연구소에서는 일찍이 세계 속의 한국학을 목표로 1989년 한국학 국제학술대회를 개최하였고, 『한국학연구』 제2집(1990.3)에 수록된 바와 같이 「소련에서의 한국학」, 「체코에서의 한국학」 등의 강연회도 개최하였다. 세계의 한국학을 상대로 한 초기의 어젠다는 이제 동아시아에 집중되고 있다.

2011년 9월 29일, 본 연구소에서는 "계봉우의 민족운동과 한국학"이라는 제목으로 '동아시아한국학' 학술회의를 개최했다. 이때 윤병석 인하대 명예교수가 「계봉우의 생애와 저술」로 기조강연을 했고, 카자흐스탄에 거주하는 계봉우의 4남인 86세의 계학림 선생이 직접 본 연구소를 방문하여 「나의 아버지 계봉우」라는 제목의 특별강연을 했다. 그리고 국내의 여러 학자들이 계봉우가 함경도, 간도, 상해, 연해주, 중앙아시아에서 역경을 견디며 민족운동에 나선 과정을 살피는 한편, 그의 한국학을 문학, 역사, 종교, 이념을 중심으로 살폈다. 발표 논문의 일부는 2011년 11월 발간된 『한국학연구』 제25집에 게재했다.

이어서 2012년 12월 13일에는 "계봉우와 러시아의 한국학"이라는 제목으로 두 번째 학술회의를 열었다. 계봉우와 러시아 한국학의 관계를 한 부분으로 하고, 어학, 문학, 시가, 사회사 인식을 중심으로 한국학의 분야별 연구를 점검했다. 이렇게 하여 민족의 독립을 염원한 계봉우의 삶 속에서 한국학을 각 분야별로 검토하고 러시아 한국학의 태동과 관련된 계기를 살펴볼 수 있었다. 특별히 계봉우가 영향을 끼친 러시아 한국학의 대부 박미하일의 제자인 노르웨이 오슬로대학의 박노자 교수를 초빙하여 러시아 한국학의 태동에 대해 검토했다. 뿐만 아니라 러시아 한국학의 또 다른 기둥인 박보리스의 여식인 러시아 동방학연구소의 박벨라 선생을 통해 박보리스의 한국학을 검토하였다. 이때 발표된 일부의 논문은 『한국학연구』 제29집(2013.2)에 게재되었다.

이렇게 발표된 논문들을 재정리하여 본서를 간행하게 되었다. 본서는 제1부 '계봉우의 항일민족운동과 러시아의 한국학', 제2부 '계봉우의 한국학 연구', 그리고 부록의 세 부분으로 구성되어 있다. 제1부에서는 계봉우의 삶과 저술활동을 개관하고, 그의 항일민족운동을 정리한 논문을 게재하였다. 그가 카자흐스탄으로 이주한 뒤 박미하일을 만나 한문과 한국학에 대한 이해를 진수함으로써 러시아 한국학의 태동에 기여한 과정은 러시아 한국학의 태동과 관련하여 주목해야 할 부분이다. 계봉우와 박미하일의 조우는 러시아 지역 '한국인의 민족학'과 '러시아 한국학' 두 계보의 연계성을 말해준다. 본서의 제2부에는 국어학, 한국문학, 한국역사, 전통사회 인식, 사회주의 인식 등 한국학에 관한 각론에 해당하는 논문을 게재하였다. 끝으로 부록에서는 아버지의 삶과 한국학 연구를 회고한 계학림 선생의 글과 계봉우의 저술 목록을 조사하여 실었다. 계학림 선생은 본 연구소의 학술회의에서 회고를 해주시기도 했지만 본서에는 2000년 카자흐스탄 크즈일오르다에서 99부 한정판으로 간행된 『삶 후의 삶(*Жизнь после жизни*)』을 번역하여 실었다. 계봉우는 자서전으로 『꿈속의 꿈』을 남겼는데, 아들의 글은 아버지의 꿈이 아닌 삶과, 그의 삶이 문헌으로, 훈장으로, 후학의 연구로 부활하는 과정을 기술하였다.

해외에서 한국학을 연구한 인물로 박은식, 신채호를 대표적으로 들고 그들을 통해 한국사학사가 구축되었다. 그들은 중국에서 활동했고 글이 국내에서 출판되거나 언론에 게재되었다. 그래서 국내에도 직접적으로 영향을 끼쳤다. 그러나 계봉우는 다르다. 계봉우는 80년의 삶을 한국, 중국, 러시아, 카자흐스탄 등 동아시아 4개국을 넘나들며 열악한 환경 속에서 민족의 독립운동과 함께 한국 관련 저술과 교육에 전념하여 '한국학'의 체계를 세운 인물이다. 그는 어떤 특정분야에 치우치지 않고 국어학, 국문학, 한국사는 물론 한국의 경제, 종교, 민속, 음악 등 한국학 전반에 걸쳐 연구하고 저술하였다. 그가 동아시아 국가 여러 나라에서 활동했지만 특별히 중앙아시아에서 한국학의 선구적 업적을 남긴 점은 주목해야 할 것이다. 그는 근대 동아시아에서 한국학의 성립 및 계보를 정리하는데 있어 빠뜨릴 수 없는 인물이다. 우리는 간도와 연해주를 거쳐 중앙아시아의 러시아에서 연구한 계봉우를 통해 한국학의 러시아 계보를 확인할 수 있었다.

학술회의 진행과 본서의 간행을 위해 편집과 기획 등을 맡아 노고를 아끼지 않은 본 연구소 임학성 교수께 감사드린다. 또한 본서의 출판을 흔쾌히 수용해주신 소명출판에도 감사드린다.

2013년 4월 20일

인하대학교 한국학연구소 소장 이영호

| 차례 |

제 1 부

계봉우의 항일민족운동과 러시아의 한국학

계봉우의 민족운동과 한국학
윤병석

러시아혁명 전후 시기 계봉우(桂奉瑀)의 항일민족운동, 1919~1922
기독교 민족주의자에서 사회주의자로
반병률

계봉우와 미하일 朴의 한국학
근현대사 서술을 중심으로 해서
박노자

계봉우의 민족운동과 한국학*

윤병석

1. 민족운동가 계봉우의 발견

나라를 잃고 두만·압록강을 건너 서북간도를 비롯한 남북만주와 러시아 시베리아 연해주 등 대륙에 망명하여 조국독립운동에 헌신한 수많은 민족운동가 중에서도 성재 이동휘(誠齋 李東輝)와 여천 홍범도(汝千 洪範圖) 그리고 북우 계봉우(北愚 桂奉瑀)의 3인은 같은 시기 비슷한 지역에서 유별난 행적과 발군의 유업(遺業)이 병칭 논평될 수도 있다. 그중 특히 이동휘는 일제와의 독립전쟁의 지도자로, 홍범도는 의병과 그를 이은 독립군의 명장으로, 그리고 계봉우는 국혼을 찾으려는 민족주의 역사를 비롯하여 독립운동의 지도 원리와 이념 정립을 위한 한국학연구의 선도자로 걸출한 위상을 보이고 있다.

그러나 이동휘와 계봉우는 항일시기 공산주의와 관계된 탓으로 광복 후에도 오랫동안 그를 독립운동에 대한 공적이 논의되지도 못했다. 다행이 해방 50주년에 해당하던 지난 1995년에 이르러 정부에서 그들의 애국적 행적과 조국독립운동에 대한 실상이 공식 심사되어 대한민국 건국에 이바지한 '독립운동자'로 예우를 받게 되었다.

이동휘에게는 건국훈장 대통령장이, 계봉우에게는 건국훈장 독립장이 추서된 것이다. 이와 전후하여 학계에서도 특히 계봉우의 망명지에서의 각종 독립운동관련 문자를 비롯한 한국사와 국어 국문학 등 여러 저술이 수집 소개되면서 학술적 연구와 평가가 진행되고 있다. 그러나 아직도 그의 모든 저술과 관련문헌이 집대성된 것도 아니다. 필자가 확인한 중요저술의 목록만도 『아령실기(俄領實記)』와 『의병전(義兵傳)』, 『조선역사(朝鮮歷史)』 등 30여 종에 달한다.[1] 따라서 앞으로 그의 유문의 종합적 수집과 그에 대한 연구의 심화는 중요과제로 남아 있다.

사학자이며 국어학자이기도 한 계봉우(桂奉禹)는 발음 나는대로 표기하는 맞춤법을 생각하였음인지 『꿈속의 꿈』·『고려인의 구력과 명절의 미신』 등 한글 저작물에 저자 명의를 '계봉우'라고 쓰지 않고 '게봉우'라고 표기하였다. 크즐오르다에 있는 그의 무덤 묘비에도 역시 '계봉우'라 하지 않고 '게봉우'라고 각자(刻字)되었다. 또한 호를 '북우(北愚)'라고 하였으나 뒤에 필명만으로 발표할 때는 '뒤바보'라고 한글 표기를 하였고 때로는 '사방자(四方子)' 또는 '단선(檀仙)'이란 필명도 썼다. 따라서 최근까지 필명만으로 『독립신문(獨立新聞)』에 연재한 『아령실기』를 비롯한 『북간도의 과거와 현재』, 『의병전』, 『김(金)알렉산드리아 소전(小傳)』 등 3편의 글과 『권업신문』에 연재한 『만고의사 안중근전』 등은 저자를 확정짓지 못하고 얼마동안은 논란만 제기되기도 하

---

1 윤병석, 「桂奉瑀의 生涯와 著述目錄」, 『仁荷史學』 1, 仁荷歷史學會, 1993, 16~18쪽.

였다. 특히 이들 글들이 조국 독립운동과 항일 민족주의자들의 행적과 직접 관련되는 중요저술인 것이다.

2. 계봉우 생애의 시기 구분

계봉우는 1880년 8월 1일 함경도 영흥(永興)에서 출생하여 1937년 스탈린의 강제 이주 후 말년을 보낸 중앙아시아 카자흐스탄 크즐오르다에서 1959년 7월 5일 80세로 생애를 마쳤다. 원래 빈궁한 관노(官奴)출신에다 희성(稀姓)인 그의 가계는 물론, 모친이 장(張)씨라는 것외에는 부친의 이름조차 아직 알 수 없고 가까운 친척도 찾을 수 없다. 그러나 그는 4남 1녀의 자녀를 두어 현재 카자흐스탄 크즐오르다를 비롯한 인근지방에 많은 후손들이 퍼져 살고 있다.

계봉우의 기구한 생애는 다음과 같이 나라는 물론, 언어와 풍속이 이질적인 4개의 생활권을 유선하면서 유지하였다. 그 중 제1기는 나라가 일제에 의하여 유리되던 대한제국시기 국내에서 생장, 구국계몽운동에 참여하던 시기(1880~1910), 제2기는 나라를 잃고 해도간(海島間)이라고도 하는 북간도와 연해주로 망명하여 조국독립운동에 참여, 주로 민족주의 교육에 헌신하다 일경에 피체되고 국내로 압송 유배되던 시기(1911~1919), 제3기는 3·1운동 직후 국내를 벗어나 볼세비키혁명의 와중에 휩싸인 연해주로 다시 망명, 블라디보스토크와 하비로프스크를 중심으로, 때로는 상해(上海)를 오가며 공산주의운동과 그를 이어 국학연구와 교육에 투신하던 시베리아 연해주를 중심으로 활동하던 시기(1919~1937), 제4기는 스탈린의 한인강제이주 이후 중앙아시아 카자흐스탄 크즐오르다 등지에서 말년을 보내면서도 사라져가는 모국어와 조국의 역사연구를 계속하던 시기(1937~1957) 등으로 나눌 수가 있는 것이다.

계봉우의 국학연구와 저술은 북간도 망명 직전부터 시작하여 크즐오르다에서 작고하는 말년 무렵까지 근 반세기에 걸쳤다. 그것도 연구와 저술을 위한 적절한 연구 환경에서 이루어진 것이 아니고 망국인으로 조국을 또나 언어와 풍속, 그리고 지리풍토가 다를 뿐 아니라 이념과 체제가 급변하던 북간도를 비롯한 중국대륙, 러시아 연해주, 그리고 중앙아시아 카자흐스탄지역으로 전전하는 불안과 격동 속에서 수행된 것이다. 그러면서도 계봉우의 연구와 저술분야는 국어와 국문학, 그리고 국사분야가 위주이지만 그 밖에도, 북간도에서 월간지 『대진(大震)』(1912)의 주필, 연해주에서 『권업신문(勸業新聞)』(1913~1914)의 기자, 상해에서 『구국일보(救國日報)』(1920)의 기자, 한인사회당 기관지 『자유종(自由鍾)』(1920)의 주필, 시베리아에서 한글잡지 『새사람』(1921)의 주필 등을 역임하면서 조국독립을 위한 많은 논설과 시문도 썼다.

3. 조선역사연구와 민족교육

계봉우는 국어, 국문학에 관한 연구 못지않게 한국역사 연구에 심혈을 기울여 주목할 역작을 남겼다. 특히 그는 연공이 쌓일수록 나름대로 역사연구의 목적이 뚜렷하여 분명한 사관을 세워가고 있다. 그의 역사저술은 망명 직후 길동기독학당(吉東基督學堂)의 역사교재로 『신한독립사(新韓獨立史)』의 편찬에서 비롯하였다. 이를 시작으로 1912년 북간도에서 민족주의 교육에 전념하면서 중등학교 교과서로 『조선역사』와 초등학교 수신 교과서로 『오수불망(吾讎不忘)』 등을 편찬하였고 등사판으로 간행하여 각급 민족주의 교육기관에 보급하기 시작하였다. 일제의 식민지사관에 의한 '일선동조론(日鮮同祖論)' 등의 한국사 변작(變作)을 폭로하고 일제의 동화정책(同化政策)에 맞서 후진에게 조국사상을 고무시키는데 그 목적이 있었다. 이들 교과서는 1917년 하얼빈 보문사(普文社)에서 간행된 『최신국사(最新國史)』로 개찬되어 북간도 전역에 보급된 것으로 보인다. 그 후 그는 연해주에 소비에트 정권이 확립된 후 이만에서 초등학교용 『신찬주신사(新撰주신史)』를 편찬, 역시 등사판으로 간행되었다. 이 교과서는 두 가지 측면에서 두드러진 특색이 있다. 한 가지는 제목 『신찬주신사』에서 '주신'이란 용어를 쓰고 있다는 점이다. 그는 고대이래로 조선을

虞曰肅愼 夏曰州愼 周曰朝鮮 金曰珠里申 淸曰州申.[2]

으로 칭하였다고 주장하였다. 곧 '주신'은 '조선'보다 오랜 '조선'의 원어(原語)이며, 또한 금(金)・청(淸)대까지도 불리우던 호칭이었다는 논지이다. 이런 연고로 조신사를 '주신사'라 한 것이다.

다른 한 가지는 역사의 흐름을 경제의 변천에서 추구하는 유물사관에 입각해 한국사를 기술하고 있다는 점이다. 계봉우로서는 최초의 한인 공산주의 단체인 한인사회당(韓人社會黨)을 조직한 이동휘를 따라 공산주의를 수용하였을 뿐만 아니라 고려공산당(高麗共産黨) 창당 이후는 그 운동에 적극 참여하였던 인물이므로, 유물사관에 입각한 그의 조선사 재구성은 당연한 수순이라 할 수 있다. 그 자신도 『신찬주신사』가 그러한 사관에 의한 첫 편찬이었다고 밝히고 있다.

---

2 뒤바보, 「俄領實記」 緖言, 『獨立新聞』, 1920.2.26.

그러나, 계봉우는 이 『신찬주신사』에 만족하지 않고 한국사 연구를 계속하여 1937년 연해주에서 중앙아시아로 이주하던 봄에 3년의 적공(積功)을 들인 현재 원고분으로 전하는 『조선사(朝鮮史)』(권 1・2)를 저술, 유물사관에 의한 조선사를 그 나름대로 체계화하였다. 유사 이전부터 시작하여 '한일합방(韓日合邦)'까지를 총 6편으로 편제한 이 저술은 종래의 '조선사' 개설과는 판이한 사서(史書)임을 부각시키고 있다. 『조선역사』의 서언(敍言)에서 그는

> 三年의 積年으로 朝鮮歷史 제1, 제2의 兩卷을 完成하였다. 그 內容 大概를 들어 말하면 歷史있기 전으로부터 韓日合併에 이르기까지의 事實을 두 권에 나누어 記入하였다.
>
> 그런데 階級과 階級에 관한 材料를 옳게 論斷하고 바르게 批定하는 것도 어려운 일이거니와 歷史 있기 전의 事實은 더욱 어려운 일이었다. 그것에 대하여는 엥겔스의 作인 『家族, 私產 및 國家起原』과 韓人政治學校用의 『人類社會發展史』에서 많은 도움을 받았나니 이 工作은 史學家들이 從來로 한 번도 건드려 보지 못했던 實로 나의 첫걸음이었다.[3]

라고 하여 각고 끝에 완성한 유물사관에 입각한 역서(力書)임을 천명하고 있다.

이와 같은 『조선사』 권2의 제6편이 근대사 부분의 서술로, 편명을 「독립위명(獨立爲名)의 한국시대(韓國時代)」라고 붙이고 다음과 같이 5장으로 구성하였다.

> 1. 大院君의 執政期

3 『朝鮮歷史』 권3 敍言(유고), 1952.2.11.

2. 閔后의 專權期

3. 東學黨의 暴動

4. 韓國의 獨立과 俄日의 衝突

5. 五條約과 韓國政勢

무엇보다 '東學黨의 暴動'을 5장 가운데 독립된 한 장을 설정하고 동학농민혁명운동을 개관하면서 그 역사적 의의를 강조하고 있는 점이 주목된다. 계봉우는 『조선역사』에 앞서 일찍이 동학농민혁명운동에 대한 독자적 연구를 전념한 결과 1932년 9월 21일 서문을 쓴 『동학당폭동(東學黨暴動)』이라는 저술 원고분을 남겼던 것이다. 이 저술은 제1장 창건기의 동학당, 제2장 폭동기의 동학당, 제3장 동학군의 실패원인, 제4장 덕국(德國 : 독일) 농민폭동과의 비교연구 등 4개 장으로 구성되었다. 김상기(金庠基) 박사가 국내에서 종래 동학란(東學亂)이라 부르던 동학농민혁명운동을 학문적으로 새로운 이해를 시도한 『동학(東學)과 동학란(東學亂)』을 토대로 그는 국외에서 '동학란'을 유물사관에 의하여 재해석한 논술인 것이다. 특히 제4장에서는 동학농민운동을 엥겔스의 저작 『독일농민전쟁연구』를 전기로 인용하면서 동학농민운동을 독일농민전쟁과 비교를 시도하고 있다. 이 부분의 서술내용과 논지를 기존의 어느 연구에서도 찾아볼 수 없는 독특한 것으로 계봉우의 사관과 이 저작을 집필하게 된 배경을 읽을 수 있게 하는 대목이기도 하다. 결국 그는 동학농민운동을 '농민전쟁'의 개념으로 규정한 것이라 하겠다.

『조선역사』의 마지막 권 3인 반일투쟁사(反日鬪爭史)는 6・25사변이 나던 1950년 가을에 마지막 망명지인 카자흐스탄 크즐오르다에서 『조선역사』의 속편으로 다시 집필을 시작하여 1952년 2월에 완성, 서문을 썼다. 그는 6・25사변을 '미구(米寇)'라 칭하는 미제국주의의 침략으로 확신하면서 반일투쟁사를 통하여 반미(反美) 제국주의를 강조하고 있는 것이 주목된다. 3권의 서언에서 계봉우 자신이 다음과 같이 쓰고 있는 대목에서도 이점은 분명히 드러난다.

> 일본 제국주의의 朝鮮을 強占한지 36년 동안에 어떠한 罪行을 범한 것과 朝鮮愛國者들의 反抗鬪爭이 어떻게 계속 하였던 것을 쓰게 되었나니, 만일 기회가 허락한다면 영웅적 조선인의 反米鬪爭史 또한 쓰려고 생각하노라.[4]

이 3권 집필 후 그는 이미 연해주에서 집필한 『조선역사』 권1・2의 양권도 보완 주장하여 그의 숙원인 『조선역사』의 원고본을 완성하였다. 그 내용의 편제는 시기구분이나 항일범위 지역 등은 현재 한국에서 서술되는 것과 비슷한 점이 많지만 1919년 3・1운동 전후로부터는 공산・사회주의를 내세우는 항일운동을 위주로 기술하고 있는 점도 특색이다.

4. 『만고의사 안즁근뎐』 저술과 그 내용

계봉우의 특이한 저술인 『만고의사 안즁근젼』은 단선(檀仙)이란 필명으로 『권업신문』에 1914년 6월 28일부터 동년 8월 29일까지 10회에 걸쳐 연재된 한글본 안의사 전기이다. 『권업신문』은 블라디보스토크에서 항일결사인 권업회(勸業會)에서 간행한 항일언론지로 제1차 세계대전 발발 직후인 1914년 8월 29일 제126호를 끝으로 일제의 요구를 받

4 위의 글.

아들인 제정러시아 당국의 탄압을 받아 폐간되었던 신문이다. 그러므로 이 전기의 연재도 동시에 중단되고 말았던 것이다. 현재 이 『권업신문』은 희귀본이 되어 단 1질이 페테르스부르그 국립도서관 분관에 보관 전래되고 있다.

『만고의사 안중근전』의 저술 시기는 계봉우가 망명 후 북간도 연길 소영자(小營子)에 소재한 광성학교(光成學校) 교사로 활동하다가 1913년 연해주로 넘어가 이상설(李相卨), 이동휘가 주동하던 대한광복군정부(大韓光復軍政府)의 책임비서와 『권업신문』의 기자로 활동하던 무렵이었다. 계봉우는 그해 8월 10일 안의사의 동생 안정근(安定根)으로부터 안의사의 전기 편찬에 필요한 사료들을 넘겨받았고, 그 이듬해 6월부터 『만고의사 안중근전』이라는 표제로 전기의 일부를 연재하기 시작하였다. 계봉우는 이 연재물에 그치지 않고 안의사의 본격적인 전기를 편찬하기 위하여 심혈을 기울였다. 그는 『권업신문』 폐간 직후 러시아의 전시체제에 따라 항일운동이 탄압을 받게 되자 연해주에서 활동을 못하고 중러 국경에 인접한 중국경내로 활동 근거지를 옮겼다. 독실한 개신교 신자이기도 한 계봉우는 북간도 백초구(百草溝)에서 북쪽으로 70리 상거한 하마탕 후하(後河)에 교회를 세워 남녀신도를 인도하는 한편, 학교를 세워 민족주의 교육을 실시하였다. 그는 이 때 안의사의 전기를 편찬 간행하려 하였다. 그를 위하여 산채거우에 사는 강우규(姜宇奎)를 찾아가 두 달 동안이나 묵으면서 안의사의 사적을 추심하였다. 이어 1914년 7월에는 그 전기 간행의 일로 쫓겨났던 블라디보스토크에 다시 가서 하룻밤을 유숙한 일도 있다. 강우규는 안의사의 사적을 잘 알뿐만 아니라 그 의거를 계승하기 위하여 안의사의 순국일자를 벽에 써 붙여놓고 숭모하던 인물이다. 결국 강우규는 1919년 8월 노구를 이끌고 남대문역두에서 '문화정치' 시행을 내세우며 부임하던 사이토 마코토[齋藤實] 조선총독을 민족의 이름으로 폭사 응징하기 위하여 투탄의거를 결행하였던 것이다.

그러나 계봉우는 1916년 11월 하마탕의 집에서 일제 영사관 경찰의 습격을 받아 피체되었다. 그 때 그는 그동안 저술하던 『안중근전』의 원고와 그가 연구하던 조선역사의 재료, 그리고 『국어』의 초안도 압수당하였다. 서울 남산 경무총감부에 압송되어 모진 심문을 받은 계봉우는 특히 『안중근전』 원고 때문에 몹시 노심초사하였으나 겨우 위기를 모면한 상황을 그의 자서전 『꿈속의 꿈』에서 다음과 같이 술회하고 있다.

> 취조실에 들어감에 일본놈 두 개가 앉아서 취조하는데 그 중의 하나는 통역이었다. 순서의 첫째로 거주, 성명, 연령을 묻는 데에 대해서는 문제될 것이 없었지마는 나의 서적을 압수하여 간 그 가운데 『안중근전』이 있는 것은 나에게 큰 곤란을 줄만한 재료였다. 그러나 한 절반가량 초하다가 던져둔 그것이 그 놈의 손에 들어간 것은 나에게 있어 능히 변병할 만한 조건으로 되었다. 그런데 그 놈은 그 책을 펴면서 '네가 안중근전을 이렇게 지었으니 안중근과 같은 놈이 아니겠느냐'한다. 내가 그것을 초하다가 그만 버리고 말았으니, 그것을 보면 나의 생각을 넉넉히 추측할 것이다 하였다. 그놈은 내 말을 듣고 책장을 뒤적거리면서 초안에 중단된 건과 그 가의(加衣)에 쓰여 있는 연월일을 보더니만 그만 그 문제를 덮어놓고 말았다.[5]

계봉우의 이 술회에 따르면 다행히 일제에게 압수된 『안중근전』은 절반쯤 초한 원고였다. 실제 그해 7월에는 거의 간행준비가 된 탓인지 앞에서도 언급했듯이 블라디보스토크에 가서 하룻밤을 묵은 일도 있었다. 그러나 현존하는 계봉우의 많은 유고 가운데 『안중근전』은 보이

---

5 계봉우, 『꿈속의 꿈』 上(『北愚 桂奉瑀 資料集』 1), 독립기념관 한국독립운동사연구소, 1996, 175~176쪽.

지 않는다. 중도에 산질된 것인지, 혹은 그것도 『권업신문』에 연재했던 『만고의사 안중근전』과 같이 미완성으로 끝난 것인지 단언하기는 어렵다. 설사 이것도 미완으로 끝났다 하더라도 계봉우의 이후 행적으로 보아 후일마저 끝낼 수 있는 기회는 있었다고 할 것이다. 계봉우가 경무총감부에서 취조를 받은 뒤 3년 동안 국내에 억류되었으나 3・1운동 발발 후 다시 연해주로 망명하여 많은 국학연구저술을 남겼던 점을 염두에 둔다면 『안중근전』이 산질되었을 가능성은 더욱 커지게 된다.

『만고의사 안중근전』을 내용상 검토해 보면 안의사의 항일투쟁의 최고봉인 하얼빈의거에 대한 서술이 없다. 또한 의거 후 순국 때까지 5개월에 걸치는 옥중투쟁 및 순국관련 논급도 빠져 있다. 게다가 서론의 내용으로 보아 결론 부분에 대한 논찬도 있을 법 하나 역시 없다. 『만고의사 안중근전』은 이와 같이 미완성의 전기이나 적어도 하얼빈의거 직전까지의 안의사의 호국애족의 생애를 독특한 구성으로 여타 전기에 비하여 사실적으로 기술한 전기라 할 수 있다. 이 전기는 총론격인 서론을 이어 안중근의 가계와 탄생을 기술하고, 일반적 전기에서 통용되는 편년식이나 중요사실위주의 기술방식이 아니고 편장(編章)을 다음과 같이 나누어 활동의 정신적 덕목을 중시하는 분류 방식의 기술을 취하고 있다.

① 상무가(尙武家)의 안중근
② 종교가(宗敎家)의 안중근
③ 교육가(敎育家)의 안중근
④ 대시가(大詩家)의 안중근
⑤ 여행가(旅行家)의 안중근
⑥ 사군이충(事君以忠)의 안중근
⑦ 사친이효(事親以孝)의 안중근

⑧ 교우이신(交友以信)의 안중근

⑨ 임전무퇴(臨戰無退)의 안중근

결국 계봉우의 이 전기는 안의사의 사적을 그의 정신적 취향에 따라서 서술하고 충효에 바탕을 둔 덕목을 중시하는 논찬으로 귀결시키고 있다. 또한 이 전기는 계봉우가 안정근으로부터 안의사의 전기 편찬 자료를 넘겨받았을 뿐만 아니라 안의사 망명 후 3년 동안 활동하였고, 또 의거를 준비한 현장에서 작성된 것이기 때문에 비록 전체적으로 양은 적다하더라도 사실적 측면에서 구체적으로 기술된 점이 두드러진다. 이러한 사실을 감안하여 이 전기가 갖는 몇 가지 특징을 예시하면 첫째 의병활동 면에서 국내진입작전을 구체적으로 명기하였다는 점이다.

둘째 도마라는 세례명을 받은 천주교 신자로서의 신념과 활동을 사실적으로 기술하였다는 점을 들 수 있다. 안의사는 조금도 동요없이 일관되게 종교활동을 벌이면서 애국계몽운동과 의열투쟁을 과감히 수행하였다. 이와 같은 점을 기독교의 평등주의와 진화주의, 단합주의, 자유주의 등의 측면에서 논술하고 있다.

셋째는 안의사를 시인으로 높이 평가하였다는 점이다. 안의사의 유명한 『장부가(丈夫歌)』를 비롯하여 「사군천리(思君千里)」 등의 시를 분석하면서 그를 시신(詩神) 또는 시선(詩仙)으로까지 극찬하고 있다.

넷째는 단지동맹(斷指同盟)의 내용을 명확히 구명하였다는 사실이다. 이는 매우 주목되는 대목으로 『안응칠역사』를 비롯한 여러 전기나 그 밖의 관련 문헌에 언급되지 않은 내용이 포함되어 있다. 안의사는 '단기 4242년(1909) 2월 7일'에 동지 김기룡(金基龍), 강순규(姜順圭), 정원식(鄭元植), 박봉석(朴鳳錫), 유치홍(劉致弘), 김백춘(金伯春), 백규삼(白奎三), 황병길(黃丙吉), 조응순(趙應順), 김천화(金天化), 강창두(姜昌斗) 등 11인과 의병의 주요한 활동 근거지였던 연추(烟秋)의 하리마을에서 단지동맹을 통해 구국결사단체인 '동의단지회(同義斷指會)'를 결성하였다. 이들은 태극기를 펼쳐놓고 각자 왼손 무명지 첫 관절을 잘라 생동하는 선혈(鮮血)로 '대한독립(大韓獨立)'이라 쓰고 대한독립만세를 불렀다. 안의사는 동맹의 목적을 밝히는 다음과 같은 '동의단지회'의 「취지문」을 짓고 혈서(血書)하였다.

> 오늘날 우리 한국 인종이 국가가 위급하고 생민이 멸망할 지경을 당하여 어찌 하였으면 좋을 방법을 모르고 홋날 좋은 때가 되면 일이 없다 하고 혹왈 외국이 도와주면 된다 하나 이 말은 다 쓸데 없는 말이니 이러한 사람은 다만 놀기를 좋아하고 남에게 의뢰하기만 즐겨하는 까닭이라 우리 이천만 동포가 일심단체(一心團體)하여 생사를 불고한 연후에야 국권을 회복하고 생명을 보전할지라 그러나 우리 동포는 다만 말로만 애국이니 일심단체이니 하고 실지로 두터운 마음과 간절한 단체가 없음으로 특별히 단체를 조직하니 이 이름은 동의단지회(同義斷指會)라 우리 일반 회우(會友)가 손가락 하나씩 끊음은 비록 조그마한 일이나 첫째는 국가를 위하여 몸을 바치는 빙거(憑據)요 둘째는 일심단체한 표(標)라 오늘날 우리가 더운 피로써 청천백일시하에 맹세하오니 자금 위시하여 아무쪼록 이전 허물은 그치고 일심단체하여 마음을 변치 말고 목적을 도달한 후에 태평동락을 만세로 누립옵시다.[6]

취지문에서 단지동맹을 통해 '동의단지회'를 결성한 궁극적 목적이 한 몸을 바쳐 조국의 독립을 쟁취하는데 있다고 밝힌 것이다. 이는 또한 그 전해인 1908년 6월 안의사가 인솔하는 의병부대의 국내진공작전 때 회령(會寧) 영산(靈山) 전투에서 중과부적으로 패퇴, 12일 동안 굶

6 「만고의사 안중근전(九)」, 『勸業新聞』, 1914.8.23.

으면서 구사일생으로 연추 본영으로 생환하고도 조금도 굴하지 않고 재기항쟁을 위하여 혈맹(血盟)으로 조직한 '일심단체(一心團體)'라는 것이다. 단지동맹에 의하여 결성된 희명이 '동의단지회'라는 사실과 그 회의 「취지문」을 구체적으로 명기한 자료는 이것이 처음이다.

안의사는 그 회의 회장이 되어 "삼인동맹(三(一二)人同盟) 보국혈심(報國血心) 범만주일(汎萬注一) 단석투금(斷石透金) 결의동맹(結義同盟) 보국안민(輔國安民) 환란상구(患難相救) 사상동거(死生同居)"라는 신의지교(信義之交)를 토대로 회무를 주도하였다. 이어 그 해 10월에 들어 마침 한국침략의 원흉이며 동양평화의 교란자인 이등박문(伊藤博文)이 만주에 온다는 소식을 듣고

> 대한국의병참모중장(大韓國義兵參謀中將)의 자격으로 하얼빈 정거장에서 독립전쟁(獨立戰爭)을 시작하여 적장 이등박문(伊藤博文)을 쏘아 죽이고 대승리를 얻었나니 그러므로 영산(靈山) 싸움에 패군한 것은 시세요 공의 마음은 아니라 하노라.

라고 평가하여 이 전기에서도 안의사가 이등(伊藤)을 처단한 거사를 안의사의 일관된 주장과 같이 독립전쟁의 결행이라고 논찬하였다.

계봉우는 특히 근대 한민족의 국외이주와 민족운동에도 지대한 관심을 가져 이 분야에 중요한 몇 편의 논술을 연이어 발표하였다. 이러한 논술들은 그가 이동휘를 따라 상해(上海)에 가서 대한민국임시정부의 북간도대표 임시의정원 의원으로 활동하던 무렵에 『독립신문』에 연재물로 발표한 것이다. 그 가운데 『북간도(北墾島) 그 과거(過去)와 현재(現在)』와 『아령실기』는 연해주(沿海州)지역 한인의 이주 개척 내지 항일민족독립운동의 희귀하고 중요한 내용을 기술한 저술이다. 또한 『김알렉산드리아 소전』은 초기 공산주의운동의 한 핵심인물인 김(金)

알렉산드리아 페트로보나의 간략한 생애와 활동을 기술한 것이나 이 논술을 통해 볼세비키혁명 전후의 연해주 한인사회의 정치적 동향을 이해할 수가 있기도 하다. 그리고 『의병전』은 일제에 의한 민족수난을 극복하기 위한 반세기에 걸친 항일민족운동을 선도한 한말 의병의 희귀한 활동기이다. 특히 이 『의병전』은 각 시기마다 국내뿐 아니라 북간도와 연해주 등 국외에서 활동한 의병까지도 포함시켜 중요한 의병장을 중심으로 서술되어 있지만, 그 활동을 한국측 입장에서 이만큼 체계적으로 개관하면서 그 의의를 논술한 기술은 찾기 어렵다.

계봉우가 1920년 전반기에 발표한 이상 네 편의 논술은 다 같이 연해주에 볼세비키혁명이 일어나고 그 속에서 한인사회당(韓人社會黨)을 중심으로 펼쳐진 초기 공산주의 활동을 목도한 뒤 발표된 저술이지만, 계봉우 자신은 아직 공산주의를 수용하거나 그에 적극적으로 가담하지 않은 입장에서 기술된 역사물이다. 그러므로 이들 네 편의 논술은 근대사학사에서 박은식(朴殷植)과 신채호(申采浩)의 그 전후 『한국통사(韓國痛史)』 등 일련의 역사물을 이어 민족주의 사학을 '상징'하는 대표적 저술로 규정지을 수 있을 것이다. 특히 『조선역사』는 계봉우로서는 망명지에서 성취한 한국사 체계화의 '결정'이라 하겠다.

게다가 민완본이지만 『만고의사 안중근젼』은 또한 박은식의 『安重根傳』과 대비되는 망국민의 역사의식의 산물인 것이다. 한편 이와 같은 저술을 포함하여 고려어라고 부르던 국어와 한국문학, 그리고 조국역사에 대한 계봉우의 전후 50여 년에 걸친 각고 끝에 삭막한 망명지에서 나온 여러 연구저술은 제국주의에 의한 한민족 수난기에 기구한 역사를 전개시킨 러시아지역 고려인(한인)사회를 상징하는 '한국학(韓國學)'이라 할 수 있을 것이다.

〈부록 1〉 계봉우 사진

1916.11.28. 일제 용정영사관 경찰에 피체되어 국내 압송 때 모습

〈부록 2〉 계봉우의 자필 이력서

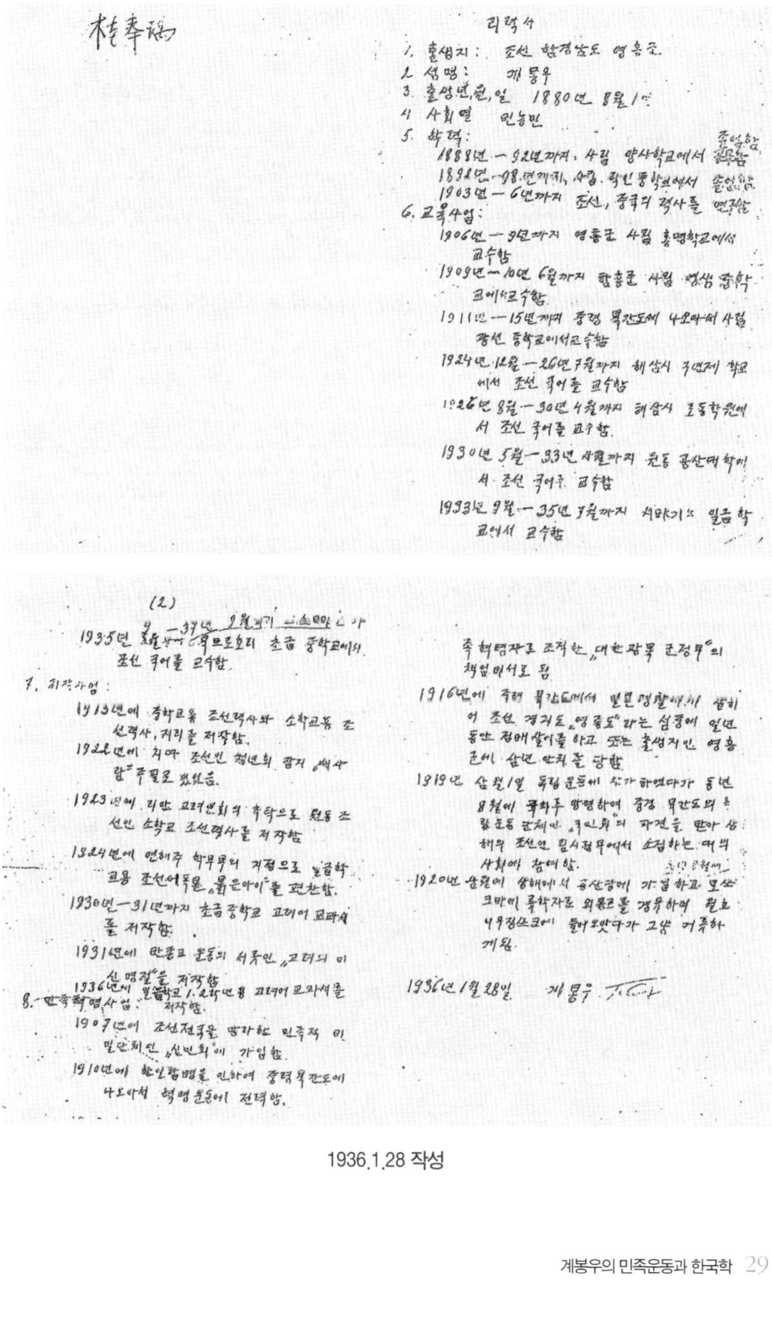

리력서

1. 출생지: 조선 함경남도 영흥군.
2. 성명: 계봉우
3. 출생년,월,일 1880년 8월 1일
4. 사회별 빈농민
5. 학력:
   1888년 — 92년까지, 사립 양사학교에서 졸업함
   1898년 — 98년까지, 사립 락민중학교에서 졸업함
   1903년 — 6년까지 조선, 중국의 력사를 연구함
6. 교육사업:
   1906년 — 9년까지 영흥군 사립 흥명학교에서 교수함
   1909년 — 10년 6월까지 함흥군 사립 영생중학교에서 교수함.
   1911년 — 15년까지 중령 북간도에 나오아서 사립 광선 중학교에서 교수함
   1924년 12월 — 26년 7월까지 해삼시 구년제 학교에서 조선 국어를 교수함
   1926년 8월 — 30년 4월까지 해삼시 로동학원에서 조선 국어를 교수함.
   1930년 5월 — 33년 사월까지 원동 공산대학에서 조선 국어를 교수함
   1933년 9월 — 35년 7월까지 서마기스 일즘 학교에서 교수함

(2)

1935년 9 — 37년 9월까지 크즐오르다 초급 중학교에서 조선 국어를 교수함.

7. 저작사업:
   1913년에 중학교용 조선력사와 소학교용 조선력사, 지리를 저작함.
   1922년에 치따 조선인 청년회 잡지 "새사람" 주필로 있었음.
   1923년에 리만 고려연회의 촉탁으로 원동 조선인 소학교 조선력사를 저작함
   1924년에 연해주 학무부의 지정으로 초급학교용 조선어독본 "붉은아이"를 편찬함.
   1930년 — 31년까지 초급중학교 고려어 교과서를 저작함.
   1931년에 만종교 운동의 서곡인 "고려의 미신 명절"을 저작함
   1936년에 완성학교 1.2학년용 고려어 교과서를 저작함.
8. 민족혁명사업:
   1907년에 조선전국을 망라한 민족적 비밀단체인 "신민회"에 가입함.
   1910년에 한일합병을 인하여 중령 북간도에 나오아서 혁명 운동에 전력함.
   족 혁명자로 조직한 "대한광복 군정부"의 책임비서로 됨
   1916년에 중령 북간도에서 일본경찰에게 잡히어 조선 경기도 "영흥도"라는 섬중에 일년 동안 정배살이를 하고 또는 출생지인 영흥군에 삼년 안치를 당함.
   1919년 삼월1일 독립운동에 참가하였다가 동년 8월에 국외로 망명하여 중령 북간도의 독립운동 단체인 "국민회"의 파견을 받아 상해의 조선인 림시정부에서 소집하는 의정원 회에 참여함.
   1920년 삼월에 상해에서 공산당에 가입하고 모스크바에 류학자로 외몽고를 경유하여 월초 49정쓰코에 들어오았다가 그냥 거류하게 됨.

1936년 1월 28일. 계봉우

1936.1.28 작성

| 참고문헌 |

뒤바보(계봉우), 「俄領實記」 緒言, 『獨立新聞』,1920.2.26.

계봉우, 「만고의사 안중근젼(九)」, 『勸業新聞』, 1914.8.23.

_____, 『꿈속의 꿈』 上(『北愚 桂奉瑀 資料集』 1), 독립기념관 한국독립운동사연구소, 1996.

윤병석, 「桂奉瑀의 生涯와 著述目錄」, 『仁荷史學』 1, 인하역사학회, 1993.

_____, 「이동휘와 계봉우의 민족운동」, 『한국학연구』 6·7합, 인하대 한국학연구소, 1996.

_____, 「해제 – 북우 계봉우의 한국사 저술」, 『北愚 桂奉瑀 資料集(2)』, 1997.

조동걸, 「해제 – 북우 계봉우의 생애와 저술활동」, 『北愚 桂奉瑀 資料集(1)』, 1996.

_____, 「북우 계봉우의 생애 및 연보와 저술」, 『한국학논총』 19, 국민대 한국학연구소, 1997.

러시아혁명 전후 시기 계봉우의 항일민족운동, 1919~1922*

기독교 민족주의자에서 사회주의자로

반병률

1. 머리말

계봉우(桂奉瑀, 1880~1959)의 삶과 활동에 대한 대표적인 선행연구는 윤병석 「桂奉瑀의 생애와 저술목록」[1]과 조동걸 「해제-北愚 桂奉瑀의 생애와 저술활동」[2]을 들 수 있다. 이들 선행연구를 통하여 계봉우의 삶과 항일혁명운동의 대략은 밝혀졌다고 할 수 있다. 이 글에서는 계봉우의 항일혁명운동과 관련하여 가장 왕성하고 드라마틱하게 활동

* 이 글은 『한국학연구』 제25집(인하대 한국학연구소, 2011.11)에 기고한 글을 본 연구총서의 기획에 맞춰 수정한 것이다.

1 윤병석, 「桂奉瑀의 생애와 저술목록」, 『仁荷史學』 1, 인하역사학회, 1993.12, 3~23쪽.

2 조동걸, 「해제-北愚 桂奉瑀의 생애와 저술활동」, 『北愚 桂奉瑀 資料集』 1권, 독립기념관 한국독립운동사연구소, 1996, 1~28쪽.

한 시기인 1919년 3·1운동 이후 해외로 재차 망명에 나선 이후 상해와 시베리아에서 활동하던 시기를 집중적으로 다루고자 한다.

1916년 북간도(北間島) 하마탕(蛤蟆塘)에서 일경에 체포되어 국내로 압송된 이후 거주제한을 받고 있던 계봉우는 1919년 3·1운동을 겪은 후 다시 국내를 탈출하는데 성공한다. 러시아 연해주 블라디보스토크를 거쳐 상해로 이동한 계봉우는 1919년 말에서 1920년 가을까지 약 10개월을 상해에 머물면서 표면적으로는 임시의정원 의원, 독립운동사 사료수집위원으로 활동하면서 한인사회당-한인공산당에 입당하여 사회주의운동에 참여하였다. 1910년대에 기독교 민족주의자였던 계봉우가 사회주의자로 전환된 것이다.

이후 러시아로 이동하여 치타(Chita)에서 러시아공산당 산하 한인부(韓人部) 간부로 활동하면서 '전한공산당(고려공산당)'의 건설과 만주와 연해주로부터 이동해온 한인무장세력의 통합을 위해 노력했으나, 이른바 이르쿠츠크파의 탄압에 의하여 체포·투옥되어 감옥생활을 하였다.

계봉우의 자서전 『꿈속의 꿈』은 계봉우가 1920년 9월 상해를 떠나 북경(北京), 장가구(張家口), 몽골의 고륜(庫倫, 현재의 Ulaanbataar)를 거쳐 러시아로 들어가는 시점에서 끝나고 있다. 이는 이후 한인공산주의운동에서 분파투쟁의 와중에서 그가 겪은 고통과 회한, 그리고 이 시기의 활동과 깊은 관련이 있는 1930년대 중반 이후 몰아닥친 한인엘리트들에 대한 소련 당국의 정치적 탄압 선풍과 깊은 관련이 있을 것으로 짐작된다. 이러한 추정은 계봉우 자신이 기록한 「리력서」에서 '민족혁명사업'이 1920년 외몽골을 거쳐 베르흐네우진스크로 들어가는데서 끝나고 있는 점에서도 확인할 수 있다. 계봉우는 1936년 1월 28일자로 자신의 「리력서」를 쓰게 되는데 이는 당시 김아파나시, 김미하일, 장도정(張道定) 등 과거 상해파 동지들이 대거 검거되고 있었던 상황과 깊은 관련이 있음에 틀림없다. 자신에게도 닥쳐올 검거의 선풍을 예감하였던 것이 아닐까.

이 글은 계봉우의 생애 가운데 1919년 3・1운동 이후 해외로 재차 망명한 이후 1922년까지의 시기에 이르는 계봉우의 궤적을 살펴보는 데 그 목적이 있다. 이 시기는 계봉우의 활동 가운데서 계봉우가 기독교 민족주의자에서 사회주의자로 전환한 시기이기도 하다. 계봉우의 국내활동 시기, 망명 후 북간도와 연해주에서의 활동(1911~1916), 그리고 1923년 이후 1937년 러시아 원동에서의 활동과 1937년 강제이주 이후 중앙아시아 카자흐스탄의 크즐오르다 시기의 말년은 별도의 논문에서 다루고자 한다.

2. 상해(上海)에서

1) 북간도에서의 피체(被逮)와 국내로의 압송

1910년 12월에 국내를 탈출한 후 계봉우는 북간도에서 간민교육회(墾民教育會), 간민회(墾民會) 등 중국 당국의 인가를 받은 민족운동 단체에서 민족교육과 한인자치 강화를 위해 활동하였고, 길동(吉東)기독전도회를 통하여 기독교 전도 활동을 전개하였다. 당시 계봉우는 북간도 소영자(小營子)에 위치한 광성학교(길동기독학당)에서 교사로 활약하고 있었다. 계봉우는 또한 청년단체인 청년친목회(青年親睦會)와 대동협신회(大東協新會)의 회원으로도 활약했는데, 특히 대동협신회의 기관지인 월간잡지 대진(大震)의 책임주필로 활약하였다. 대동협신회는 계봉우가 저술한 『중등역사』와 수신(修身) 역사교과서인 『오수불망(吾讐不忘)』을 발행하였다.[3] 당시 계봉우는 이동휘 등이 1911년경 북간도에서 조직한 비밀결사 광복단(光復團)에도 가입하여 활동했다.

러시아 연해주에서 계봉우는 한인자치기관인 권업회(勸業會)에 참여하여 그 기관지 『권업신문(勸業新聞)』의 기자로 활약하였다. 1913년 말에는 1914년의 러일전쟁 10주년에 대비하여 이동휘(李東輝), 이종호(李鍾浩), 정재관(鄭在寬), 이동녕(李東寧), 이상설(李相卨) 등이 1913년 10월 말 11월 초 무렵에 조직한 대한광복군정부(大韓光復軍政府)의 책임비서로 제2대 정도령(正都領)인 이동휘 등과 함께 항일광복전쟁을 준비하기도 했다. 1914년 8월 제1차 세계대전이 발발하면서 러시아와 일본이 동맹국 관계로 되자 러시아당국은 일본의 외교적 압력을 받아 이동휘, 이종호, 이동녕, 정재관 등 20명을 추방하였다. 계봉우 역시 추방대상자에 포함되어 북간도 왕청현(王淸縣) 하마탕(蛤螞塘)으로 도피하였다. 하마탕에는 계봉우 외에 이동휘의 부친인 이승교(李承橋, 李發)와 부인 강정혜(姜貞惠) 등 가족들을 비롯하여 구춘선(具春先), 김학규(金學奎), 임병극(林炳極) 등이 함께 거주하고 있었다.[4]

1915년에 들어와 일본이 중국에 강요한 21개조 문제를 둘러싸고 중국과 일본의 외교관계가 긴장상태로 들어가게 되자 대한광복군정부의 이동휘, 이종호 등이 중국과 제휴한 항일무력항쟁을 준비하였으나, 중일간에 외교적 타결이 이루어지면서 이 계획이 좌절되었다. 이후 일본의 강력한 요구를 받은 중국당국은 한인독립운동가들에 대한 대대적인 탄압에 나섰다. 이런 상황에서 이동휘와 계봉우의 가족들을 비롯한 항일운동가들이 러시아와 중국의 국경지대로서 오지인 왕청현 하마탕으로 이주해 있었던 것이다.

---

3 반병률, 「해외민족운동」, 국사편찬위원회, 『한국사』 47, 2001, 187쪽.

4 리영일, 「리동휘 성재 선생」, 41쪽; 『한국학연구』 5 별집, 인하대 한국학연구소, 1993.7, 204쪽.

계봉우는 자서전 『꿈속의 꿈』에서 러시아당국에 의해서 퇴거명령을 당한 후 하마탕으로 이주하게 과정과 그곳에서의 생활을 다음과 같이 회상하였다.

> 그후에 나는 권업신문의 긔자로 잇다가 퇴거명령을 당하고 중령으로 다시 돌아와서 왕청 히마탕에 의주하엿나. 그 의주는 소영자에서 고락을 함께 하던 동지들이 거긔에 깊이 근거를 정함에만 있은 것이 아니다. 세계의 대세가 우리의 운동을 휘식상태에 밀어넣은 거긔에 있엇다. 리동휘선생이 가족을 다리고 거긔에 의주한 것도 또한 그런 까닭에서 나온 것이엇다. 그렇다고 거저 팔장을 지르고 있지는 못할 것이다. 한쪽으로는 소학교의 학생을 가르치며, 교회의 남녀신도를 인도하고 또 한쪽으로는 안중근전을 저술하엿다. 그 때, 나의 여슷 식구가 어떻게 생활한 것은 나의 일홈에 오원삼십전을 지출하엿다는 학교의 년종결산이 설명하여 준다. 신접살림에 식량의 구조는 동지들에게서 고맙게 받으면서도 그렇게 곤궁을 늣기엇으니, 리동휘선생의 가정생활도 물론 그렇을 것이 아니겟느냐? 그러나 우리는 그것을 달게 녀기엇고, 동지들의 부담이 과중하다는 것을 돌이혀 미안스럽게 보앗다.[5]

계봉우가 일본경찰에 체포되어 국내로 압송된 것은 1916년 11월이었다. 당시 국경지대 일대를 순방하며 기독교 전도 활동을 하던 이동휘가 하마탕에 돌아와 있었다. 이동휘는 부인 강정혜의 생일(음력 10.29)을 맞아, 훈춘으로부터 왕청현 하마탕으로 이사한 가족들 및 동지들과 해후하기 위하여 하마탕에 와 있었던 것이다. 21개조 타결 이후 이동

5 계봉우, 『꿈속의 꿈』 하권, 1944, 174~175쪽; 『北愚 桂奉瑀 資料輯』 1권, 독립기념관 한국독립운동사연구소, 1996. 이하 『꿈속의 꿈』으로 약함.

휘 등 북간도지역의 반일인사들의 체포에 혈안이 되어 있었던 용정(龍井) 일본총영사관은 이동휘의 하마탕 방문 정보를 입수하고, 6~7명의 형사들을 급파하였다. 이들은 하마탕의 이동휘 본가를 덮쳤으나, 동네 청년들의 제보로 이동휘는 미리 탈출함으로써 체포를 면할 수 있었다. 그러나 당시 이곳에 체류하고 있었던 계봉우가 체포되고 말았다.[6] 계봉우는 '명치 29년 법률 제80호 청국급조선국재류제국신민취체법 제1조'에 의거하여 11월 28일부터 3년간 중국 재류금지 명령 처분을 받고 회령으로 압송되어 일본헌병분대에 인도되었다.[7]

계봉우는 배채거우, 국자가, 용정, 회령, 청진, 원산 등 일본유치장을 거쳐 서울 남산 아래의 경무총감부 유치장으로 이송되었다. 일본경무총감부에서 계봉우는 일경에 압수된 안중근전 초고와 관련하여 취조를 받았다. 특히 1916년 7월에 안중근전의 발간을 위해 블라디보스토크에 가서 하루 머문 사실에 대하여 집중적인 추궁을 받았다. 계봉우는 '치안법 제5조' 위반으로 '영종도 1개년의 금고' 처분을 받아 영종도 예단포에서 1년 유배를 보낸 후 고향 영흥으로 돌아와 다시 3년간의 거주제한을 받았다.[8]

1916년 11월 일본경찰에 체포되어 국내로 압송될 당시 계봉우는 기

---

6 반병률, 『성재 이동휘 일대기』, 범우사, 1998, 127쪽. 계봉우는 『꿈속의 꿈』에서 "내가 집을 떠나갈 때에 어머님의 락루하시던 그 정경도 애가 끊어지는 듯 하엿거니와 품속에 안기어 자던, 여슷살 먹은 베드로가 뒤를 딸아 나오면서 발을 구르며 울던 그 형상 만일 그 애가 죽지 않앗다면 지금에 그 일을 녯말삼아 니야기나 할 터인데, 나를 보지 못하고 죽은 그 원한은 나의 가슴에 못을 박은 듯하다"고 회상했다(『꿈속의 꿈』 하권, 175쪽 참조). 1916년 당시 '여슷살 먹은 베드로'는 1910년 또는 1911년생으로 큰딸 계화림(1909년생) 다음으로 태어난 장남이었으나, 계봉우가 국내로 압송된 지 얼마 후에 사망한 것으로 보인다. 1919년 8월 국내를 탈출하여 가족들을 상봉한 계봉우가 "그 동안에 어떤 유감이 있엇다면 나의 품속에서 자라던 베드로를 다시 보지 못하게 된 그것을 말하지 않을 수 없"다고 할 만큼 안타까워한 아들이었다(같은 책, 243쪽 참조).

7 『만주지역 本邦人 在留禁止關係雜件』, 국가보훈처, 2009, 78~79쪽.

8 『꿈속의 꿈』 하권, 175~178쪽; 계봉우, 「리력서」(1936.1.28). 이하 「리력서」로 약함.

독교 민족주의자였다. 그가 만주 북간도와 러시아 연해주에서 전개한 교회설립, 민족교육 그리고 집필활동은 동포사회를 조직하고 민족의식을 고취하기 위한 항일활동이었다.

2) 국내 탈출과정과 상해행(上海行)

계봉우가 해외로 다시 나온 것은 1919년의 3・1운동 이후이다. 3・1운동 발발하기 전인 1918년 12월의 일이다. 고향 영흥에서 거주제한을 받고 있던 계봉우는 함경남도 덕원 당을우에 있는 동지 강기찬을 방문한 자리에서 보성전문학교 학생 강기덕(姜基德)을 만나게 되어 그로부터 서울에서 대중들 가운데서 항일운동이 성숙되어 가고 있음을 알게 되었다. 계봉우는 일본당국의 탄압을 피하기 위하여 평양신학교에 입학수속을 밟는다는 핑계로 2월 27일 서울로 올라가 남문(南門)안 봉래정의 신학생 숙소인 신행여관에 머물렀다. 계봉우는 3월 1일 1시에 반일운동이 일어날 것이며, "탑골공원에서 독립선언서를 낭독하고 시가행렬할 것"이라는 정보를 알고 있었다.[9] 3월 1일 마침내 반일시위운동이 시작되었다. 계봉우는 『꿈속의 꿈』에서 당시 자신이 몸소 겪은 경험담을 다음과 같이 서술하여 놓았다. 길지만 인용해 본다.

> 일본놈들에게는 및어 생각도 못하엿던 마른 한울의 벼락이엇다. 서울은 만세소리의 서울, 서울의 만세소리는 나의 류하는 여관에서 가장 갓갑은 남대문통을 울리면서 나온다. 나의 발은 나는 듯이 어느 겨를에 제절로 거긔루 항하여 갓다. 나는 몇천만이라고 헬 수 없는, 그 무수한 손등이 태극

9 『꿈속의 꿈』 하권, 223~224쪽.

긔를 들면서 대한독립만세를 일제히 울렁차게 높이 부르는 소리의 속에 들어섯다. 바루 그 시각에, 나도 만세를 부르든 그 시각에, 남대문역에 도착한 긔차의 닙으로서 막 쏟아저 나오는 사람의 파도속에서, 머리에는 망갓을 쓰고, 한엇게에는 보침을 멘 상인 한분이 뛰어와서 대한독립이란 말에 어찌나 깃벗던지 춤추는 것을 보앗다. 그 때의 조선례절로 본다면 상인으로서는 도저히 그럴 수 없는 일인데, 그러나 그는 껑정-껑정 뛰면서 춤을 춘다. 그것을 누구가 실례라고 할가? 그 춤이야말로 민족전체의 의사를 대표한 것이엇다. 웃는 사람, 우는 사람, 놀애하는 사람, 연설하는 사람, 그 동작은 그렇게 형형색색이나, 그것은 그날에 보통으로 보게 되는 현상이매, 특히 말할 필요도 없거니와 그 행색이 남다른, 꽤 점잔아 보이는 상인의 춤은 누구에게던지 닞지 못할 큰 인상을 주엇다. 그런데 그 행열이 미국총령사관을 거치어 또는 서소문으로붙어 일본놈의 거리를 통과하여 종로루 향하려는 그 때에 일본의 보병, 마병, 헌병 경찰이 달려들어 총창으로 뭇지르고, 말발굽으로 짓밟고 그러면서 당장에 륙백여 명을 체포하엿으며, 태화관에서 축하의 잔을 서로 들던, 독립선언서에 서명한 조선민족의 대표자 삼십삼인도 또한 서대문 감옥으로 압송되엇다. 그날에 서울의 운동은, 다만 그날의 운동은 이렇게 끝을 맺투엇다.[10]

계봉우는 제2의 만세시위운동 지휘책임자였던 강기덕의 요청에 따라 세브란스 병원 밀실에서 선언서 초안을 집필하여 건네주었다. 3월 3일 고종황제의 장례식을 목격한 후 기차를 타고 평양으로 갔다가 영흥으로 귀환한 후 원산에서 망명계획을 부탁한 바 있는 차장로(車長老)를 찾았다. 차장로의 소개로 강우규(姜宇奎)를 만나 훗날 사이토[齊藤]총독 폭탄투척사건의 공모자가 되는 최자남(崔子南)을 소개받고 함께 블

10 『꿈속의 꿈』 하권, 224~225쪽.

라디보스토크로 망명하는데 성공했다. 계봉우는 당시를 회상하여 "이때 신한촌에는 중아량령(中俄兩領 — 인용자)의 우수한 인물이 거지반 모이엇다. 한쪽에는 로인단, 다른 쪽에는 철광단, 또 다른 쪽에는 신민단이 솔밭모양으로 대립하엿으며, 송왕령(니꼴스크-우수리스크)에는 국민의회가 늦은 가을에 울어예는 외기럭이와 같이 홀로 서 있엇다"고 회상했다.[11] 계봉우가 국외로 망명한 때는 1919년 8월이었나.[12]

계봉우는 신한촌에 며칠 머무는 동안에 철혈광복단(鐵血光復團, 약칭 鐵光團)에 가입하였다. 이후 계봉우는 모친 등 가족들을 만나기 위하여 북간도 하마탕을 방문했다. 당시 계봉우는 1910년대 민족운동 당시 함께 활동한 바 있는 옛 동지들이 주도하고 있고, 3·1운동 이후 조직된 북간도 국민회와 연계를 갖게 되었다. 국민회는 3·1운동 이후 우후죽순처럼 조직된 북간도 지역의 여러 항일단체들의 통일문제와 상해의 대한민국임시정부와의 연락문제를 당면한 과업으로 설정하고 있었다. 계봉우는 국민회의 위탁을 받아 각 단체의 주모자들을 찾아보고 통일문제를 협의하였으나 성과를 거두지는 못하였다. 국민회에서는 두 번째 과업, 즉 상해 임시정부와의 연락을 위해 계봉우와 유례균(劉禮均)을 상해의 임시정부 의성원 의원으로 선임하였다. 계봉우가 북간도에서 20일 가량 머물렀다. 계봉우는 『꿈속의 꿈』에서 이 무렵 러시아령으로부터 홍범도 부대가 들어와 하마탕으로부터 40리 가량 되는 베산채거우(北三岔口)에 도착하였고, 같은 시기에 블라디보스토크의 철혈광복단(철광단)으로부터 계봉우를 단장으로 선임하였다는 소식이 왔다고 회상하였다.[13]

홍범도(洪範圖) 자신이 쓴 「홍범도 일기」에 따르면, 홍범도 부대 106

---

11 『꿈속의 꿈』 하권, 235~240쪽.

12 계봉우, 「리력서」.

13 『꿈속의 꿈』 하권, 242~243쪽.

명이 근거지인 노령 수이픈을 떠나 위해 발진한 것은 1919년 10월 1일이었다. 이후 홍범도 부대는 초모정자(草帽頂子), 멍구가이(Mongugai, 孟嶺, 蒙古街)를 거쳐 국경을 건너 중국의 나자거우(羅子溝)를 거쳐 야밤에 하마탕 '예수촌'으로 들어가 무장을 벗고, 12월 6일부터 다음해 4월 21일까지 무단봉에 나가 3일 유숙하였다고 한다.[14] 홍범도는 1919년 12월 '대한독립군의용대장'으로서 대원 박경철(朴景喆), 이병채(李秉琛)와 함께 3인 명의로 「유고문(諭告文)」을 반포하였는데, 그 내용이 북간도 주민들을 상대로 한 것으로 보아 홍범도부대가 노령으로부터 북간도에 들어온 직후에 작성・배포된 것으로 추정된다.[15]

계봉우가 "홍범도의 군대가 아령으로붙어 내집에서 사십리 가량이나 되는 베산채거우에 도착하엿다"고 한 것은 「홍범도 일기」의 서술내용과 일치한다. 이로부터 계봉우가 북간도에서 다시 블라디보스토크로 떠난 것은 1919년 12월 초순 무렵이라고 추정할 수 있다.

북간도에서 머문 20일 가량 가운데 모친, 부인, 자녀들과 함께 지낸 것은 불과 5일에 불과했다. 계봉우가 가족과 급하게 헤어지게 된 것은 그가 철혈광복단(鐵血光復團) 단장에 취임하기 위하여 블라디보스토크의 신한촌으로 가야 했기 때문이었다. 도착 당일 계봉우의 철혈광복단 단장 취임식이 거행되었는데, 이 취임식은 노령의 국민의회가 상해임시정부에 통합되는 것을 반대하던 일부 단원들이 계봉우의 상해행을 저지하고자

14 「홍범도 일기」, 『한국독립운동사연구』 31, 독립기념관 한국독립운동사연구소, 2008.12, 478쪽.

15 「諭告文」, 『독립신문』, 1920.1.13, 3면. 홍범도, 박경철, 이병채 3인 명의의 이 유고문은 일본관헌에게도 입수되었다. 이 유고문은 일본총영사관 百草溝 분관의 첩보원 鄭成玉이 1919년 12월 18일부터 22일 사이에 蛤蟆塘 三岔口 방면을 탐방한 후 일본영사관에 제출한 것으로 『독립신문』에 게재된 「유고문」과 내용이 거의 일치하나, 홍범도의 직함이 '露領駐屯大韓獨立軍大將'으로 박경철과 이병채가 '參謀'로 되어 있는 점이 다르다. 여하튼 이 유고문은 홍범도 부대가 노령에서 북간도로 들어오면서 작성되어 삼차구 일대에 배포된 것으로 보여진다(「大韓獨立軍諭告文」, 姜德相・梶村秀樹 編, 『現代史資料』 27, みすず書房, 1977, 10~11쪽 참조).

기획한 회의였다.[16] 당시 상해의 임시정부와 국민의회 간에는 승인·개조분쟁으로 당초의 통합합의 협약이 파열되었고 일부 철광단 간부들을 중심으로 상해임정 반대와 국민의회 복설이 추진되고 있었다.

계봉우는 국민회의 임정 지지 입장과 철광단의 임정반대 입장이 맞서는 상황에서 최선의 선택은 아니지만, 상해임정을 지지하는 다수의견에 따라 상해행을 취하였다. 계봉우는 『꿈속의 꿈』에서 상해행을 결단하게 된 이유를 다음과 기록하고 있다.

> 국민회에서 대표를 상해에 파견한 것이 전날의 일이라면 철광단에서 나에게 대한 정지운동은 온홀(오늘 — 인용자)의 일이니, 일에는 선후가 있는지라, 앞서의 것을 좇아야 할가? 뒤의 것을 좇아야 할가? 상해 림시정부는 전민족의 의사로서 조직된 긔관이라면 국민의회는 아령에 거주하는 조선민족, 그것도 소부분의 의사로서 조직된 긔관이니, 의사에는 다소가 있는지라, 전체적 의사를 존중히 하여야 할가? 부분적 의사를 존중히 하여야 할가? 내가 긔어히 상해루 간 것은 일의 선후와 의사의 나소를 정당히 택한 거긔에 있엇다.

계봉우는 상해임시정부의 여러 한계를 지적하면서도 "내가 기어히 상해루 간 것은 일의 선후와 의사의 다소를 정당히 택한 거긔에 있엇다"고 하여 그의 상해행이 고심 끝에 나온 결정이었음을 말해준다.[17] 의형제이자 오랜 동지인 이동휘가 이미 상해임정의 국무총리로서 그리고 한말이래의 동지인 김립(金立)이 국무원비서장으로 활동하고 있었던 사정 역시 그가 상해행을 결정한 이유였을 것이다.

16 『꿈속의 꿈』 하권, 243쪽.

17 『꿈속의 꿈』 하권, 243쪽.

3) 상해에서의 활동

계봉우는 1920년 말 상해에 도착한 것으로 보인다. 계봉우는 이후 상해임정의 의정원 의원과 독립운동사 재료수집원으로 활약하였다. 계봉우는 상해 도착 직후부터 활발한 문필활동을 하게 되는데『獨立新聞』주필인 이광수(李光洙)의 청탁에 따라 1920년 1월부터 5월에 걸쳐 거의 매호에 걸쳐『獨立新聞』에 민족운동에 관한 매우 중요한 글들을 발표하게 된 것이다. 즉, 계봉우는 '四方子'라는 필명으로「北墾島, 그 過去와 現在」(4회, 1920.1.1, 1.10, 1.13, 1.22) 발표를 시작으로, 뒤바보라는 필명으로「俄領實記」(8회, 1920.2.26, 3.4, 3.13, 3.18, 3.25, 4.1, 4.3),「김알넥산드라小傳」(3회, 1920.4.17, 4.20, 4.22),「義兵傳」(7회, 1920.4.27, 4.29, 5.1, 5.6, 5.8, 5.11, 5.15)을 각각 발표하였던 것이다.[18]

1920년 4월 19일 임시정부는 계봉우를 서간도 파견원으로, 안정근(安定根)과 이탁(李鐸)을 북간도파견원으로 선정하였는데,[19] 이는 서북간도와 러시아지역의 독립운동세력들의 지지를 확보하기 위한 조치였다. 이에 앞서 국무총리 이동휘는 노령의 독립운동간부들에게 상해임정의 시정대방침을 전달할 특파원으로 파견되는 안태국(安泰國)과 이용(李鏞)을 협조해 줄 것을 요청하는 서한을 보냈다.[20] 상해임정은 또한 노령에 대하여 아령총판부(총판 : 崔在亨, 부총판 : 金致寶)와 재무관서(재무관 : 金奎冕, 부재무관 : 柳贊永)를 두기로 하였다.[21] 그러나 계봉우는 서간도 파견원직을 사임하게 되는데, 아마도 후에 서술하게 되는 한인사회

18 반병률,「노령에서의 독립운동사 연구」,『한국독립운동의 이해와 평가-광복50주년기념 4개년 학술대회 논문집』, 독립기념관 한국독립운동사연구소, 1995, 456쪽.

19 「日記」(1920.4.19), 朱耀翰,『安島山全書』(삼중당, 1963)에 수록됨. 이하「안창호일기」로 약함.

20 「大韓民國臨時政府閣僚檄告文」, 姜德相・梶村秀樹 編,『現代史資料』27, 19쪽.

21 「안창호 일기」, 1920.4.1・4.4.

당 활동에 전념하기 위한 것이라 짐작된다.[22]

1920년 봄에 들어와서 상해임시정부 국무총리 이동휘와 국무원비서장 김립은 사실상 임시정부의 활동에서 손을 떼고 있었다. 이동휘는 구미위원부(歐美委員部)에 미주지역의 독립애국금 모집이 대통령 이승만(李承晩)에 의해 독점되면서 임정활동이 부진하게 되자 이승만 불신임(퇴진)운동을 전개하게 되었다. 이러한 상황에서 이동휘와 김립은 소비에트러시아와의 관계 강화를 추구하게 되었고 한인사회당 활동에 전념하게 되었다.

계봉우가 사회주의에 관심을 갖게 된 것은 바로 이 무렵이었다. 계봉우는 이동휘의 소개로 『구국일보(救國日報)』 주필 황각(黃覺, 黃介民)이 주도하고 있었던 대동단(大同團)에 가입하였다. 대동단은 "국가평등, 인종평등, 세계평등"의 이념을 가진 단체였다.[23] 황각은 일본유학중인 1915년 말에 김철수(金錣洙), 윤현진(尹顯振), 장덕수(張德秀) 등의 조선유학생들, 그리고 대만의 팽화영(彭華榮) 등과 함께 일본제국주의를 비롯한 일체의 제국주의를 타도할 목적으로 신아동맹당(新亞同盟黨, 또는 신아동맹단)을 조직한 인물이었다. 이동휘와 김립은 대동단의 황각과 긴밀한 연락관계를 갖고 있었다.[24]

이동휘와 김립이 세련된 이념을 가지지 못한 다분히 "유토피아적 정당"인 황각의 대동단과 관련을 맺었던 것은 제국주의 타도라는 목적에서 일치된 목표를 갖고 있었기 때문이었을 것이다.[25] 그러나 계봉우는 대동단에 대하여 "그 목적을 완성할만한 학설의 근거가 없을 뿐 아니라 그 단원들을 결속할만한 규율좇아 없는 것이 나에게 불만을 주었다"고 탐탁하

22 「안창호 일기」, 1920.5.10.
23 『꿈속의 꿈』 하권, 255쪽.
24 Chang Kuo-t'ao, *The Rise of the Chinese Communist Party, 1921 ~1927* Vol.1, Lawrence, Manhattan and Wichita : the University Press of Kansas, 1971, p.122.
25 Chang Kuo-tao, *Ibid.*, p.122; 『꿈속의 꿈』 하권, 255쪽.

게 여기지 않았다.[26] 대동단에는 김규식(金奎植), 여운형(呂運亨), 윤현진, 김철(金澈), 이규홍(李奎洪) 등 상해의 유력인사들이 참가하고 있었다.[27]

이후 계봉우는 1920년 4월 김립의 권고로 일본인 무정부주의자 고토쿠 슈스이[幸德秋水]의 『社會主義 神髓』를 읽고 사회주의에 처음으로 접하게 되고 곧바로 한인사회당에 입당하게 된다.[28] 김립은 계봉우가 "상해 정게(정계)에서 그를 능가할 인물이 없엇다"고 할 정도로 책략이 뛰어난 인물이었다. 그럼에도 불구하고 계봉우는 김립을 회상하여 "정치수완이 민활한 건만은 나로 하여금 탄복하게 하엿"는데 그에게는 "파괴도 잘하고 건설도 잘하는 수단이 있다"고 평했다.[29]

『社會主義神髓』를 정독하면서 계봉우는 "조선민족이 일본의 긔반에서 해방되어 만일 완전한 독립을 얻자면, 만일 진정한 자유를 누리자면, 그러고서 또 자손만대에 가장 안전한 생존권을 전하자면 사회주의적 혁명의 밖에는 다른 길이 더 없다"고 판단하였다. 그것이 계봉우가 한인사회당에 입당한 동기였다.[30]

5월 초 사퇴의사를 표명한 이후 이동휘, 김립, 계봉우 등의 한인사회당 간부들은 한인사회당 활동을 강화해 나갔다. 이들은 이미 1920년 3월에 모스크바정부의 특파원과 만나 상호협력방안을 논의하였다.[31] 5월 초에는 전(前)국민의회 부의장이었던 김만겸(金萬謙)이 러시아공산당 원동부(遠東部, Dal'biuro) 블라디보스토크 분과 산하 외국과(外國課)의 파견으로 보이틴스키(Gregorii N. Voitinskii)와 또 한 명의 특파원과 함께 상해로 온

26 『꿈속의 꿈』 하권, 255쪽.

27 김철수, 「김철수 친필유고」, 『역사비평』, 1989 여름, 349~350쪽.

28 『꿈속의 꿈』 하권, 251쪽. 계봉우는 이 책을 『社會神髓』라 적고 있으나 정확한 이름은 『社會主義 神髓』이다. 『社會主義 神髓』는 최근 임경화가 편역한 『나는 사회주의자다』(교양인, 2011)에 수록되어 있다.

29 『꿈속의 꿈』 하권, 251쪽.

30 『꿈속의 꿈』 하권, 251쪽.

31 金正柱, 『朝鮮統治史料』 8, 韓國史料研究所, 1980, 235쪽.

이후[32] 한인사회당의 활동이 강화되었다. 김만겸을 통하여 이들 국제당 특파원들은 5월 13일 국무총리 이동휘등을 만나, 레닌정부가 상해임시정부와 한인 전체에 보내는 두 통의 공식서한을 전달하였다.[33] 한 통은 소비에트정부가 상해임시정부에 다대한 동정을 보내며, 이를 충분히 원조하고 승인할 것임을 약속하는 내용의 것이고, 다른 한 통은 소비에트정부가 일반 한인들에게 보내는 공개서한으로 소비에트정부가 끝까지 한인을 동정할 것이며, 한인들도 볼쉐비키 사상을 선전하여야 할 것을 밝힌 것이다.[34] 김만겸과 보이틴스키는 이들 편지를 상해측에 전달하는 임무를 띰과 동시에 상해에서의 볼쉐비즘을 선전할 임무를 띠고 있었다. 김만겸은 이 당시 4만원의 선전자금을 휴대하였으며, 그의 상해행에는 공산주의자 강한택(姜漢澤)이 동행하였다고 한다.[35]

소비에트정부가 상해임시정부에 공식서한을 보낸 사실 등 이상의 사실들은 계봉우가 간도 대한국민회회장 구춘선에게 보낸 5월 14일자 편지에서도 확인된다. 계봉우는 이 편지에서 모스크바정부 특파원 2명이 김만겸과 함께 상해임시정부에 소비에트정부의 공식서한을 전달한 사실을 밝히고 있는 것이다. 즉, "어제(5월 13일) 레닌정부로부터 특파위원 2인이 우리 정부에 공문을 가져왔는데 해부(海埠, 海蔘威, 블라디보스토크) 김만겸 씨도 동행하여 왔다. 그리고 공문의 내용은 귀정부(貴政=상해임시정부) 형제들도 모스크바에 와서 상휴수(相攜手)하여 극동의 大怨讐를 정복하여야 할 것이고 또 모스크바에는 우리 노동군이 편성되어 그 수 2개 여단에 달한다 운운."[36]

---

32 김마트베이, 『일제하 극동시베리아의 한인사회주의자들』, 역사비평사, 1990, 172쪽.

33 金正柱, 『朝鮮統治史料』 8, 239~240쪽.

34 「鮮人과 過激派와의 關係」, 姜德相・梶村秀樹 編, 『現代史資料』 27, 291~292쪽; 金正柱, 『朝鮮統治史料』 8, 239~240쪽.

35 「朝鮮獨立運動問題」, 金正柱, 『朝鮮統治史料』 7, 402쪽. 강한택은 러시아혁명 이전에는 러시아정교회 신부로서 '강신부'로 알려진 인물이다.

계봉우는 한인사회당에 입당한 후 당의 기관지 『自由鐘』의 주필로 활동하였다.[37] 계봉우가 1920년 5월 27일자로 『獨立新聞』에 뒤바보란 필명으로 기고한 「京城勞動會에 對하야」는 계봉우의 사회주의적 인식이 반영된 글이라 할 수 있다.[38] 이동휘는 한형권이 모스크바특파원으로 상해를 떠날 때, 상해임정을 비판함과 동시에 자신이 관련된 노령에 조직될 군정부 조직안을 한형권(韓馨權)으로 하여금 휴대하고 떠나게 하였다.[39] 우선 이동휘, 김립, 계봉우 등의 한인사회당간부들은 보이틴스키 등과 협의하여, 이르쿠츠크 이북(以北)지방을 근거지로 하여 사관양성과 비행기 준비와 적군(赤軍)과의 제휴에 의한 최후작전(군사행동)을 합의하였다. 이 계획의 일환으로, 이동휘, 김립, 계봉우는 연명으로 북간도국민회(회장 : 구춘선)에게 사관학교 설립계획과 재정지원을 요청함과 동시에 이용을 동로사령관(東路司令官)으로서 북간도로 특파하였다(노령지역을 담당할 북로사령관(北路司令官)에는 채영(蔡英)이 임명됨).[40]

1920년 6월 중순 상해임정을 통한 실질적인 활동을 중단한 채, 한인사회당의 활동에 주력하고 있던 국무총리 이동휘는 이후 위임통치청원을 골자로 한 이승만 불신임 이유서와 국무총리사퇴서를 각총장에게 송부하고(6.18), 웨이하이웨이[威海衛]로 떠났다(6.22).[41] 이동휘의 웨이하이웨이행은 임정각원들에게 압력을 가하여 이승만 축출이라는 목적을 달성하려는데 있었지만,[42] 레닌정부와의 교섭을 위해 모스크바로 가기 위한데에 주목적이 있었다.[43]

---

36 金正柱, 『朝鮮統治史料』 8, 239~240쪽.
37 『꿈속의 꿈』 하권, 252쪽.
38 뒤바보, 「京城勞動會에 對하야」, 『獨立新聞』, 1920.5.27, 4면.
39 「안창호 일기」, 1920.5.20・6.27.
40 「이동휘・김립・계봉우가 북간도 대한국민회장 구춘선에게 보낸 편지」, 金正柱, 『朝鮮統治史料』 8, 236~239쪽.
41 「안창호 일기」, 1920.6.18・6.22.
42 「안창호 일기」, 1920.6.24.

이동휘가 당초의 방침을 바꾸어 상해로 귀환할 무렵, 한인사회당의 국제공산당 파견대표 이한영(李翰英)이 선전자금을 가져왔다. 한인사회당 대표 박애(朴愛)와 이한영이 1920년 3월, 모스크바에서 선전자금을 받았는데, 이르쿠츠크에 와서 풀어보니 400만 루블로, 짜르시대 발행화폐로 200만 루블, 두마발행화폐로 150만 루블, 소비에트정부 발행화폐 50만 루블이었다. 이 가운데 200만 루블은 소비에트정부 외무인민위원부 시베리아전권위원인 가퐁에게, 100만 루블은 원동공화국의 북경주재 전권위원인 유린에게 넘기고, 이한영이 100만 루블(7,500멕시코달러)만을 상해로 가져왔다.[44] 계봉우가 "리한영이 국제당의 파견을 받아 선전비를 가지고 온 것도 또한 그 때이엇다"고 한 것은 바로 이를 말한다.[45] 이것이 한인사회당이 받은 제1차 자금이다.

그리하여 한인사회당은 1920년 9월 초, 한인사회당 당대표회의를 개최하고 당의 명칭을 한인공산당으로 개칭하는 한편, 조직을 확대·개편하였다. 이동휘는 한인공산당의 중앙위원장으로 선출되었으며, 김립은 이한영, 김만겸, 안병찬(安秉瓚) 등과 함께 중앙위원으로 선출되었다.[46] 새로이 확대·개편된 상해의 한인공산당 선동출판부는 『신대한독립보』를 개칭한 신문 『신생활』과 『자유종』을 개칭한 잡지 『공산』을 출판하는 한편, 『공산당선언』을 번역, 발간하였다.[47]

---

43 「안창호 일기」, 1920.6.28·6.29·7.12.

44 Li-Dongkhi(이동휘)·Pakdinshun(박진순), "Nardnomu Kommissaru Inostrannykh Del. : Uvazhaemii Tovaritch Chicherin"(1921.10.16), 러시아현대사문서보관 및 연구센터 분류번호 f.495, op.135, del.49, 13쪽.

45 『꿈속의 꿈』 하권, 252쪽.

46 「呂運亨調書」, 『韓國共産主義運動史 資料篇』 1, 고려대 아세아문제연구소, 1980, 317쪽.

47 金正柱, 『朝鮮統治史料』 7, 158~160쪽.

3. 시베리아와 러시아원동에서

1) 소비에트 러시아로

대회 후 상해의 한인공산당은 모스크바와 이르쿠츠크 등 러시아에 파견할 대표로서 김립, 계봉우, 이한영을 선정하였다.[48] 이들의 임무는 국제공산당에 원동의 상황과 한인공산당의 조직을 보고하고,[49] 이르쿠츠크에 원동의 상황을 보고하는 한편, 그곳의 고려공산단체중앙간부(1920.7 성립)와 협의하여 장차의 전한공산당 조직문제를 협의하며,[50] 임정특사 한형권과 당대표 박진순의 교섭내용을 확인하는 것이었다.[51]

이에 이들은 원동공화국의 크라스노쉐코프(Aleksandr Krasnoshchekov)와 연락하여 일본군의 자바이칼 선언에 따른 시베리아의 새로운 상황을 파악한다고 하는 여러 가지 복합적인 목적을 갖고 있었다.[52] 김립은 당의 결정에 따라 국무원비서장직을 사임하였고, 후임에는 이동휘의 사위인 오영선(吳永善)이 취임하였다. 계봉우는 보이틴스키가 이르쿠츠크의 국제공산당 동양비서부에 보내는 밀서를 휴대하고 9월 23일 상해를 떠났는데, 김립과 이한영은 하루 먼저 떠났다.[53] 당초 러시아어에 능통한 이한영이 러시아행에 동반하기로 하였지만, 하루 사이에 당간부 결정이 바뀌어 이한영은 북경에서 상해로 복귀하였다.[54]

---

48 「在魯高麗革命軍隊沿革」, 『韓國共産主義運動史 資料篇』 2, 고려대 아세아문제연구소, 1980, 9쪽.

49 「呂運亨調書」, 『韓國共産主義運動史 資料篇』 1, 249쪽.

50 리괄, 「報告三號－이르꾸쓰크공산당 高麗中央執行部」, 1921.4.19, 러시아현대사문서보관연구센터 소장), fond 495, op.135, delo 91, 2쪽.

51 한형권, 「혁명가의 회상록－레닌과 담판, 독립자금 20억 원 획득」, 『삼천리』 6, 1948.10.

52 「朝鮮獨立運動問題」, 金正柱, 『朝鮮統治史料』 7, 403쪽.

53 『꿈속의 꿈』 하권, 254・261쪽.

당시 이동휘와 김립 등 한인사회당 핵심간부들은 40만 원 자금의 확보 등으로, 모스크바에서의 대소외교를 성공적으로 완수한 박진순(朴鎭順), 한형권 등의 한인사회당대표들이 국제공산당 제2회대회(1920. 7.19~8.7) 후인 9월 초에 모스크바를 출발한 사실을 통보받았음에 틀림없다.

1920년 10월 말(또는 11월 초) 김립과 계봉우는 베르흐네우진스크에서 모스크바로부터 온 박진순과 한형권을 만났다.[55] 베르흐네우진스크에서 김립 등 한인사회당 간부들은 조선, 중국, 일본 등 동아시아 각국에 공산주의를 선전하고, 공산당조직을 후원할 동아총국(東亞總局)을 조직하기로 하였다.[56] 또한 이들은 레닌정부로부터 박진순과 한형권이 확보한 이른바 2차 자금 40만 금루블을 상해의 한인공산당이 중심이 되어 간부들이 사용하기로 하였다. 40만 금루블이 자신의 책임하에서 국제공산당에 가입한 한인사회당에 지급된 것인 만큼 이들로서는 당연한 결정이었다.

2) 한인부(韓人部) 간부 시절과 투옥

1920년 12월 2일 치타에서 원동공화국내의 한인공산주의단체들의 주요간부인 장도정, 김진(金震), 박창은(朴昌殷), 권화순(權化純), 계봉우, 박애, 조응순(趙應順) 7명이 회집하여 원동공화국내의 러시아공산당 중앙위원회 소속 원동부(달이뷰로, 원동공화국 수도 치타 소재) 내에 한인부를 조직하기로 하였다. 한인부는 5두제(五頭制)로서 박애, 계봉우, 김진, 장도정, 박창은이 위원으로 되었고, 조응순과 권화순은 후보위원으로 선

54 『꿈속의 꿈』 하권, 263쪽.
55 「在魯高麗革命軍隊沿革」, 9~10쪽.
56 「在魯高麗革命軍隊沿革」, 10쪽.

출되었다. 계봉우는 의장으로서 한인부의 간부를 선출한 이 회의를 주재하였는데, 한인부 위원과 한인부 규정집 작성을 위한 3인위원회의 위원으로 선출되었다. 이 회의에서는 한인부내에 서무부, 선전선동출판, 조직훈련부, 재정부, 비공식부(비밀부) 등의 부서를 두기로 하였다.[57] 한인부의 조직은 러시아공산당 중앙위원회 원동부가 인정한 바였다.

원동부 한인부는 "임시로 한인 각공산당을 운전함에 통일적으로 정신 및 물질을 지배하기 위"한 목적으로 설립되었으며, 또한 한인부는 "전한공산당 창립대회가 정식으로 소집될 때까지 조직사업의 권한을 떠맡"기로 하였다.[58] 한인부의 조직적 위상은 "전한공산당중앙총회가 성립되기까지 상해방면(내지, 일본, 서북간도및 기타 중령), 연해주, 흑룡주, 자바이칼주의 한인공산당에 대한 중앙기관으로" 하기로 결정하였다.[59] 이동휘, 김립이 이끄는 상해의 한인공산당으로부터는 상호 긴밀한 연락과 협력을 전제로 하여, 한인부 창립 전에 치타에 왔던 김립이 계봉우와 박애에게 그 대표권을 위임하였을 것이다.[60]

이르쿠츠크의 고려공산단체중앙간부와 연해주의 한족공산당에 대해서는 "중앙위원회를 해산하고 지방위원회로 개칭할 것"을 권고하기로 하였다.[61] 러시아공산당과의 관계설정에 관련하여 한인부는 1920년 12월 14일, "현재 러시아 원동에서 러시아공산당의 관할하에 있는 한인공산주의 단체들은 자치적인 단일체로 분립한다. 즉, 러시아공산당의 성원에서 벗어나서 고려공산당중앙위원회가 창립될 때까지 임시로 러시아공산당 원동부 한인부에 직접 복종한다"는 중대한 결정을

57 「러시아공산당중앙위원회 극동국 한인부 회의록」, 국사편찬위원회 편, 『한국독립운동사 자료』 34(러시아편 I), 1997, 136쪽.

58 임경석, 「고려공산당연구」, 성균관대 박사논문, 1993, 187쪽.

59 「東亞局韓人部組織部日誌」(1921.1, 날짜미상).

60 姜德相・梶村秀樹 編, 『現代史資料』 27, 200쪽.

61 임경석, 앞의 글, 188~189쪽.

하였다.[62] 이것은 러시아공산당 및 국제공산당과의 관계에서 앞으로 조직될 '전한공산당'의 독자성을 상정하고 있다는 점에서, 러시아공산당원 신분을 유지한 채로 동양제민족부=동양비서부의 지휘와 명령에 복종하기로 한 이르쿠츠크파 고려공산단체중앙간부의 입장과 비교하여 매우 주목되는 점이라 할 것이다.

계봉우는 1921년 1월 16일에 열린 한인부 정기회의를 주재하게 되는데 이 회의에서 박애, 장도정과 함께 3인으로 구성되는 간부회의 위원으로 선출됨과 동시에 선전선동출판부장에 선임되었다.[63]

한인부가 속하게 된 원동부는 원동공화국에서의 최고당조직으로서 볼쉐비키당이 원동공화국 내의 볼쉐비키당 조직을 지도.후원하기 위하여 1920년 3월 3일 조직하였는데, 처음에는 러시아공산당 시베리아국(Sibiuro, 시비우로), 이후 1920년 8월 13일에 러시아공산당중앙위에 직속하게 된 기관이었다. 원동부는 6인의 위원으로 구성되었는데, 원동공화국의 대통령이자 외무장관인 크라스노쉐코프가 커다란 영향력을 미치고 있었다. 주지하다시피 그는 시베리아와 원동러시아 지역의 대표적인 온건파 볼쉐비키로서 원동공화국창설안의 적극적인 추진자로서 레닌의 신임이 두터웠다.[64] 또한 그는 한인사회당의 오랜 후원자일 뿐만 아니라 한인부의 리더격인 박애와는 러시아내전시기의 빨찌산 시절이래 아주 가까운 사이였던 것이다.[65]

한인부는 치타 지방당, 베르흐네우진스크 지방당, 흑룡주 고려공산당연합회, 하바로브스크 고려공산당연합회, 흑룡주의 공산청년동맹

62 위의 글, 190~191쪽.

63 「러시아공산당 극동국 한인부의 정기회의 회의록」, 국사편찬위원회 편, 『한국독립운동사 자료』 34(러시아편 I), 1997, 151쪽.

64 Wieczynski Joseph L. ed., *The Modern Encyclopedia of Russian and Soviet History* Vol.18, Gulf Breeze : Academic International Pr., 1980, p.42.

65 環載, 「黑河事變의 眞相」, 『獨立新聞』, 1922.5.6, 1면.

연합회, 이만고려공산당 군회(郡會) 등을 정치기관으로 하고 한인노동회를 설치하여 산하에 두었다. 계봉우는 한인부의 선전선동출판부장으로서 1921년 2월 한인부의 기관지인 『노동신문』을 창간하였고 제2호를 3월에 간행하는 등 매월 4회 간행하였다. 그러나 『노동신문』은 후술하게 되는 이르쿠츠크파의 탄압으로 인하여 폐간되고 말았다.[66]

베르흐네우진스크와 치타에서의 회의는 곧 이르쿠츠크측에게도 알려졌다. 이르쿠츠크측은 베르흐네우진스크=치타 회의 결정을 인정하지 않겠다는 성명을 발표하고 조사에 나서, 사실이 확인될 경우, "출당" 조치하겠다는 방침을 정함으로써 양파의 갈등이 표면화되기 시작하였다.[67] 1920년 7월 이르쿠츠크에서 조직된 고려공산단체중앙간부는 동양제민족부(東洋諸民族部)의 한족부(韓族部) 역할을 맡고 있다가, 동양제민족부가 동양비서부(東洋秘書部)로 개편・설립되자, 그 산하의 한족부(고려부)로 흡수되었다. 1920년 말에 이미 대한국민의회는 이르쿠츠크파에 의하여 장악되어 있었으니, 간부들이 모두 공산당에 입당하여 있었고, 내부에 야체이카가 조직되어 있었다.

한인사회당계열 중요간부들이 치타에서 원동부 산하에 한인부를 결성하여 '전한공산당'에 나서고 있을 때, 이르쿠츠크공산당 한족부를 핵으로 하는 고려공산단체간부회의는 새로이 신설되는 국제공산당 동양비서부를 배경으로 별도의 '전한공산당' 창립에 나섰다. 동양비서부는 1920년 7월 하순에 조직된 동양제민족부(러시아공산당 시베리아국에 소속)의 스텝들을 근간으로, 국제공산당에 의해서 1921년 1월 이르쿠츠

66 「高麗共産黨代表會의 內幕및 國際共産黨 鮮人部 經過狀況에 관한 譯文送付의 件」(1923.4.23), 『不逞團關係雜件 朝鮮人의 部 鮮人과 過激派(4)』 번호 17 첨부문서(日本外務省史料館 所藏 文書), 국사편찬위원회(http://www.history.go.kr), 한국사데이터베이스/ 국내외항일운동문서. 하바로브스크에서는 『노동세계』가 매월 4회, 블라고베시첸스크에서는 『신세계』가 崔雲鶴이 선전부장으로서 매월 3회 정기적으로 발간되었다.

67 姜德相・梶村秀樹 編, 『現代史資料』 27, 199쪽.

크에 설립된 기관으로 동양혁명의 지도를 목적으로 하였다.[68]

한족부(고려부)가 속해 있는 이르쿠츠크의 동양비서부 책임자인 슈미야츠키(Boris Shumiatskii)는 브레스트-리토프스크(Brest-Litovsk) 조약의 체결을 반대한 좌파공산주의자 출신으로서, 크라스노쉐코프의 원동공화국안에 반대한 강경파 시베리아볼쉐비키의 대표적 인물이었다.[69] 1920년 5월에는 모스크바의 통제를 강화하기 위하여 러시아공산당중앙위 원동부의 위원으로 파견됨과 동시에 원동공화국의 수상겸 외상직을 맡았다. 이어 1921년 1월부터 9월까지는 시베리아제5군 정치위원으로서 새로이 신설된 국제공산당 동양비서부장의 책임을 맡았다. 또한 그는 러시아공산당 시베리아국위원 겸 원동공화국 내의 원동부위원의 지위를 유지한 채, 외무인민위원부의 원동지역 전권위원으로 임명되었다.[70] 상해파와 이르쿠츠크파의 군(軍)·정(政)쟁탈전이 격화되기 시작하는 1921년 상반기에 있어서, 이르쿠츠크파의 절대적인 후원자, 상해파에 대한 혹독한 탄압자로 등장하게 되는 슈미야츠키는 군·당·정의 요직을 독점한 "우랄이동의 왕"으로서 막강한 권한을 휘두르게 되는 것이다.[71]

양측의 각축전은 이르쿠츠크파를 일방적으로 후원하는 입장에 있었던 슈미야츠키가 동양비서부장의 자리에 앉게 되면서 그 승부가 이미 결정난 것이나 다름없었다. 슈미야츠키는 동양비서부의 권위와 권력을 집행할 수 있는 당·군·정의 최고실권을 쥐고 있었던 것이다.

---

68 Persits M. A., "Eastern Internationalists in Russia and Some Questions of the National Liberation Movement(1918~July 1920)", Ulyanovsky R. A., *The Commintern and the East*, Moscow, Progress Press, 1979, p.87.

69 Wieczynski Joseph L. ed., *The Modern Encyclopedia of Russian and Soviet History* Vol.18, 1980, p.44.

70 Wieczynski Joseph L. ed., *The Modern Encyclopedia of Russian and Soviet History* Vol.35, 1983, pp.74~75.

71 김단야, 「레닌 會見印象記」, 『조선일보』, 1925.1.30.

그는 동양비서부장 취임 얼마 후인 1921년 2월 8일, 치타의 한인부 간부들을 만나, "절대로 공산당이나 군인이나 물론하고 대의회난 이르쿠츠크에서 할" 것이며, "한인부도 이르쿠츠크로 이전할 것"을 일방적으로 명령하였던 것이다.[72]

또한 군권 문제에 있어서도 이르쿠츠크의 고려부는 동양비서부와 협의하여 한인군대들을 지휘할 정식의 고려군정의회는 5월에 개최될 고려공산당대회에서 조직하기로 하고, 상해파가 배제된 채, 이르쿠츠크파 일색의 임시고려군정의회를 조직함으로써, 아무르주(흑룡주)에 집결하고 있는 한인군대들에 대한 군권장악의 제도적 장치를 장악하는데 성공하였다.[73]

한편, 동양비서부장 슈미야츠키는 "한인부의 위원들이 협잡배이니 신문에 공포하라"는 명령을 원동부에 내렸다. 동양비서부의 이러한 방침은 이르쿠츠크파와 연합한 대한국민의회파의 기관지 『자유보』의 주필인 최의수(崔義洙, 한인사회당계열로 대한국민의회로 전향)가 한인사회당=상해파 간부들이 모스크바자금 40만 금루블을 낭비하고 있는데, 김립이 중국기생을 첩으로 들이고 호화향락생활을 하고 있으며, 김하구(金河球)는 간도에다 토지를 샀다는 등등의 비방·중상기사를 싣게 됨으로써 실현되었다. 이 기사내용은 상해임정 당국자들을 비롯한 민족주의계열인 사들에 의하여 이동휘와 한인사회당계열을 비판하기 위한 근거로서 활용되었고, 김구(金九)의 『백범일지』에 기록되어 널리 알려지게 되었고, 현재까지도 독립운동사 연구자들에게도 영향을 끼치게 된 것이다.[74]

1921년 상반기에 슈미아츠키가 승승장구하고 있었던 데 반하여 한인부의 절대적 지지자였던 크라스노쉐코프의 영향력은 크게 약화되

---

72 「동아국한인부일지」, 1921.2.8.

73 「在魯高麗革命軍隊沿革」, 20~21쪽.

74 반병률, 『성재 이동휘 일대기』, 319~320쪽.

고 있었던 상황 역시 한인부의 운명을 결정지은 요인으로 작용하였다. 슈미야츠키 등의 시베리아 강경파 볼쉐비키들은 크라스코쉐코프의 원동공화국안에 반대하여 왔고, 크라스노쉐코프 등 원동공화국 중심 인물들을 견제하기 위하여 시베리아국(시비로)의 파견대표로 원동부에 파견되어 온 이래 크라스노쉐코프의 영향력 감퇴를 추진하여 왔던 것이다. 1921년 4월 크라스노쉐코프를 반대하는 원동공화국지도부의 6명이 크라스쉐코프의 지도력을 비난하는 내용의 전문을 러시아공산당중앙위에 보냄으로써 크라스노쉐코프의 지도력에 타격을 가하였던 것도 이러한 일련의 과정에서 나온 것이었다.[75]

이르쿠츠크파는 동양비서부를 배경으로 상해파의 철저한 배제와 자파 주도의 당대회 단독소집과 한인군대지휘권 독점의 방향으로 급선회하여 갔다. 그리하여 이제껏 자금, 조직력, 교섭력에서 우위에 있었던 상해파는 시베리아라고 하는 헤게모니쟁탈전의 현장에서 악전고투하게 됨은 물론, 군·정 양면에서 치명적인 타격을 받는 전기를 맞게 되었다.

이르쿠츠크파는 슈미아츠키가 이끄는 동양비서부의 일방적 후원으로, 5월의 고려공산당대표대회 준비위를 한명세(韓明世), 남만춘(南萬春), 이성(李成), 채성룡(蔡成龍), 김철훈(金哲勳) 등 자파 일색으로 조직함과 동시에 참가대표들에 대한 자격심사권을 확보함으로써 상해파의 대회참가 여지를 박탈하였다.[76] 이르쿠츠크파의 남만춘은 동양비서부장 슈미야츠키의 명령을 받아 치타의 한인부를 해산하고, 하바로브스크에 있는 한인공산기관들을 해산하였다. 박애와 계봉우등 한인부 간부 5명은 당에서 제명되었으며, 블라고베시첸스크에서 장도정, 김진, 오성묵(吳

75 Wieczynski Joseph L. ed., *The Modern Encyclopedia of Russian and Soviet History* Vol.18, 1980, p.44.

76 김홍일, 「자유시참변 전후」, 『사상계』, 1965.2, 221쪽; 이석태, 『社會科學大辭』, 文友印書館, 1948, 599~600쪽.

成默) 등이 한인공산당위원회에서 발간하고 있던 기관지 『신세계』를 폐간시킴으로써 대표파견과 활동할 권리를 박탈하였다.[77]

슈미야츠키의 지도하에 이르쿠츠크에서 1921년 5월 4일에서 17일에 걸쳐 제1차고려공산당대표대회가 개최되었다. 대회에는 노령을 비롯하여 중국과 국내로부터 32개의 공산주의단체와 8,730명(1,880명은 현역당원, 나머지는 후보당원)을 대표한 83명이 참석하였다. 이 가운데 5명은 대회성원에서 제외되었고, 14명의 위임자는 위원회에서 승인되지 않아 결국, 64명만이 표결권을 갖고 대회에 참여하였다. 특히 상해로부터 김만겸, 안병찬이 참석하였는데, 이들은 40만 원 자금문제로 이동휘, 김립 등의 한인사회당 측에 반대하고 있었던 세력이었다. 대회는 동양비서부의 슈미야츠키가 모든 대회 진행을 지도하였다.[78]

대회 폐회 후 다음날인 1921년 5월 18일 고려혁명군정의회와 동양비서부가 합동회의를 개최하고 임시고려혁명법원을 조직하여 위원제를 채택하였는데, 이 임시법원은 박애, 김진, 장도정, 계봉우에 관한 사건을 처리하기 위하여 조직한 것이다.[79] 이들 한인부 간부들은 원동부의 명령을 받고 한인부 문부들을 송부한 5월 9일 당일 원동공화국 총사령부에 의해 체포되어 5월 16일 이르쿠츠크로 압송되었고 이후 동양비서부의 처분에 맡겨졌다.[80]

이와 동시에 동양비서부는 이어 5월 15일 상해파의 군사지도자들에 대한 체포에 나서 흑하지방(마사노프)에 있던 김규면·한운용(韓雲用)·박원섭(朴元燮)·우시욱(禹時旭)·주영섭(朱永燮)·안태국·임상춘(林常春) 등 13인에 대한 체포에 나섰으나, 흑하지방 현지의 친상해파적인 러시아

---

77 「이인섭이 김세일에게 보낸 편지」, 1968.2.5.

78 반병률, 『성재 이동휘 일대기』, 319~320쪽.

79 「在魯高麗革命軍隊沿革」, 54쪽.

80 「高麗共産黨代表會의 內幕및 國際共産黨 鮮人部 經過狀況에 관한 譯文送付의 件」; 「在魯高麗革命軍隊沿革」, 54쪽.

정치보안부에 의하여 저지되었다. 이들 상해파에 대한 체포작업은 슈미야츠키의 전권대표로 치타에 파견되어 온 프쉐니친(Konstantin Fyodorvich Pshenitsin, 원동부 책임비서)의 지휘하에 진행되었다.[81]

1921년 5월 18일 계봉우·박애·김진·장도정 등 한인부 간부들은 김철훈·채성룡·채동순(蔡東順) 3인의 취조를 받았고, 5월 22일에 판결을 받았다. 재판부는 이성·김철훈·채성룡으로 구성되었다. 변호인으로 한규선(韓奎善)이 역할을 맡았다. 기소된 논지는 박일리야와 김민선(金敏先)을 파견함으로써 박와실리(朴炳吉)를 총살케 한 사실, 원동총사령부를 기만한 일, 박창은을 임시총사령에 임명·파송하여 군기를 문란케 한 일, 국제공산당 동양비서부가 소집한 한인의병대회에 응하지 않은 일, 전한공산당 소집원들의 원동행(遠東行)을 방해하고, 지방에 기만적인 통신을 발송함으로써 한국독립운동과 세계무산자혁명을 방해한 일 등이 '죄목'으로 제시되었다. 검사 백운학(白雲鶴)은 박애에게 사형, 나머지 3명에게는 세계혁명이 성공할 때까지 금고를 구형하였다. 결국 이성·김철훈·채성룡 3명으로 구성된 재판부는 박애에게 8년, 계봉우·장도정·김진에게 각각 5년을 선고하였다. 이어 8월 8일에 소비에트러시아 제5군단과 동시베리아군대혁명법원에서 열린 2차 재판에서는 이들의 형이 감형되어 박애는 5년 징역, 계봉우·장도정·김진은 3년의 징역을 선고받았다.[82] 재판장격인 이성이 한인부 간부들의 '범죄사실'로서 제시한 개요는 다음과 같다.

> 피고 박애, 계봉우, 김진, 장도정 등은 신분이 불량한 박일리야와 김민선을 한인군대로 파견하여 박와실리의 총살사건을 발생케 하였고, 필경 군

81 반병률, 『성재 이동휘 일대기』, 315~316쪽.

82 「高麗共産黨代表會의 內幕및 國際共産黨 鮮人部 經過狀況에 관한 譯文送付의 件」; 「在魯高麗革命軍隊沿革」, 54쪽.

> 대간에 군장(軍裝)적 충돌을 야기하였고 한인의 사정을 상지(詳知)하지 못하는 극동총사령부의 군대에 사실을 기만하도록 언급함으로써 낭패케 한 일 많고 또 군사상 지식이 없는 박창은을 임시총사령에 選送했기 때문에 군기를 문란케 하였고, 국제공산당 원동비서부에서 소집한 한인의병대의회에 응하지 않고 전단한 일 그리고 전한공산당대표소집원(이는 이성, 김철훈, 박승만, 채성룡을 말한다)의 원동행을 방해함과 동시에 기만적인 통신을 각 지방에 다수 발송한 일 등으로서 그들은 한국광복운동의 방해자이며 공산운동의 방해자임과 동시에 세계무산자혁명운동의 최고기관인 제3국제공산당에 대방해를 가하였던 것이다.[83]

한편, 한인부 간부들에 대한 탄압에 이어 이르쿠츠크파는 동양비서부의 권력을 배경으로 하여 독립운동사상 동족상잔의 비극인 자유시참변(自由市慘變)을 야기했다. 1921년 6월 28일 오후 3시경에 시작되어 4시간 반 만인 7시 30분에 끝난 자유시참변의 가해자측인 고려혁명군 전권대표인 오홀라(Marta IOakovlevicha Okhola)의 보고서에 의하더라도 피해자인 사할린부대측이 36명 사망, 행방불명 60명이었고, 최종 무장해제된 군인들은 860명이었다. 이에 비하여 가해자측은 1명 사망, 9명 부

83 「高麗共産黨代表會의 內幕및 國際共産黨 鮮人部 經過狀況에 관한 譯文送付의 件」. 한편, 「在魯高麗革命軍隊沿革」에서는 박애, 계봉우, 장도정, 김진의 '죄목'으로 ① 고려혁명군대의 단결을 방해함, ②국제공산당동양비서부가 설립되는 동시에 러시아공산당에 명령하여 한인부는 이미 해산하였는데 위일파는 한인부 명의를 仍藉하고 자기들 야심적 수단을 진행키 위하여 비서부의 정책을 반항한 사안, ③ 소위 군사위원회란 것을 조직하여 원동정부군부에 승인을 요구하였으나 해군부에서는 부인하고 이르쿠츠크에서 조직된 고려군정의회에 복종하라 하니 당석에서는 선언하기를 우리는 고려군정의회를 부인할 뿐 아니라 군대 내에 폭동을 일으켜 고려군정의회와 혈전하겠노라 한 것 등을 적시하였다(「在魯高麗革命軍隊沿革」, 99쪽, 『不逞團關係雜件 朝鮮人의 部 鮮人과 過激派(4)』 번호 56 첨부문서(日本外務省史料館所藏文書), 국사편찬위원회(http://www.history.go.kr), 한국사데이터베이스 / 국내외항일운동문서 참조).

상에 불과했다. 오홀라는 고려혁명군정의회측에 특별조사위원회(임시 조사부)를 조직케 하였다. "폭동과 선동행위의 주모자들을 밝혀내고, 이들이 사할린부대 밖의 다른 인물들과의 연락관계를 밝히는 것"을 목적으로 한 이 위원회는 포로 군인들을 심사하여 총군부(總軍府. 최진동과 허근 부대로 구성) 군인들은 무죄로 하여 고려혁명군정의회에 편입하고, 나머지 500명은 재차 심사하여 중대범죄 장교와 군인 72명은 이르쿠츠크로 압송하고, 나머지 428명은 원공공화국정부 제2군단에 인되었다. 이들은 우수문으로 옮겨져 강제노동에 처해졌다.[84]

3) 석방과 베르흐네우진스크 고려공산당 통합대회

계봉우가 석방된 것은 이동휘 등 고려공산당 대표단이 1921년 가을 모스크바에서 전개한 외교활동 덕분이었다. 이동휘・박진순・홍도(洪燾)로 구성된 상해파 고려공산당 대표단은 국제공산당 집행위원회와 러시아공산당 중앙위원회를 방문하고 "슈미야츠키와 이르쿠츠크당의 불법적 활동과 공공연한 진횡"과 홍노가 조사해온 자유시참변에 관하여 보고하였다. 상해파와 이르쿠츠크 양파 대표단의 입장을 검토한 국제공산당(코민테른)은 검사위원회로 하여금 제반사실과 문건들을 검사하게 하여 5개항으로 된 「국제공산당 검사위원회 결정서」(1921.11.15)를 작성하였다. 이에 따라 자유시참변을 조사할 유력한 검사위원을 선출하여 동양비서부에 의해 체포되어 있는 박애 등을 해방하여 모스크바로 파견할 것과 자유시참변으로 투옥된 80여 명 가운데 검사위원이 필요하다고 인정하는 자는 곧바로 해방할 것을 요구하였던 것이다. 검사

84 반병률, 『성재 이동휘 일대기』, 328~329쪽.

위원회가 상해, 이르쿠츠크 양파 동수로 구성하도록 결정한 고려공산당 연합중앙간부의 실권은 이동휘와 홍도에게 넘겨졌다.[85]

고려공산당 연합중앙간부로 활동하게 된 이동휘와 홍도가 이르쿠츠크를 방문하게 되자, 이르쿠츠크파는 그 이전에 박애·계봉우·김진·장도정의 '자과(自過)에 대한 회개'를 받아내고자 서둘렀으나 이들 4명이 이를 완강히 거절함으로써 좌절되었고 12월에 어쩔 수 없이 서둘러 석방할 수밖에 없었다.[86] 이는 피해자였던 한인부측의 입장이 반영된 문건에 근거한 것이다. 그러나 탄압자인 이르쿠츠크파측에서 자유시참변 1주년에 즈음하여 성명전 등의 논란이 가열되고 있는 상황에서 자신들의 입장을 정당화하기 위해 작성한 「재로고려혁명군대연혁(在魯高麗革命軍隊沿革)」에서 "박애로 징역 8년, 김진, 장도정, 계봉우 등으로 징역 5년에 선고하엿다. 우 4인이 차후로는 자과(自過)를 회(悔)함으로 동년 12월경에 석방하엿다"고 사실을 달리 기술하고 있다.[87]

앞서 언급한 바, 「국제공산당 검사위원회 결정서」가 채택되자 이르쿠츠크파=국민의회파는 고려혁명군법원의 이름으로 자유시참변 당시 체포되어 이르쿠츠크 군옥에 감금되어 있던 상해파 계열의 장교와 군인 50여 명에 대한 재판을 서둘렀다. 11월 28일부터 30일에 걸쳐 진행된 재판에서 고려혁명군여단 정치부장인 채동순을 재판위원장, 홍범도와 박승만(朴承萬)을 위원으로 한 고려혁명군법원 재판부는 3명에게 징역 2년, 5명에게 징역 1년, 그리고 24명에게 집행유예 1년을 선고하였고 나머지 17명은 방면하였다.[88] 당시 원동민족혁명단체대표회

85 반병률, 『성재 이동휘 일대기』, 337~340쪽.

86 위의 책, 337~340쪽.

87 「在魯高麗革命軍隊沿革」, 99쪽, 『不逞團關係雜件 朝鮮人의 部 鮮人과 過激派(4)』 번호 56 첨부문서(日本外務省史料館 所藏 文書), 국사편찬위원회(http://www.history.go.kr), 한국사데이터베이스/국내외항일운동문서.

88 「중대사건」, 『붉은 군사』, 1921.12.24.

(극동노력자대회)에 참가하기 위하여 이르쿠츠크에 집결·대기하고 있던 조선대표들은 이 재판의 배심원으로 참가하였다.[89]

탄압자인 이르쿠츠크파=국민의회파는 「재로고려혁명군대연혁(在魯高麗革命軍隊沿革)」에서 "1921년 12월경에 이상의 제재에 부(付)하여 심리한 결과 그리골옙(Grigoriev—인용자), 김민선, 최파벨(파샤, 최재형의 아들—인용자), 박그리골이 등 4인은 반란죄로 징역 2년에 처하고 기외(其外) 전수(全數)는 피동자임으로 즉시 해방하엿이며 4인중 박그리골이는 신임인(信任人)의 보증에 의하여 방석(放釋)하다"라고 기록하였다.[90]

이르쿠츠크파=국민의회파는 국제공산당이 1921년 11월 15일자의 검사위원회 결정서에서 박애와 계봉우 등 한인부 간부들과 자유시참변 관련자들에 대한 조사와 석방을 지시하고 있었던 상황에서 서둘러 재판을 마무리하였던 것이다.

1922년 10월 19일부터 28일까지 상해, 이르쿠츠크 양파 고려공산당의 통합대회가 베르흐네우진스크에서 개최되었다. 10월 18일 고려공산당 연합중앙간부 제1차협의회가 개최되었는데 상해와 이르쿠츠크 양파의 연합간부와 주요활동가들이 각각 9명씩 18명과 지도원으로 러시아공산당원 3명이 참석하였다. 상해파측에서는 연합간부인 이동휘, 홍도, 외에 계봉우, 이용, 김하구, 김종철(金鍾喆), 김아파나시(김성우), 박밀양(朴密陽)이, 이르쿠츠크파에서는 연합간부인 서천민(徐天民), 김응섭(金應燮), 장건상(張建相) 외에 김철훈, 한명세, 이성, 채동순, 남만춘, 최고려(崔高麗)가 참석하였다. 러시아공산당원으로는 러시아공산당중앙위원회 원동부 대표이자 원동공화국 수반이기도 한 큐바크(Kubiak)가 의장이 되어

---

89 呂運亨, 「나의 回想錄—旅行篇」, 『中央』, 1936.7, 112쪽.

90 「在魯高麗革命軍隊沿革」, 99쪽, 『不逞團關係雜件 朝鮮人의 部 鮮人과 過激派(4)』 번호 56 첨부문서(日本外務省史料館 所藏 文書), 국사편찬위원회(http://www.history.go.kr), 한국사데이터베이스/국내외항일운동문서.

회의를 주재했고, 러시아공산당 바이칼주 위원회의 포스티셰프(Pavel Petrovich Postyshev)와 스모로진(Smorodin)이 참석하였다.[91]

계봉우는 북간도 연길현(延吉縣) 대표로 의결권을 갖고 대회에 참석하였다. 계봉우는 10월 23일에 열린 제4차 회의에서 대회에서 채택할 강령문제 가운데 '한국의 국제정세'와 관련하여 발언하고 있다. 즉, 계봉우는 고려공산당 연합중앙간부(중앙위원회)에서 러시아공산당 원동부의 책임일꾼 가운데 한 명에게 보고자 배정을 요구했으나, 원동부에서는 보고자를 배정하지 않고 연합중앙간부에 보고문을 넘겼다고 하면서 한명세(이르쿠츠크파)가 번역을 맡았으나 참석하지 않고 있는 사실을 지적하고 있다.[92]

계봉우는 대회에서 선출된 '통합고려공산당'의 중앙간부 10명 가운데 선출되었다. 계봉우외에 새로이 선출된 간부는 이동휘, 홍도, 박밀양, 김아파나시, 윤자영(尹滋英), 장기영(張基永), 김진, 성예완, 김철수이다.[93]

4. 맺음말

1916년 11월 일제 당국에 의해 북간도 하마탕에서 체포되어 국내로 압송되어 1년의 유배생활 후에 다시 3년의 거주제한 처분을 받고 있던 계봉우가 국내를 탈출한 것은 1919년 3・1운동 이후의 일이다. 3월 1일 당시 계봉우는 남대문 일대에서 3・1만세시위운동을 직접 목격하였

91 반병률, 『성재 이동휘 일대기』, 367~368쪽.
92 국사편찬위원회 편, 『한국독립운동사 자료』 35(러시아편 II), 1997, 47쪽.
93 위의 책, 88쪽.

다. 계봉우는 제2차 만세시위운동 지위책임자인 3·1운동 조직자의 한 사람인 보성전문학교생 강기덕에게 독립선언서 초안을 작성하여 넘겨주기도 하였다. 1919년 8월경 원산에서 사이토총독 저격사건의 주역인 강우규의 동지 최자남의 도움으로 블라디보스토크로 망명하는데 성공하였다.

가족을 만나기 위해 북간도에 간 계봉우는 북간도 국민회의 위족을 받아 3·1운동 이후 조직된 북간도 각단체들의 통합을 위해 노력했으나 성과를 보지 못하였다. 그 후 국민회의 파견으로 임시정부 의정원 의원으로 파견되었다. 철혈광복단 단장으로 선임된 계봉우는 임시정부와 국민의회의 통합을 반대하는 일부 철광단 단원들의 소수의견을 받아들이지 않고 상해로 가서 상해임시정부에 참여하였다.

계봉우는 상해에서 의정원 의원으로 활약하면서 『독립신문』에 러시아와 북간도의 이주사와 민족운동에 관한 글들을 발표하는 등 왕성한 집필활동을 전개하는 한편, 김립의 권유에 따라 고토쿠 슈스이(幸德秋水)의 『사회주의 신수(社會主義 神髓)』를 읽고 한인사회당에 가입하였다. 계봉우가 한인사회당에 입당한 동기는 민족의 완전한 독립과 진정한 자유 그리고 영원하고 안선한 생존권 확보를 위해서는 사회주의혁명밖에 없다고 판단한 때문이었다. 1910년대 독실한 기독교 민족주의자였던 계봉우가 3·1운동 이후 해외로 망명하여 사회주의를 정치적 이념으로 채택하게 된 것이다. 한인사회당 입당 후 계봉우는 당기관지인 『자유종』의 주필로 활약하였다. 1920년 9월 초 한인사회당이 한인공산당으로 확대·개편되면서 당에 의해서 계봉우는 김립과 함께 러시아로 파견되었다.

계봉우는 1920년 12월 2일 치타에서 박애, 장도정, 김진, 박창은과 함께 5두제로 된 한인부(러시아공산당 중앙위원회 원동부 산하) 위원에 선임되었다. 이후 계봉우는 3인으로 구성되는 한인부 간부회 위원에 선출됨과 동시에 선전선동출판부장에 선임되어 1921년 2월부터 기관지 『노동신문』을 발행하였다. 그러나 국제공산당(코민테른) 동양비서부장 슈미야츠키를 배경으로 하는 이르쿠츠크파의 탄압을 받게 되어, 계봉우는 박애, 장도정, 김진 등 한인부 간부들과 함께 1921년 5월 9일 원동공화국 총사령부에 체포되어 이르쿠츠크로 압송되었다. 이후 5월 22일 이르쿠츠크파 이성, 김철훈, 채성룡으로 구성된 재판부가 내린 판결에서 박애는 8년 징역, 계봉우, 장도정, 김진은 5년 징역을 선고받았다. 이후 이들은 소비에트러시아 제5군단과 동시베리아군대혁명법원에서 열린 제2심에서 감형을 받아 박애 5년 징역, 계봉우, 장도정, 김진은 3년 징역을 선고받았다.

계봉우 등이 석방된 것은 1921년 12월인데 이는 이동휘 등 상해파 고려공산당 대표단이 1921년 가을 모스크바에서 전개한 외교활동 덕분이었다. 계봉우는 1922년 10월에 개최된 고려공산당 통합대회에 북간도 연길현 대표로서 참석하여 상해파의 간부로서 활동하였다. 이 대회에서 계봉우는 새로이 선출된 '통합고려공산당'의 중앙간부 10명의 하나로 선출되었다. 그러나 대회는 제3국제공산당(코민테른)이 통합대회로서 승인하지 않았다.

시베리아내전이 종결된 1922년 말 이후 계봉우는 러시아연해주에 머물면서 국내와 만주를 중심으로 전개되고 있던 공산주의운동에서 한발 물러나 있었다. 그리하여 1937년 카자흐스탄 크즐오르다로 강제이주되기까지 계봉우는 교육, 집필 그리고 반종교・무신자운동을 통한 한인사회의 사회주의적 건설과정에 참여하였다. 계봉우의 활발한 집필활동은 그가 원동에서 『선봉』 그리고 카자흐스탄에서 『레닌의 긔치』에 게재된 그의 기고문들을 통해서도 확인할 수 있다.

머리말에서 언급하였듯이, 1936년 1월 28일에 작성한 계봉우가 「리력서」를 볼 경우에 주목되는 것은 '교육사업'이나 '저작사업'의 경우

1935년까지의 활동이 기록되어 있다. 다른 한편으로 '민족혁명사업'의 경우에는 1920년 3월에 베르흐네우진스크로 들어간 사실까지만 기록하였다. 그 이후 시기에 계봉우는 교육과 문화저술 활동에 치중한 것도 사실이나 1920년 말 이후 1922년 말까지 그가 보여주었던 활발한 혁명활동에 비하면 의외라 할 것이다. 1921년~22년의 기간에 그리고 그 이후 얼마 동안 치열했던 동족상잔의 파쟁에 대한 회한과 환멸에서 비롯된 바 적지 않을 것이다. 그가 1920년대 전반과 중반 공산주의운동에 관한 일본첩보기록에서도 그의 이름이 적지 않게 나오는 것으로 보면 그가 조선공산주의 운동에 완전히 손을 뗀 것이라고 단언할 수 없다. 그러나 그의 활동의 무게중심이 교육, 언어, 민속, 종교 등 소비에트러시아에서의 한인들의 사회주의적 개조에로 옮겨 간 것만은 확실하다.

계봉우가 「리력서」를 남긴 1936년 1월 28일의 시점에 주목해 보자. 이 때를 전후로 한 시기에 상해파의 핵심인물이었던 김아파나시(1936.1.24 피체), 김미하일, 이문현(李文鉉, 1935.11.18 피체), 최태열(崔泰烈, 1935.11.4 피체), 홍파(이민환, 1936.1.21 피체), 박일리야(1936.1.21 피체), 이인섭(李仁燮, 1936.3.20 피체) 등이 체포되고 있었던 상황에서 계봉우는 자신에게 스탈린대탄압이 그림자가 자신에게 닥쳐올 것이라고 예상하였는지도 모른다. 그러나 다행히 그는 스탈린대탄압의 광풍으로부터 살아남았다.

| 참고문헌 |

璟 載, 「黑河事變의 眞相」, 『獨立新聞』, 1922.5.6.
계봉우, 「리력서」, 1936.1.28.
_____, 『꿈속의 꿈』, 1944
_____, 『北愚 桂奉瑀 資料輯』 1권, 독립기념관 한국독립운동사연구소, 1996.
_____, 「東亞局韓人部組織部日誌」, 1921.1, 날짜미상.
뒤바보, 「京城勞動會에 對하야」, 『獨立新聞』, 1920.5.27.

姜德相・梶村秀樹 編, 『現代史資料』 27, みすず書房, 1977.
金正柱, 『不逞團關係雜件 朝鮮人의 部 鮮人과 過激派』 2(日本外務省史料館 所藏) 제 16권(국사편찬위원회 소장본).
_____, 『朝鮮統治史料』 第7・8卷, 韓國史料研究所, 1980.
김마트베이, 『일제하 극동시베리아의 한인사회주의자들』, 역사비평사, 1990.
김철수, 「김철수 친필유고」, 『역사비평』, 1989 여름.
김홍일, 「자유시참변전후」, 『사상계』, 1965.2;
_____, 「러시아공산당중앙위원회 극동국 한인부 회의록」, 국사편찬위원회 편, 『한국독립운동사 자료』 34(러시아편 I), 1997.
리 괄, 「報告三號－이르꾸쓰크공산당 高麗中央執行部」, 1921.4.19(러시아현대사문서보관 연구센터 소장), fond 495, op.135, del.91.
리영일, 「諭告文」, 『독립신문』, 1920.1.13.
_____, 「日記」(1920.4.19), 『安島山全書』, 삼중당, 1963.
_____, 「呂運亨調書」, 『韓國共産主義運動史 資料篇』 1, 고려대 아세아문제연구소, 1980.
_____, 「리동휘 성재 선생」, 『한국학연구』 5 별집, 인하대학교 한국학연구소, 1993.7.
_____, 「홍범도 일기」, 『한국독립운동사연구』 31, 독립기념관 한국독립운동사연구소, 2008.12.
_____, 『만주지역 本邦人 在留禁止關係雜件』, 국가보훈처, 2009
반병률, 「노령에서의 독립운동사연구」, 『한국독립운동의 이해와 평가－광복50주년 기념 4개년 학술대회 논문집』, 독립기념관 한국독립운동사연구소, 1995.
_____, 『성재 이동휘 일대기』, 범우사, 1998.
_____, 「해외민족운동」, 『한국사』 47, 국사편찬위원회, 2001.

윤병석, 「桂奉瑀의 생애와 저술목록」, 『仁荷史學』 1, 인하역사학회, 1993년 12월.

이석태, 『社會科學大辭』, 文友印書館, 1948.

임경석, 「고려공산당연구」, 성균관대 박사논문, 1993.

조동걸, 「해제－北愚 桂奉瑀의 생애와 저술활동」, 『北愚 桂奉瑀 資料集』 1권, 독립기념관 한국독립운동사연구소, 1996.

朱耀翰, 『安島山全書』, 삼중당, 1963.

______, 「在魯高麗革命軍隊沿革」, 『韓國共產主義運動史 資料篇』 2, 고려대 아세아문제연구소, 1980.

한형권, 「高麗共產黨代表會의 內幕및 國際共產黨 鮮人部 經過狀況에 관한 譯文送付의 件」(1923.4.23), 『不逞團關係雜件 朝鮮人의 部 鮮人과 過激派』 2(日本外務省史料館 所藏) 제16권(국사편찬위원회 소장본).

______, 「혁명가의 회상록－레닌과 담판, 독립자금 20억 원 획득」, 『삼천리』 6, 1948.10.

Chang Kuo-t'ao, *The Rise of the Chinese Communist Party, 1921～1927* Vol.1, Lawrence, Manhattan and Wichita : the University Press of Kansas, 1971.

Li-Dongkhi(이동휘) · Pakdinshun(박진순), 「Nardnomu Kommissaru Inostrannykh Del. : Uvazhaemii Tovaritch Chicherin」(1921.10.16), 러시아현대사문서보관 및 역구센터 분류번호 f.495, op.135, del.49.

Persits M. A., "Eastern Internationalists in Russia and Some Questions of the National Liberation Movement(1918～1920.7)", Ulyanovsky R. A., *The Commintern and the East*, Moscow : Progress Press, 1979.

Wieczynski Joseph L. ed., *The Modern Encyclopedia of Russian and Soviet History* Vol.18 · 35, Gulf Breeze : Academic International Pr..

계봉우와 미하일 朴의 한국학*

근현대사 서술을 중심으로 해서

박노자

본래 해외한국학의 발전은 해당 지역의 역사, 지리적 특징, 그리고 한반도와의 관계 유형과 역사에 따라서 나라마다, 지역마다 다소 상이한 경로를 통해 발전돼 간다. 예컨대 일본의 전후 조선 / 한국학은 일면으로 식민지 시대의 (식민사관에 입각한) 관학의 전통을 깔고 있으면서도, 전후에 특히 일군의 좌파적 연구자들에 의해서 이와 같은 전통들이 적극적으로 반성되어 적어도 일부의 경우에는 '연대의 시도'로서의 조선 / 한국학이 발전됐다. 예를 들어 하타다 다카시(旗田巍, 1908~1994)의 경우에는 비록 1950년까지만 해도 식민사관에 입각한 '불쌍하고 힘없는 조선의 모습'의 한계를 벗어나지 못했다 해도, 1951년 이후에는 일정한 한

---

* 이 글은 『한국학연구』 제29집(인하대 한국학연구소, 2013. 2)에 기고한 글을 본 연구총서의 기획에 맞춰 수정한 것이다.

계가 있다 해도 식민지지배에 대한 반성과 보편적인 세계사적 원칙의 탐구에 근거를 둔 조선사 서술에의 의지를 충분히 보여 왔다. 마찬가지로 가지무라 히데키(梶村秀樹, 1935~1989)와 같은 그의 일부 후배들은 마르크스주의적 입장에서 한국 / 조선의 내재적인 자본주의 및 민족주의 발전을 구상하는 등 식민사관을 근저에서 흔들어놓았다.[1]

미국의 경우에도 비록 한국학은 '피(被)선교자들을 보다 잘 이해하기 위한' 선교사들의 학문으로 시작되고 미국의 '후국(侯國)'격인 한국의 '근대화와 개발'의 가능성을, 그리고 '적국'인 북한 정권의 내력을 이해하기 위한 '전략적 지역연구'로 컸지만, 1980년대의 브루스 커밍스와 같은 '수정주의 사학자'들의 연구는 반(反)제국주의적 학문으로서의 한국학의 가능성을 보이기도 했다.[2] 유럽(서구 및 북구) 지역 같은 경우에는 한국학은 전통적인 동양문헌학의 계통을 이어갔으며, '전략적 연구'로서의 특징이 미국에 비해 약하긴 했지만, 또 일면으로는 뚜렷한 반제국주의적, 급진적 경향도 최근까지 보이지 않았다. 구쏘련 / 러시아 같은 경우에도, 한국 / 조선학 형성에 기여한 지류(支流) 중 하나는 정통 동양문헌학이라는 방식으로 이루어진 고대, 중세 문헌의 인문학적 연구다. 한 사례로 최근에 한국정부로부터 한글세계화 공로로 은관문화상을 수상한 러시아 과학원 산하 동방학 연구소의 레프 콘체비치 교수는[3] 『훈민정음 해례본』 번역 및 연구 등으로 바로 이와 같은 경향을 대표한다. 그런데 통일운동과 재일조선인 권리 운동, 식민주의 잔재 청산 운동으로서 진보적인 조선 / 한국학이 일각에서 전개된 전후 일본

1 다테노 아키라 편, 오정환 · 이정환 역, 『그 때 그 일본인들』, 한길사, 2006, 387~395, 521~529쪽.

2 마이클 신, 「미국의 한국사 연구－미국 내의 한국학의 계보」, 『역사비평』 59, 2002, 76~98쪽.

3 「한글 세계화 기여 외국인, 한글날 훈 포장, 표창」, 『이투데이』, 20122.10.5, http://www.etoday.co.kr/news/section/newsview.php?idxno=638200

과 마찬가지로 쏘련 한국 / 조선학의 여러 기원 중의 하나는 바로 20~30년대의 재쏘 조선인들의(공산주의적 경향)의 독립운동 과정에서 발생된 '자국 연구'다. 바로 이와 같은 차원에서 전후의 쏘련 한국 / 조선사 연구의 창시자로서의 미하일 박(박준호, 1918~2009)과 독립운동가이자 국학 연구자, 사학자로서의 계봉우 선생(1880~1959)의 사제 관계와 상호간의 영향은 특별한 역사적 의미를 가지게 된다. 두 사람이 한국 / 조선의 역사적 발전을 보편적인 마르크스-레닌주의적 법칙으로 해명하고, 나아가서는 공산주의적 입장에서 일제의 압제와 조선인의 해방 투쟁을 이해해야 하는, 다소 공통적인 사명 의식을 지닌 만큼, 미하일 박은 스승 격인 계봉우의 영향을 쉽게 받게 돼 있었다.

미하일 박은 '태생적으로' 재로(在露) 한인들의 민족운동과 관련성을 맺고 있었다. 그가 태어난 우쑤리 지역의 조선인 마을 하(下) 얀지헤(하연추)는 1900년대에 항일운동의 하나의 기지였다. 안중근이 조직한 의병의 훈련장이 거기에 있었으며, 미하일 박의 이웃들 사이에 안중근의 '단지(斷指)동맹'에 대한 이야기는 전설처럼 전해졌다. 미하일 박의 할아버지인 하리톤(Khariton) 박은 재로 한인 사회의 재력가이며 항일 의병의 재정적 후원자인 최재형(崔在亨, 1858~1920)과 개인적으로 가까운 사이였으며, 미하일 박의 어린 시절 집에서는 최재형의 사진이 늘 벽에 걸려 있었다.[4] 그러나 또 일면으로는 그는 1936년에 모스크바에 와서 모스크바 역사, 철학, 문학 대학(MIFLI)에 입학한 뒤로는 본격적인 러시아식 인문학 교양을 쌓기 시작했다. 그는 애당초에 지중해 고대 문화에 관심을 가졌으며 흑해안 북안의 희랍인 도시의 고고학 등을 전공하려 했다. 한데 1937년 대숙청의 광풍 속에서 그의 아버지를 비롯한 수많은 재쏘 조선인 유지들이 희생되고 전체 고려민족(재쏘 한인)이 중

---

4 Kim Keong-il(ed.), *Pioneers of Korean Studies*, The Academy of Korean Studies, 2004, pp.359~360.

앙아세아로의 강제이주라는 미증유의 시련을 당하는 과정에서 미하일 박에게는 '절멸의 위기에 처한 우리 민족'에 대한 학술적인 관심이 생겨, 그는 4학년이 되는 1940년에 학년논문으로 청일전쟁이 조선에 준 영향을 다루었다. 이후로는 그는 1945~1947년 모스크바 국립대학의 박사과정으로 옮겨 그 과정을 거치면서 역시 초지일관 19세기 말기의 조선의 정치사와 열강의 침략, 개화파와 열강 사이의 유착관계를 고찰했는데, 그에게 가장 큰 영향을 끼친 스승들은 고려민족의 운동가라기보다는 에브게니 주코브(Evgeny Zhukov, 1907~1980)나 알렉산드르 구베르(Alexander Guber, 1902~1971)와 같은 쏘련 굴지의 동양사 전문가들이다. 전자는 일본 군국주의 역사를 전공했으며 후자는 필리핀에 대한 미 제국주의 침략, 그리고 인도네시아 민족 독립투쟁을 연구했다. 그들은 조선 관련의 사실들은 잘 몰랐지만, 미하일 박을 지도하면서 그에게 가르친 것은 제국주의라는 현상에 대한 그 당시 쏘련 사학의 일반적인 분석 방법론과 피억압 민족들의 저항 운동을 다루는 계급투쟁 본위의 방법론 등이다. 결국 조선민족 독립 운동과의 '태생적' 관계와 조선에 대한 열강 침략에 대한 조기의 관심, 그리고 주코브와 구베르 같은 스승들의 영향은 '미하일 박의 사학'을 형성하는 주된 요인으로 기능했다고 봐야 한다.[5]

1947년에 박사(kandidat nauk) 학위를 취득한 미하일 박의 최초의 대중적인 장문의 한국 근대사 서술은, 1952년에 여러 학자들과 함께 집필하여 출판한 『국외 동방 제국(諸國) 근대사』 교과서 중의 「1880~1900년대의 조선사」 꼭지였다. 이 서술에서 미하일 박이 선보인 한반도 근대사

5 Р.Ш.Джарылгасинова, ≪Михаил Николаевич Пак - творческая биография ученого≫ - Корея. Сборник статей к 80-летию со дня рождения профессора Михаила Николаевича Пака. Москва : Муравей , 1998, СС. 15~16.

에 대한 큰 흐름의 거시적인 구상은 다음과 같다.

19세기는 조선 봉건제의 해체기이었다. 상업자본이 나름대로 성장되고 시장적인 상품생산과 유통이 발전됐지만, 봉건적 지주-소작인 관계가 계속 잔존하는 상황에서는 상품경제 발전은 바로 소작인에 대한 착취의 심화와 관료들의 부정부패로 이어졌다. 자본주의로 이동할 만큼 상품경제가 크게 발전된 것은 아니었고, 또 대외무역이 미미한 수준에 머무르는 가운데 그럴 만한 내부시장도 형성되지 못했다. 결국 봉건제가 위기에 빠져들어도 새로운 생산양식이 자리를 잡지 못하고 있었으며, 전반적인 조선 국정의 위기 국면을 틈타 외세들의 침략이 가면 갈수록 심각해졌다. 봉건제의 해체기에 접어든 조선에서는, 강화조약 이후의 제국주의 열강의 침투로 실질적인 준(準)식민지화가 진행된다. 친일파, 친미파, 친로파 등의 사례에서 보듯 지배계급의 여러 계파들이 특정 열강들과의 종속적인 관계를 맺어 결국 1890년대 중반 이후의 정부를 '열강에게의 이권 나누어주기 위한 종합회사'로 만들어 버리고 말았다. 이와 같은 상황에서는 민중투쟁은 부득이하게 반봉건적 성격과 함께 아울러 반제적인 성격을 가지지 않을 수 없었다. 단, 공업화 이전 단계, 즉 노동계급과 그 전위당이 부재한 단계에서의 그 투쟁의 한계는 특정 봉건 통치계층 계파의 영향권에 쉽게 흡입되는 점이라든가, 서로 전국적인 통일성을 결한 지역적 재지 봉건 세력의 영향을 벗어나지 못하는 점이라든가, 또한 종교적 이데올로기 이상의 대항 이데올로기를 구축하지 못한 점 등이었다. 대원군 계파의 영향 아래 넘어가고 만 반봉건, 반외세 민중 반란의 사례로 미하일 박이 1882년의 임오군란을 들고, 재지 양반 등 "애국적인 봉건세력"의 지나치게 국지적이고 "농민의 반봉건 혁명과 거리가 먼" 영도로 전국적 반란 수준까지 못간 항쟁의 사례로 1905~10년 사이의 의병 투쟁을 들고, 동학 봉기를 "농민 전쟁"으로 성격 규정하면서도 그 종교적 이데올로기의 한계성과 주로 하급 양반

(전봉준 등)에 의한 영도의 한계 등을 지적한다.

민중은 한계성이 강해도 줄기차고 궁극적으로 진보적인 반봉건적 의의를 담은 계급적 항쟁을 벌이는 사이, 봉건적 지배계급은 심한 분열을 겪는다. 일찍이 일본 자본의 침투와 함께 친일매판적인 '개화당'이 대두해 1884년에 사실상 친일예속 정권을 창출할 수밖에 없을 쿠데타를 일본 공사 측과 공조하면서 획책하지만, 민중이 항쟁과 친청(親清) 세력에 의해 좌절되고 난 다음에 그 일부 잔여세력(서재필)이나 주변 세력(윤치호), 후속 세력(이상재) 등이 일본제국주의의 침투를 용인, 방조하려 했던 미국 세력들과 새로이 결탁해 친미파로서의 변신을 보인다. 서재필 등이 만들어놓은 독립협회와 『독립신문』은 표피적으로 부르주아 민주주의적 구호(언론, 결사, 인신의 자유 등)를 외치지만, 그 실상은 바로 친미파 영도하의 이와 같은 운동을 통해 신진 부르주아 민족운동 / 부르주아적 애국운동을 예속화시키려 했던 미국과 일본 등의 외세의 계략이다. 독립협회가 러시아세력을 견제해도 반일, 반미투쟁에 전혀 무관심한 것은 '특정 외세의 광의의 괴뢰세력'으로서의 그 실체를 노출시켰다. 단, 장지연이나 박은식 등 1905년 이후의 '애국적인 계몽운동가'들은, 양반통치계급 출신으로서 많은 한계들이 있었다 해도, '교육입국', 통일된 국민 언어 창출, 서구적 과학 수용, 식산흥업, 그리고 역사인식에 입각한 거족적인 애국정신 고취라는 차원에서 '객관적으로 진보적인', 반봉건적이고 반외세적인 역할을 했다고 미하일 박이 인정한다. 왜냐하면 그들이 지향했던 부르주아 국민국가의 창출이 봉건제보다 생산력 발달에 더 유리한 형태였으며, 외세침략의 상황에서는 동시에 국민국가의 독립을 위한 반외세 방어적 투쟁의 필요성을 의미했기 때문이다.[6]

---

6 И.М.Рей снер, Б.К.Рубцов(ред.), Новая история стран зарубежного Восто

이와 같은 '열강 침략과 외세에 의한 착취, 민중 투쟁, 지배계급의 매판화' 위주의 서술은 1954년에 나온 같은 교과서(『국외 동방 제국(諸國) 근대사』)의 제2판에 실린 식민지 시대 초·중기(1929년까지) 관련 서술에서도 큰 틀에서는 계승, 발전됐다. 그는 한반도 식민화의 의미를 "군사병참기지화, 식민지 모국 상품의 시장, 저임금 노동력 착취 및 자원의 이용, 농지 약탈과 매도에 의한 소작인에 대한 지대 착취, 그리고 쌀 공급기지화" 등으로 종합적으로 분석했다. 그로써 특기할 만한 부분은 첫째 식민지적 착취와 기존의 반(半)봉건적, 전근대적 착취 형태의 중첩이다. 대지주들 중에서는 일본인들이 절반 이상을 차지했던 상황에서는 그들이 조선인 재래 지주 못지않게 고율의 소작료와 각종 부수적인 착취 방법(편법적 수수료, 소작인에 대한 무상 使役 등등)에 의존하는 등, 다소 전근대적인 조선 농촌의 관행에 그대로 안주했다는 것은 '근대적 식민주의의 봉건적 형태들의 이용'의 한 측면이었다. 이와 동시에 토지조사법을 통해서 근대적인 부르주아적 토지 소유를 정착시킨 총독부 역시 농민에 대한 무상 부역 노동 강요와 도로, 철도 부설 시의 무보수 토지 몰수, 태형의 지속적인 사용, 노무자 모집 시의 선불형(型) '노예계약'의 이용 등의 차원에서는 철저하게 전근대적인 착취 및 약탈의 편법들을 계속 애용해왔다는 것이다. 이와 같은 가중된 이중, 삼중의 착취와 억압, 특히 농민대중의 점차적 빈궁화에 대항하여 처음부터 투쟁을 벌인 것은 바로 민중이었다. 이미 1910년대의 암흑기부터 매년 수십 건의 파업과 수백 건의 소작쟁의 등으로 표명된 이 투쟁은, 1919년 3월 1일 이후에는 몇 주 동안 러시아의 1917년 10월 혁명과 국제적인 혁명,

---

ка. Москва : Изд-во Московского Университета, 1952, сс. 105～135. 이 교과서는 일역되기도 했으며(レイスネル, 橋本弘毅 역, 『東方諸國の新しい歷史』 第1分冊, 東京 : 青木書店, 1955), 조금 더 늦은 시점에 중국어역도 나왔다(雷斯涅爾, 魯布佐夫主 編, 『東方各國近代史』, 北京 : 三聯書店, 1958).

피억압민족 해방 투쟁의 앙양 등에 자극 받아 거의 전국적인 폭동과 같은 보다 높은 형태로 진화됐으며, 바로 이로 인하여 1920년대 초반의 개량주의적인 노동단체 등의 실험기를 거쳐 '민중 지도의 객관적인 필연성'에 의해서 1925년 4월 17일 지하 조선공산당이 창당됐다. 단, 이후에 소(小)부르주아적 지식인들의 분파성과 전반적인 지도역량 부족 등으로 일제의 가혹한 탄압에 타격을 받은 공산당이 민중운동을 영도하는 데에 계속 그 한계를 노출시키고 1928년 이후의 단일 조직체로 더 이상 기능하지 못했다는 것이 민중운동 역량을 크게 감소시키고 말았다는 것이다.

또 다른 일면으로는 일본 대자본이 완전하게 제패하고, 민족자본과 합자회사 등의 형태로 상호 작용했던 식민지 재계를 배경으로 해서 발전된 민족자본은, 비록 식민지 모국 대자본에 대한 일정한 경쟁심과 반발심을 가끔 보일 수도 있었지만, 근본적으로는 매판적인 형태를 띠고 발전했으며 식민지 모국보다는 근로대중들의 혁명적 열기를 훨씬 더 경계했다. 그러기에 김성수・김연수로 대표되는 방직 자본가로 선환한 지주층의 가장 '개명된' 전위들은 1919년 3・1운동에 아무런 참여를 하지 않은 채 민중의 희생으로 쟁취된 '문화정치'라는 이름의 일제의 양보를 십분 이용하여 신문 『동아일보』 경영 등에 착수했으며, 1928년에 신간회 조직과 같은 합법운동마저 반대할 정도로 철저하게 반(反)민족적 자세만 보였다. 나중에 그들이 완전하게 친일화되어 그 보상으로 괴뢰 만주국에서의 시장 침투와 투자 등의 특전을 받을 수 있었다. 최남선이나 최린 등의 '민족개량 분자'와 종교지도자들은 처음에는 3・1운동에 불을 붙이는 등 일제에게 일정한 양보를 따내기 위해서는 민중운동에 접근하려는 자세를 일시적으로 보였지만, 쏘련과 공산주의 혁명의 가능성에 대한 절대적 공포와 증오심, 민중의 혁명적 열기에 대한 경계심리와 일제의 포섭 등으로 『동아일보』 그룹과 별로 다르지 않게 일제의 만주침략 이후로는 완전하게 친일적 입장을 취했다. 그러나 매판적 부르주아와 그들의 영향하에 있었던 상위 지식인층이 민중투쟁을 견제하기만 했던 한편, 하위 지식인들(일부 신문 기자, 하급 학교 교사, 학생 등)이 민중운동에 적극 참여하는 자세를 자주 보였다. 결국 반제 투쟁과 계급투쟁이 처음부터 끝까지 둘이 아닌 하나였다는 점은 미하일 박의 식민지 시대에 대한 파악의 핵심적 포인트였다.[7]

위와 같은 미하일 박의 조선 근대사 인식에는 과연 계봉우의 사관은 언제, 어떤 방식으로 영향을 줄 수 있었을까? 미하일 박은 1941년, 쏘・독 전쟁 발발 때에는 총살형을 받은 '인민의 적'의 아들이자 집단 강제 이주를 당한 고려민족의 일원으로서 징집 대상에서 제외돼 징병 대신으로 모스크바 역사, 철학, 문학 대학의 졸업장을 손에 쥐고서 키예프국립대학과 칼코브(하르키우) 국립대학의 소개지(疏開地)인 카자흐스탄의 크즐오르다로 향했다. 거기에서 그는 1941~1945년간 위의 대학이 합쳐져서 만들어진 임시의 종합우크라이나국립대학에서 식민지 국가들의 세계사를 강의하면서 차차 박사과정을 밟아 박사학위 논문을 준비하기 시작했다. 박사학위 논문은 조선후기의 역사를 다루는 것이었기에 미하일 박이 한문이나 국한문 혼용체로 쓰인 원자료나 2차 문헌을 많이 읽어야 했고, 자료 독파를 준비하기 위해서는 한문 실력을 늘려야 했다. 한문을 가르칠 수 있는 선생을 모색하는 중, 미하일 박이 크즐오르다로 강제 이주를 당해 이사하게 된 계봉우를 우연치 않게 조우하게 된 것이다. 미하일 박의 회고에 의하면, 그 당시의 크즐오르다 고려인들이 "거의 제대로 몰랐던" 계봉우는 그에게 중국과 조선 고전을 같이 읽어 주고 한문 연습을 시키고 그리고 근대적인 역사서술

---

7 Новей шая история стран зарубежного Востока. Вып. 1(1918~1929 гг.), Москва : Изд-во Московского Университета, 1954, сс. 83~114; Вып. 2(1929~1939), Москва : Изд-во Московского Университета, 1955, сс. 57~81.

관련 한자어의 공부를 도왔다고 한다. 비록 이와 같은 사사(師事)는 몇 개월에 불과했지만, 미하일 박은 그 동안에는 계봉우의 『조선역사』 1, 2권(1936)과 『동학당폭동』(1932)의 필사본 원고를 얻어 볼 수 있었다. 그는 나중에 그 원고의 한 부를 가지고 모스크바의 과학원 산하 동방학 연구소에 기증하는 등, 계봉우 저술의 보존에 대한 나름의 배려를 베풀었다.[8] 그렇다면 미하일 박이 일찍이 읽어본 『조선역사』 등의 내용과 계봉우가 구두로 들려주었을 것으로 추측되는 조선 근대사 이야기 등은, 과연 1950년대 초반의 그의 사관에 어떤 영향을 미쳤는가?

일단 근본적으로는 『조선역사』도 구한말을 봉건제의 위기, 열강 침략, 그리고 민중들의 반봉건적이고 반외세적인 항쟁의 시기로 그린다. 미하일 박 서술과의 개념적 차이라면, 무엇보다 먼저 — 역사의 사실에 훨씬 더 알맞게 — 산발적이고 봉건적 의식을 벗어나지 못한 민중적 저항의 한계를 더 분명하게 그린다는 것이다. 예컨대 미하일 박이나 계봉우나 임오군란의 지도자 손순길(孫順吉)의 이름을 언급하고 군란의 치열함, 누적된 민중적 분노의 분출로서의 기본적 성격 등을 이야기하지만, 대원군세력이 군란의 성과를 '전유하여 이용했다'고 봤던 미하일 박과 달리, 계봉우는 대원군의 옹립이 그 당시 군중의 '민심'이었다는 사실을 명확하게 언급해둔다. 그 다음에는, '친(親)외세 지배세력'에 대해서는 매우 엄준했던 미하일 박과 달리 계봉우는 외세와 긴밀한 관계에 있었던 지배계급의 '개명한' 계파들에 대해서는 그 한계를 정확하게 파악하면서도 그 진보적 의의도 애써 발견하려 한다. 예를 들어 미하일 박에게는 갑신정변을 일으킨 초기 개화당은 "사실상 성공했다면 친일예속 정권을 창출할 수밖에 없을 쿠데타를 일본 공사 측과 공조하면서 획책한 친일매판세력"이었지만, 계봉우는 김옥균이나 박영효 등의 부르주아

8 Kim Keong-il(ed.), *Pioneers of Korean Studies*, The Academy of Korean Studies, 2004, pp.362~363.

개혁사상의 상대적인 진보성을 언급하면서도 그들에게 하등의 승산이 없었으며 그들의 쿠데타로 한반도에서 청・일 세력의 각축이 가일층 첨예화되는 등 열강의 간섭만이 심해졌다는 것도 이야기한다.

미하일 박은 1880년대 이후 조선에서의 개신교 보급을 일차적으로 '미 제국주의의 종교적 침투'로 파악하면서도, 일제 침략이라는 상황 속에서 일본보다 더 강한 열강인 미국의 종교인 개신교를 받아들임으로써 일본과 무관한, 또한 일제와의 항쟁에 유용할 수 있는 '문명'을 받아들이려는 조선 지식인들에 대한 나름의 이해를 보였다. 이와 비교해서 본인도 개신교 입교의 경험이 있었던 계봉우는 『꿈속의 꿈』(1941~1943)에서 "이 때의 조선 형편에서 그만큼 정도가 문명하고, 단결력이 튼튼하고 사랑이 많고, 집회 또는 언론의 자유가 있는 단체는 예수교회의 밖에는 찾을 수 없었다"고 훨씬 더 적극적으로 단언하고, '애국계몽운동'의 한 일부분으로서의 본인과 본인 옛 동지들의 전도와 교육 활동을 소개했다. 또한, 그가 비록 개인적으로는 불교와 이렇다 할만한 인연은 없었지만, 1952년에 완성한 『조선역사』 3권에서 그는 '종교에 대한 탄압'을 꼭지를 달리하여 대서특필했고, 그 중에서는 '불교에 대한 탄압'을 이야기하면서 사찰령(寺刹令, 1911년 6월 3일 제정)에 의거한 비민주적인 주지 선발 관습의 정착, 사찰 자산에 대한 총독부의 총체적인 관리감독권, 일본을 모델로 한 30본사 제도 강제적 적용의 '조선 승려 단결력 저하'라는 저의 등에 대해 매우 구체적으로 지적했다. 미하일 박은 아예 불교에 대한 언급조차 하지 않았지만, 계봉우는 임진왜란 시절의 의승(義僧)들의 애국심 등 개화기의 언론들이 거론하기 좋아했던 조선 불교의 '애국적' 과거를 이야기하면서 바로 이 애국심의 말살이 일제의 당면 과제였다는 점을 부각시킨다. 한마디로, 개화운동이든 기독교 수용이든 엄격한 마르크스-레닌주의적 입장에서는 일차적으로 비판의 대상이 돼야 할 근대 역사의 현상들에 대해서는 계봉우는 훨씬 더 '관대하게' 그 당시 상황으로서의 진보적 의의를 발견하려 했다.[9] 물론 그렇다 하더라도 개화운동이나 기독교의 계급적 속성과 그 한계성을 계봉우도 절대 부정하려 하지 않는 등 기본적인 사관의 차원에서는 미하일 박과 동일했다.

일제 통치의 기본 성격을 '폭력, 약탈, 착취'로 보는 데에 있어서는 미하일 박과 계봉우는 아무런 차이를 보이지 않는다. 미하일 박과 마찬가지로, 계봉우도 일제 통치의 전근대성, 근대적 표피 뒤의 전근대적인 '노골적 폭력'의 실체성을 부각시킨다. 미하일 박도 주로 조선인에게만 적용됐던 고문들을 언급했지만, 계봉우는 '안악 105인 사건'의 실례를 들어 고문의 방법까지 매우 상세히 묘사하고, 그 외에 '위험인물'들에게 적용했던 사실상의 연좌제(친척, 친우의 검거와 고문)와 사법부 독립성의 실질적 부재, 영향력이 강한 일본인 사범에 대한 '솜방망이식' 처벌 등 사법적 정의의 실종 등을 특기했다.[10] 한 마디로 미하일 박의 사관(史觀)과 마찬가지로 계봉우도 제국주의적 방식으로 자본주의적 근대화의 길을 걸었던 일본이 식민지인 조선에서 노골적이며 전근대적인 폭력을 쓸 수밖에 없는 변증법을 이야기한 것이다. 세계체제 주변부에서의 전(前)자본주의적 착취 및 폭력적 지배의 방식이 중심부 자본주의의 발전에 늘 필수불가결해 왔다는 점을, 특히 세계체제론 학파가 최근 여러 사례를 통해 입증한 바 있는데,[11] 실은 계봉우와 미하일 박도 — 비록 그 당시로서는 이와 같은 세계사적 이론화 작업을 할 처지는 되지 못했지만 — 이와 같은 부분을 명확히 한 것이다.

---

9 독립기념관 편, 『북우 계봉우 자료집』 2, 독립기념관 한국독립운동사연구소, 1997, 349~378쪽; 계봉우, 김필영 역, 『꿈속의 꿈』, 강남대 출판부, 2009, 93쪽; 『조선역사』 제3권(필사본), 22~25쪽.

10 『조선역사』 제3권(필사본), 8~11쪽.

11 Immanuel Wallerstein, "A World-System Perspective on the Social Sciences", *The British Journal of Sociology* 27 no.3, 1976, pp.343~352.

미하일 박과 마찬가지로 계봉우도 한반도 식민화의 경제적 의미에 있어서는 토지 약탈과 조선산 쌀의 일본으로의 방출을 우선시한다. 실은 일본 자본주의 경제 발전 차원에서의 한반도 식민화의 경제적 효과를 통계적으로 추산한 최근의 경제사 연구에서도, 거시적으로 봤을 때에 '식민지 경영으로부터의 이윤'이 가장 두드러지게 나타난 것은 바로 일본인의 입맛에 맞는 양질의 쌀의 안정된 공급이었다는 점은 인정된다.[12] 미하일 박의 사관과의 또 하나의 매우 유사한 점은, 계봉우 『조선역사』에서의 조선 농민들의 점차적인 소작농화(小作農化)를 강조하는 것이다. 계봉우는 1917년 현재 순수 자작농(517,996호)보다 순수 소작농(989,362호)이 거의 두 배 더 많았다는 점을 확증하는 통계까지 적절히 인용하면서 토지조사에 따르는 근대적 농지 소유권의 확립이 실제로 상당수가 일본인인 부유한 지주들에 의한 토지 매수, 그리고 일본인의 농장 설치와 이민을 부추기며 조선 농민들의 점차적 몰락의 계기를 만들었다고 주장한다.[13] 이것은 일본인 지주들의 가면 갈수록 더 보편화되는 고율 소작료와 준(準)봉건적인 소작농 착취 관행들에의 의존을 지적하여 "근대적 식민주의의 봉건적 형태들의 이용"이라고 이론화한 미하일 박의 논지와 근본적으로 상통한다.

나아가서 미하일 박이 그의 근대사 기술에서 강조한 "착취기관으로서의 수리조합(水利組合)의 역할"은 어쩌면 계봉우의 역사인식에서 기인되었는지도 모른다. 비록 계봉우는 1911년에 해외로 망명하고, 1916~1919년간 일경(日警)에 의해서 압송돼 국내로 강제로 끌려와 있었던 3년의 기간[14] 이외에는 식민화된 한반도의 현실을 직접 체감하지 못했

12 Mitsuhiko Kimura, "The Economics of Japanese Imperialism in Korea, 1910~1939", *The Economic History Review* 48 no.3, 1995, pp.555~574.

13 『조선역사』 제3권(필사본), 38~39쪽. 그는 "1917년 12월말 통계를 인용한다"고 밝혔는데, 아마도 『朝鮮總督府統計年報』(京城, 1917)를 의미하는 듯하다.

14 계봉우, 「리력서」, 1936.1.28.

지만, 그의 『꿈속의 꿈』은 수리조합 폐해에 대한 매우 자세한 기술을 담고 있다. 아마도 식민지 일간지와 잡지, 그리고 식민지에서 사는 친우들로부터의 소식에 의거한 듯한 이 기술은 수리조합의 과장된 수확고 광고와 과중한 조합비의 부담, 특히 지주들이 이 부담을 벌충하기 위해 소작료를 거의 70%까지 마구 올렸던 사정 등을 지적한다. 특히 대공황에 따른 농지 가격 하락의 상황에서 이와 같은 조합비의 부담이 조선 농업의 총체적 위기의 중요한 요인이 된 것인데,[15] 이 문제에 대한 계봉우의 적극적 의식을 미하일 박이 계승, 발전한 셈이다. 수리조합반대운동이 식민지 조선에서 1921~1934년간 활발히 이루어졌으며,[16] 식민지적 토지겸병의 수단으로서의 수리조합에 대한 통렬한 비판은 1930년대의 마르크스주의적 조선 농업 기술에서도 상당한 분량을 점하고 있는데,[17] 아마도 1937년의 강제 이주 이전까지만 해도 계봉우는 조선에서 오는 출판물 등을 통해서 이 문제에 대한 소식을 충분히 접할 수 있었던 듯하다.

이중적(자본주의적 및 전근대적) 착취, 농촌 곤궁화, 근대적인 기술과 전근대적인 '노골적 폭력성'을 겸비한 감시와 처벌, 탄압의 주된 피해자는 농민과 노동자이었는데, 미하일 박노 계봉우도 이들을 투쟁으로 내

15 계봉우, 김필영 역, 『꿈속의 꿈』, 122~123쪽.

16 이 운동에 대한 선구적인 학술적 연구로서는 西條晃, 「1920年代朝鮮における水利組合反對運動」, 『朝鮮史硏究會論文集』 8, 1971, 99~124쪽 참조.

17 예컨대 印貞植, 『朝鮮の農業構造』, 白揚社, 1940, 294~298쪽 참조. 수리조합의 문제에 대한 종합분석은, 박경식, 『일본제국주의의 조선지배』, 행지, 1986, 230~234쪽 참조. 일제시기에 대한 학계 논의는 최근 10여 년 동안 보다 복합적인 양상을 띠고 있지만, 이미 계봉우가 지적한 수리조합의 착취적인 성격은 지금도 한국 사학계의 통설에 속한다. 수리조합에 대한 최근의 연구도 조선 농민 가입의 반(半)강제적 성격, 일본인 대지주 위주의 권위주의적이고 비민주적인 운영, 조합비의 과중함과 미가 하락의 상황에서의 조선 농민 빈궁화의 요인으로서의 수리조합의 역할 등을 지적한다. 박수현, 「일제하 수리조합 사업실태와 반대운동(1920~1934)」, 김호일 편, 『한국 근대이행기 사회연구』, 신서원, 2000, 307~337쪽.

몰 수밖에 없는 '객관적인 사정', 즉 근로대중들의 반일 투쟁의 직접적인 동인들을 공통적으로 강조했다. 계봉우는 조선인 관료들에 대한 차별대우도 지적했지만, 일차적으로 노동자들에 대한 혹사와 박봉, 그리고 농민들의 화전민화(火田民化), 파산과 유랑을 강조했다. 그는 "노동능률과 시간, 작업 종류에 따라 임금이 결정되는" 자본주의적 '노력 착취'의 기본 원칙과 반대로 식민지의 민족차별로 인해서 조선인 노동자가 일본인 노동자 임금의 40~70%만 받을 수 있었다는 것을 총독부의 임금 조사 자료를 통해서 예증하고,[18] 『조선역사』 제3권에다가 아예 그 자료를 전체로 실었다.[19] 기술의 차이라면, 미하일 박은 조선인 자본가, 재산가들을 근본적으로 식민지 권력에 거의 완전하게 종속돼 있는 '매판세력'으로 본 것과 달리, 계봉우는 조선인 부호(富豪)들도 식민지 질서의 억압성을 충분히 체감했다는 점을 언급한다. 그는 경주의 최준(崔浚, 1884~1970) 등 1910년대의 독립운동(조선국권회복단, 대한광복회 등)과 일정한 연계를 가진 조선인 부자들에 대한 총독부 권력의 감시와 처벌, 그리고 조선인에게만 적용했던 은행 자금 인출 시의 '용도' 명기 강요 등을 들어 일제 권력이 그렇게 해서 민족자본가와 독립운동을 떼어놓으려고 했다는 것을 지적한다.[20] 미하일 박이 시종일관 조선인 자본가들이 그 본질상 독립운동의 추진세력이 될 수 없었다고 본 것과 약간 달리, 계봉우는 — 종교세력에 대한 보다 복합적이고 긍정적인 이해를 보여준 것처럼 — 조선인 유산계급의 상황과 태도를 조금 더 세밀하게 분석하려 하고, 그들과 일제 권력자 사이의 갈등적 요소를 놓치지 않으려고 한다.

---

18 계봉우, 김필영 역, 『꿈속의 꿈』, 129~130쪽.

19 『조선역사』 제3권(필사본), 40쪽. 계봉우는 출처를 명확하게 밝히고 있지 않지만, 『朝鮮總督府統計年報』(京城, 1919)인 것으로 보인다.

20 『조선역사』 제3권(필사본), 41쪽.

독립운동에 대한 미하일 박과 계봉우의 서술도, 거시적 취지에서는 거의 동일하나 세부적인 부분에 있어서는 뉘앙스적 차이를 보인다. 러시아 1917년 10월 혁명과 1919년 3월의 거족적인 독립운동 이전의 반일 운동의 주류를 '민족주의'로 규정하고, 1920년대 운동의 진보적 주류로 공산주의 운동과 노동운동을 파악하면서도 그 결함들을 지적하고, 1930년대 공산주의적 항일운동의 서술에 있어서는 김일성이 이끌었다는 만주에서의 무장항쟁의 역할을 높이 평가한 것은 1950년대 미하일 박의 한국 근대사 서술과 계봉우의 『조선역사』의 공통점이다.[21] 1920년대의 주된 해방운동의 성격은 노동자와 농민의 자발적인 투쟁에 입각한 공산주의적 운동인 만큼, 미하일 박도 계봉우도 공통적으로 그 시기의 '순수' 민족주의적 운동의 의미를 대체로 부인한다. 미하일 박의 입장에서는, 조선 민족자본은 철저하게 매판적 성격을 띠고 있었으며, 매판적 부르주아와 그들의 영향 하에 있었던 상위 지식인층은 가끔 반일적 투쟁을 흉내 내도, 기본적으로는 민중투쟁을 견제하려는 태도로 일관해왔다는 것이다. 계봉우는 이와 같은 이론화 작업을 굳이 하지 않더라도 미하일 박과 크게 다르지 않은 방식으로 — 본인도 한때에 의정원의 의원으로서 참여했던 — 상해 임시정부의 활동에 대해서는 그 초대 대통령 이승만의 악명 높은 '미국 위임 통치안'부터 들어 철저하게 비판적인 자세로 서술하고, 결론적으로 임시정부는 아무리 일화(日貨)배척이나 연통제 실시 등 투쟁적 제스처를 취해도 실질적인 빨치산 무장독립운동을 지원, 지휘할 능력도 의사도 가지지 못했다는 점을 그의 결정적 결함으로 지적한다.[22] 단, 경험의 차이에서 온 듯한

---

21 계봉우의 한국 독립운동의 시기 구분과 각 시기 성격 규정에 대해서는 이현주, 「계봉우의 사회주의사상과 역사서술 체계—독립운동사 서술체계를 중심으로」, 『한국학연구』 25, 2011, 125~159쪽 참조.

22 『조선역사』 제3권(필사본), 70 · 88~89쪽.

서술의 뉘앙스적 차이가 눈에 띈다. 예컨대 미하일 박은 1917년 10월 혁명의 영향을 받은 조선민족의 민족독립운동도 점차 노동자들의 주도로 옮겨갔다는 점을 예증이라도 하기 위한 듯한 의도로 1919년 3·1운동의 주도세력으로 봉기 수준의 저항을 벌이기도 했던 농민들과 함께 '신생노동계급'을 추가하고, 무엇보다 노동자들의 초기적인 저항적 움직임에 주의를 기울였다. 이와 약간 다르게, 본인이 3·1운동을 국내에서 경험한 계봉우는 본인과 친지들의 체험과 그 당시의 대중적인 통념 등을 담아서 무엇보다 청년학생 등 많은 시위에 앞장섰던 예비 지식인들의 용기와 가시적인 역할모델로서의 기능에 착안해 관련 일화를 다양하게 소개했다.[23] 여기에서 미하일 박 서술의 약간의 관념성과 계봉우의 '현장기록'으로서의 서술의 성격은 대조된다.

농민운동, 노동운동, 그리고 국내 공산주의운동과 만주에서의 김일성 주도의 무장유격대 운동에 대한 서술에 있어서도 계봉우는 미하일 박에게 큰 윤곽을 제시한 것으로 보인다. 특히 일본 지주들의 토지겸병으로 화전민의 수가 계속 증가되는 등 '농촌의 파멸'이 유랑민, 해외 이민 그리고 도시 실업자군(群)의 증가를 가져다주고 기층민들의 불만을 증폭시켰으며, 이와 같은 불만은 그나마 조직이 쉽게 가능하고 노농총동맹(1924.4 결성) 등 전국 조직망까지 있는 공업노동자들의 파업으로 특히 전투적으로 분출됐다는 것은 계봉우 설명의 줄거리다.[24] 대체로 같은 방식으로, 정치적으로 식민지적 탄압을 받고 경제적으로 생존에의 위협을 당하는 대중들의 자발적인 욕구 위주로 소작쟁의, 파업운동, 그리고 공산당의 조직을 설명한 마하일 박과 거의 똑같이, 계봉우도 특히 공업 노동자 수의 증가(1921년의 약 3만 3천 명에서 1929년의 거의 10만

23 『조선역사』 제3권(필사본), 61~64쪽.

24 『조선역사』 제3권(필사본), 91~123쪽.

명까지), 1928년 현재 공업 노동자들의 절반 이상이 일본인 소유의 기업에서 일하는 등 '민족적 압박'과 경제적 착취를 이중적으로 당했다는 점, 그리고 파업 건수의 지속적 증가(1926년의 81건에서 1930년의 160건까지)와 '동맹 파업', 한 도시 규모의 총파업(1929년의 3개월간의 원산 총파업 등)의 출현 등을 강조해 "착취와 압박의 강화에 정비례한 불만 분출의 격화, 그리고 투쟁의 앙양"의 모습을 그린다.[25] 둘 다 조선 국내에서의 공산주의 운동 내부의 파쟁을 비판한 코민테른의 문서에 의거했기에 당연한 일이기도 하지만, 계봉우와 미하일 박은 공히 1925년 4월의 조선(1차)공산당 창립의 커다란 역사적 의의를 평가하면서도 주로 지식인으로만 구성되고 노동운동과의 관계가 약한 당이 지속적 파쟁과 "총독부 밀정들의 침입"에 노출됐다는 상황도 지적한다.[26] 북조선의 초기 자료(잡지 『근로자』 등)와 쏘련 신문, 잡지, 학술논문 자료 등을 주로 이용한 계봉우는 김일성과 그 부대의 역할에 대해서는 지면을 할애해서 상세히 언급하지만,[27] 그 역할을 전혀 절대화시키지 않는다. 그는 ― '밑으로부터의' 마르크스-레닌주의적 시각에 나름대로 충실하면서 ― 김일성과 최용건 등의 조선인 유격대 부대장들의 활약의 배경으로서 1931년 일제 침략 이후에 격화된 만주에서의 계급투쟁(추수 폭동, 飢民 폭동 등)을 지적하고, 김일성이 활약했던 유격대의 혼합적, '조·중 합동운동'으로서의 성격을 명확히 한다. 단, 1936년 김일성 주도의 '인민혁명군' 창군과 '조국광복회' 창설 관련 서술은 아마도 계봉우가 접근할 수 있었던 북조선 초기의 문건에 의존한 셈이다.[28] 미하일 박도 김일성의 역할을

25 『조선역사』 제3권(필사본), 118~123쪽.

26 『조선역사』 제3권(필사본), 93~98쪽.

27 『조선역사』 제3권(필사본), 158·162~163쪽.

28 『조선역사』 제3권(필사본), 163~165쪽. 신주백이 보여주듯이 '인민혁명군'은 조·중 연합 성격의 동북항일연군 안에서의 조선인 성원의 일종의 '총칭'이었으며, '조국광복회'는 동만 지역의 조선인 항일 조직들의 지역적 연합체로서 김일성이 '회장'으

절대화시키지는 않았지만, 미하일 박의 서술에서는 — 그 서술이 들어간 『국외 동방 제국(諸國) 근대사』의 '국가의 공식적인 역사교과서'로서의 성격과 무관하지 않게 — 김일성의 역할을 훨씬 더 중시하는 그 당시 북조선의 공식적인 주장과의 불일치를 회피하려는 일종의 '외교적' 노력들의 흔적은 보이기도 한다.

전체적으로 봐서는, 계봉우와 미하일 박의 관계는 '직접적 영향'의 측면과 '같은 문제에 대한 같은 이론과 방법론에 의거한 두 연구자의 접근'의 측면을 같이 아우른다. 일면으로는 미하일 박이 계봉우로부터 사사하면서 그가 쓴 문헌을 접하고 그의 구두 구술을 듣고 이에 의해서 그의 한반도 근대사의 '큰 그림'을 잡기 시작한 것이기도 하지만, 또 일면으로는 두 사람이 같은 이론으로 무장된 채 같은 과제를 해결해야 하는 상황에 처했다. '계급투쟁이 역사진보의 원동력'이라는 명제를 안고서, 두 연구자는 근대 한반도에서 계급투쟁이 누구와 누구의 투쟁을 가리켰는지, 그리고 이 투쟁의 여러 형태들이 역사의 진보를 어떻게 가져 왔는지 구체적으로 규명해야 했다. 결국 두 사람이 — 계봉우가 지식인층의 역할이나 종교세력의 역할을 조금 더 적극적으로 평가해주는 일면이 있는 등의 일부의 뉘앙스적 차이에도 불구하고 — 도달한 공통적 결론은, 이 투쟁의 두 주된 주체는 '일제 침략자와 매판 지주·부르주아, 그리고 그들의 영향 하의 일부 보수적 지식인' 대 '결국 공산당이 영도하게 된 노농대중'이었고, 그 형태는 단순한 경제적 이유에 의한 파업부터 연대('동맹')파업, 총파업, 그리고 시위와 지역적 폭동, 그리고 만주 등지에서의 무장투쟁 등에 이르기까지 매우 다양했다는 것이었다. 결국 쏘련과 중국의 '형제 인민'들의 연대와 지원이 유기

로서 일사불란한 지도력을 발휘했다고 보기가 힘들다. 신주백, 『1920~30년대 중국지역 민족운동사』, 선인, 2005, 308~319쪽.

적으로 결합된 이 줄기찬 투쟁은 '대다수 인민의 생존권을 빼앗는' 일제와 '매판세력'들에 대한 승리, 그리고 새로운 이상적 사회가 건설될 북조선의 건국으로 이어진 것은 두 사람의 공통된 논리다.

현대 남한 사학으로 본다면, 이와 같은 거시적인 조선근대사관(觀)에 가장 근접한 이론적인 접근은, 아마도 인도에 대한 영국의 약탈과 "부의 유출(drain of wealth)"이 인도의 저개발 원인이 됐다는 인도의 초기 민족주의적 사학의 가설[29]에 시사를 얻은 소위 '수탈론'일 것이다. 적어도 식민지 권력이 일본 자본의 축적을 적극적으로 도와도, 한반도의 피억압 계층들에게 그 어떤 '혜택'도 아닌, 오로지 궁핍과 억압, 초과착취를 가져다주었다는 주장의 차원에서 두 역사관이 서로 통하는 것이다.[30] 이와 같은 '수탈론'은 현재로서 상당한 위기를 맡고 있다는 것은 주지의 사실이다. 일제가 이식시키려 했던 식민지형(型) 자본주의를 합리화하여, 나아가서 '철저하게 자본주의적 근대 권력'이라는 차원에서 일제 자체까지도 합리화해보려는 '뉴라이트' 류의 비판은 차치하더라도, 정치적으로는 중립적 내지 진보적 입장에 서는 연구자마저도 '수탈론'의 문세섬을 흔히 지적한다. 예컨대 '식민지 개발론' 그 자체를 부정하고 '뉴라이트' 논리를 반대하는 허수열에 의하면, 식민지 시기 내내 미곡 생산 증가분, 즉 농업 개발(종자 개량, 수리관개 개선 등등) 이득의 일부분은 조선인(물론 소작인이 아닌 지주)에게 돌아가긴 돌아갔다. 전체 미곡 생산은 1910~1941년간 약 52.3% 증가했으며, 그 증가분에 따르는 이득의 83.3%는 일본인 지주, 자작농에게 돌아가도 나머지는 조선인에게 돌아갔다는 이야기다.[31] 비록 일본 자본(특히 1930년대 이후에 조선에의 진출을 크게 도모하기 시작한

---

29 Romesh Dutt, *The Economic History of India* Vols.1~2, London : Routledge & Kegan Paul, 1901~1903.

30 '수탈론'을 대표하는 저서로서, 예컨대 정태헌, 『한국의 식민지적 근대 성찰』, 선인, 2007 참조.

31 허수열, 『개발 없는 개발』, 은행나무, 2005, 117쪽.

일본 재벌)에 대한 열세를 끝내 극복하지 못하고, 방직업과 정곡업, 주류업 등 경공업 부문 이외로는 크게 진출하지 못하긴 했지만, 근대적 자본가로 변신하기 시작한 조선인 지주, 상인들이 식민지 시대 내내 성장해왔다는 것은 엄연히 사실이다. 일본인 공장 자본금의 5~7%를 끝내 넘지 못했지만, 조선인 공장 자본금은 1911년의 64만 원에서 1941년의 1억 185만 원으로 늘어난 점은 경제사학계에서 이미 널리 알려진 사실이다.[32] 그 칼로리 섭취량이 1910~1918년간 소폭 증가돼도 그 후로는 계속 경향적으로 감소돼온 조선인 민중들이야[33] 물론 수탈을 당했지만, 조선 자주, 자본가들에게는 식민지 시기는 '수탈의 시기'라기보다 차라리 '제한이 있는 도약의 시기'에 더 가까웠을 것이다. '차별'이 민족적이라 해도 '수탈'은 민족적이라기보다는 차라리 계급적인 개념이고, 이 차원에서는 '민족 모순'을 무엇보다 강조해온 남한의 종전의 '수탈론'에는 당연히 문제점이 있을 수 있다.

그러나, 바로 '수탈론'의 이와 같은 약점들을 미하일 박이나 계봉우 식의 '계급사관'이 매우 적절히 보완해준다고 볼 수도 있다. 미하일 박과 계봉우의 '수탈' 서사는 일차적으로 '피착취 계급'에 대한 계급적 수탈을 의미하며, 조선인 지주와 자본가, 유산계급 지식인들의 '매판성(性)' 즉, 오늘날의 용어로 바꾸자면 "식민지 자본주의가 발생시키는 이윤 배분에의 부분적 참여의 가능성"을 충분히 인정해주는 것이기 때문이다. 그들의 '수탈' 담론과 쌍벽을 이루는 것은 '저항' 담론이지만, 이 '저항' 이야기에서도 불가피하게 종족적 배타성을 전제로 하는[34] '민족(주의)적 저항'보다는 일본 등지의 '피착취 계급'과의 연대마저도 가능한 계급적인 저항은

32 이헌창, 『한국 경제 통사』, 법문사, 1999, 342~347쪽.

33 Mitsuhiko Kimura, "Standards of Living in Colonial Korea : Did the Masses Become Worse Off or Better Off Under Japanese Rule?", *The Journal of Economic History* 53/3, 1993, pp.629~652.

34 윤해동, 『근대 역사학의 황혼』, 책과함께, 2010, 207~221쪽.

중추를 이룬다. 물론 식민지에 대한 저항인 만큼 '민족저항'의 형태를 띠었다는 것은 언급되지만, 미하일 박과 계봉우가 주로 이야기하는 저항의 형태들은 거의 대부분의 경우에는 민중적인, 아래로부터의 저항이다.

물론 계봉우도 미하일 박도 수많은 제한 속에서 작업했다. 그들에게 충분한 1차 자료가 부족했다는 점도 있었고, 또 복잡다단한 역사를 일정한 도식에 맞추는 과정에서는 지나친 일반화, 단순화의 오류들을 범하지 않을 수 없었다. 예컨대 식민지 시대의 여성운동이라든가 '청년'에 대한 새로운 시선들 등에 대해서는 미하일 박과 계봉우는 — 무엇보다도 자료 등의 부족과 '핵심적 모순'에 대한 주목의 집중으로 — 거의 쓰지 않았으며, 아나키스트적 해방운동에 대해서는 스딸린주의 시대의 이념적 경직성 등으로 제대로 이야기할 수 있는 상황에 있지 못했다. 또 예컨대 협력과 저항이 복잡하게 착종(錯綜)되고 있었던 식민지의 일상, 제도권의 한계를 벗어나지 못하면서도 계속해서 그 나름의 저항적 움직임들을 보였던 언론매체의 공간이나 문학 등에 대해서도, '수탈, 착취, 저항' 위주의 도식으로 이루어진 계봉우와 미하일 박의 저술들은 거의 포함시키지 못하고 많은 면에서는 극도로 단순화시킨다. 그러나 이와 같은 문제점들에도 불구하고 무엇보다도 — 늘 국제적 연대의 가능성을 잠재적으로 전제하는 — 민중의 계급적 저항에 일차적인 포커스를 맞추는 미하일 박과 계봉우 식의 사학은 앞으로는 탈(脫)민족주의의 가장 바람직한 방식을 제시할 수 있는 장점들도 보여주지 않을까 싶다. 자본주의의 위기가 깊어지고, 그 모순이 점차 노골적으로 가시화되는 오늘날 같은 상황에서는, 상호 파멸적인 민족 국가 사이의 갈등과 투쟁에 대한 유일한 바람직한 대안으로 등장하는 것은 바로 전지구적인 반(反)자본 투쟁, 즉 세계적 규모의 연대적인 계급투쟁이기 때문이다.

| 참고문헌 |

계봉우, 「리력서」, 1936.1.28.
______, 『조선역사』 제3권(필사본).
『朝鮮總督府統計年報』, 京城, 1917・1919.

독립기념관 편, 『북우 계봉우 자료집』 2, 독립기념관 한국독립운동사연구소, 1997.
마이클 신, 「미국의 한국사 연구－미국 내의 한국학의 계보」, 『역사비평』 59, 2002.
박경식, 『일본제국주의의 조선지배』, 행지, 1986.
박수현, 「일제하 수리조합 사업실태와 반대운동(1920～1934)」, 김호일 편, 『한국 근대이행기 사회연구』, 신서원, 2000.
신주백, 『1920～30년대 중국지역 민족운동사』, 선인, 2005.
윤해동, 『근대 역사학의 황혼』, 책과함께, 2010.
이헌창, 『한국 경제 통사』, 법문사, 1999.
이현주, 「계봉우의 사회주의사상과 역사서술 체계－독립운동사 서술체계를 중심으로」, 『한국학연구』 25, 2011.
정태헌, 『한국의 식민지적 근대 성찰』, 선인, 2007.
허수열, 『개발 없는 개발』, 은행나무, 2005.

계봉우, 김필영 역, 『꿈속의 꿈』, 강남대 출판부, 2009.
다테노 아키라 편, 오정환・이정환 역, 『그 때 그 일본인들』, 한길사, 2006.

レイスネル, 橋本弘毅 譯, 『東方諸國の新しい歷史』 第1分冊, 東京 : 青木書店, 1955.
西條晃, 「1920年代朝鮮における水利組合反對運動」, 『朝鮮史硏究會論文集』 8, 1971.
印貞植, 『朝鮮の農業構造』, 白揚社, 1940.
雷斯涅爾, 魯布佐夫主 編, 『東方各國近代史』, 北京 : 三聯書店, 1958.

Dutt Romesh, *The Economic History of India*, Vols. 1～2, London : Routledge & Kegan Paul, 1901～1903.
Kim Keong-il(ed.), *Pioneers of Korean Studies*, Sŏngnam : The Academy of Korean Studies, 2004.
Kimura Mitsuhiko, "Standards of Living in Colonial Korea : Did the Masses Become Worse

Off or Better Off Under Japanese Rule?", *The Journal of Economic History* 53/3, 1993.

_______________, "The Economics of Japanese Imperialism in Korea, 1910~1939", *The Economic History Review* 48/3, 1995.

Wallerstein Immanuel, "A World-System Perspective on the Social Sciences", *The British Journal of Sociology* 27/3, 1976.

Р.Ш.Джарылгасинова, ≪Михаил Николаевич Пак - творческая биография ученого≫ - Корея. Сборник статей к 80-летию со дня рождения профессора Михаила Николаевича Пака. Москва : Муравей , 1998.

И.М.Рей снер, Б.К.Рубцов(ред.), Новая история стран зарубежного Востока. Москва : Изд-во Московского Университета, 1952.

Новей шая история стран зарубежного Востока. Вып. 1(1918~1929 гг.), Москва : Изд-во Московского Университета, 1954; Вып. 2(1929~1939), Москва : Изд-во Московского Университета, 1955.

「한글 세계화 기여 외국인, 한글날 훈 포장, 표창」, 『이투데이』, 2012.10.5, http://www.etoday.co.kr/news/section/newsview.php?idxno=638200

제2부

계봉우의 한국학 연구

언어학자 '계봉우'

민족어 연구와 마르주의 사이에서

조원형

1. 언어학자 '계봉우'

1) 들어가는 말

뒤바보[北愚] '계봉우'[1](1880~1959)는 일제 강점기에 연해주와 중앙아시아에서 활동하였던 언어학자이자 민족 교육가였다. 그는 거의 전 생애 동안 조국을 떠나 만주, 연해주, 중앙아시아 등지에서 활동하면서

1 계봉우의 이름을 한자로 쓰면 '桂奉瑀'가 된다. 즉 '계봉우'가 현행 한글 맞춤법에 맞는 표기이다. 그러나 계봉우는 자신의 이름을 늘 '계봉우'라고 썼고 언어학자로서 일종의 새로운 맞춤법을 고안한 바도 있다는 점을 존중하여 이 장에서는 일관되게 '계봉우'로 표기하고자 한다.

수많은 저작을 노트에 적어 남겼다. 비록 그 대부분이 책으로 출판되지 않은 채 노트로만 남았으나, 계봉우는 단순한 지식만을 추구하는 이론가가 아니었고 힘써 공부한 것을 독립운동과 민족 교육에 모두 쏟아부었던 실천가였기 때문에 그 사상이 주변 사람들을 통해 후대까지 이어질 수 있었다. 그리고 1990년대 이후 고송무와 윤병석 등이 그 업적을 새롭게 발굴한 뒤로 '계봉우'라는 이름은 20세기 한국 민족운동사를 이야기할 때 더는 빼놓을 수 없는 이름으로 자리매김하게 되었다.

계봉우의 업적은 크게 언어학, 역사학, 독립운동 등 여러 갈래로 분류해서 평가할 수 있겠으나 이 가운데서 학술적 성과가 특히 두드러진 것은 언어학과 역사학 분야의 업적이다. 이에 이 글에서는 계봉우의 사상이 가장 총체적으로 반영되어 있는 언어학 분야의 업적을 고찰하고 「고려문전과 나의연구」, 『조선문법』, 『조선말의 되어진 법』 등 계봉우의 언어학 관련 주요 저작을 비판적으로 분석함으로써 그 언어학사적 의의와 사상적 의의를 논하고자 한다.

2) 계봉우 언어 이론의 발전 과정

(1) 1910년대~1923년 이전

계봉우는 만 30세가 되던 1910년에 국권이 침탈되자 간도로 망명하여, 간도와 연해주에서 독립운동에 참여하였다. 그러던 중 1916년에 간도 왕청현 하마탕에서 일본 경찰에게 검거되어 조선으로 압송되기도 하였으나, 1919년 3·1운동 이후 연해주를 거쳐 다시 간도로 향하였다. 다시 찾은 간도에서 계봉우는 대한민국 임시정부 북간도 대표 의정원 의원으로 선출되었으며, 이를 계기로 상해에서 활동하게 되었다. 그러나 상해에서 끝까지 임시정부에 남은 것은 아니었고, 생사고

략을 함께하였던 이동휘[2]와 함께 고려공산당에서 활동하였다.[3]

1910년대에 계봉우가 집필한 저작은 『신한독립사』(1912), 『만고의사 안중근전』(1916) 등 주로 역사학에 관한 것들이었다. 그러나 고송무는 이동휘의 아들 이영일이 남긴 글 『리동휘 성재 선생』을 근거로 하여, 계봉우가 이미 1910년대부터 간도 왕청현 하마탕에서 우리말을 연구한 것으로 보인다고 밝혔다.[4]

이 시기에 계봉우는 이미 김두봉의 『깁더조선말본』 등 한국인 학자들이 출간한 저서를 통해 한국어학을 연구하고 있었다. 고송무는 계봉우가 상해에서 활동하는 동안 김두봉을 알게 되었고[5] 그를 통해 주시경의 언어학 이론도 간접적으로 접했을 것이라고 추정했다. 고송무에 따르면 김두봉 역시 계봉우를 기억하여, 1948년 조선민주주의인민공화국 정부 수립 이후 계봉우에게 평양에서 함께 일하자는 제언을 한 적이 있다고 한다.[6]

이를 통하여 볼 때, 계봉우의 언어학 연구는 민족주의적 관점에서 출발하였을 것으로 짐작된다. 언어학 연구 역시 역사 연구와 마찬가지로 독립운동의 일환이었고, 무엇보다 계봉우에게 언어학적으로 가장 민저 영향을 주었을 김두봉은 민족주의적 신념을 강하게 지닌 주시경의 이론과 사상을 정통으로 이어받은 학자였기 때문이다.

---

2 이동휘(李東輝, 1873~1935)는 대한제국 군인 출신으로 대한민국 임시정부 국무총리를 지냈으며 이후 고려공산당(상해파) 창당을 주도하였다. 이동휘는 계봉우보다 일곱 살이 많았으며, 계봉우가 1910년 말 간도로 망명할 때 그도 동행하였다.

3 조동걸, 「北愚 桂奉瑀의 생애 및 연보와 著述」, 『한국학논총』 19, 국민대 한국학연구소, 1996, 133~135쪽.

4 고송무, 「계 봉우의 생애와 우리말 연구」, 『한힌샘 주시경 연구』 5/6호, 한글학회, 1993, 116쪽.

5 김두봉 역시 상해에서 활동하며 이동휘의 영향을 받아 공산주의를 접하게 되었다. 따라서 김두봉과 계봉우가 이미 상해에서부터 서로 알고 지냈을 가능성이 높다.

6 고송무, 앞의 책, 116~117쪽.

(2) 1923년~1937년

연해주로 활동 근거지를 옮긴 게봉우는 교육용 문법서로 사용하기 위해 펴낸 『고려문전』의 집필을 준비하는 과정에 참여하였다. 그러나 『고려문전』의 집필 책임을 맡게 된 오창환과는 언어학적 견해가 서로 달랐기 때문에 연해주 한인 기관지 『선봉』에 오창환의 언어 이론을 비판하는 칼럼 「고려문전과 나의연구」를 열 번에 걸쳐 연재하기도 하였다. 또한 1937년에는 고려사범대 교원이었던 강채정과 함께 『고려어 교과서』를 간행하였다. 『고려어 교과서』는 게봉우의 다른 언어학 분야 저작들과 달리 하바롭스크 원동변강국립출판부에서 정식 인쇄물로 간행한 저서였다.

이 시기에 게봉우에게 영향을 준 이들은 단지 김두봉을 위시한 민족주의 성향의 한국인 언어학자들만이 아니었다. 게봉우는 연해주로 이주한 뒤로 20세기 초반에 소련에서 유행하던 언어 사상인 마르주의의 영향을 강하게 받았던 것으로 보인다. 오창환과 견해 차이가 발생한 것도 이 때문인데, 수많은 표현이 특정한 어근에서 출발하였다는 마르주의적 발상이 「고려문전과 나의연구」에도 일정 수준 반영되어 있다. 따라서 『조선말의 되어진 법』과 『조선문법』을 집필하는 데 사상적 기반이 된 마르주의를 게봉우가 상당히 이른 시기부터 접했으리라는 점을 확인할 수 있다.

마르주의란 20세기 초반 제정 러시아와 소련에서 젊은이 문법학파의 영향을 받아 모든 언어가 한 가지 기원에서 출발하여 단계적으로 발전하였다고 주장한 마르(Марр, Николай Яковлевич; 1864~1931)의 이론이다. 마르주의는 본디 공산주의와 별개로 태동한 언어 이론이지만, 이를 주창한 마르가 1920년대 이후 모든 언어는 정치단체(국가)의 생성과 보조를 같이 하며 이 세상에 존재하는 언어는 민족언어가 아니라 계급언어라는 식의 주장을 펼쳐 결과적으로 마르크스주의와도 일맥

상통하는 이론으로 발전하였다.[7] 이 때문에 1934년 마르가 별세한 이후에도 소련 학자들은 한동안 마르주의를 지지하는 연구를 이어 나갔다. 게봉우 역시 소련 영토 안에서 활동하면서 이 이론의 영향을 받지 않을 수 없었을 것이다.

그러나 게봉우의 이론이 당시 사람들에게 폭넓은 지지를 받은 것으로 보이지는 않는다. 이 책에는 '숫자'가 '수ㅅ자'로, '한지(漢字)'가 '한ㅅ자'로 표기되어 있는 등 게봉우의 견해가 일부 반영되어 있다.[8] 그러나 '사람'을 '살음'으로 표기하여야 한다는 게봉우의 주장에도 불구하고 『고려어 교과서』에는 '사람'이라는 표기가 나타나는 등, 마르주의에 바탕을 둔 게봉우의 '어원 밝혀 적기' 주장이 당대에 함께 활동하던 언어학자들 사이에서 폭넓게 받아들여지지는 못한 것으로 보인다.[9]

(3) 1937년~1941년

이 시기에는 스탈린의 강제이주 정책에 따라 게봉우도 연해주를 떠나 중앙아시아로 이주하게 되었다. 게봉우가 자리를 잡은 곳은 카사흐소비에트 사회주의 자치공화국[10] 크즐오르다였다.

---

7 Ivić, 김방한 역, 『언어학사』, 형설출판사, 1996, 105~107쪽 참조.

8 그러나 이는 한글 맞춤법 통일안 이전에 빈번히 쓰였던 표기법이기도 하므로, 게봉우만의 독창적인 견해로 볼 수는 없다.

9 당시는 한글 맞춤법 통일안이 제정된 이후지만, 이 맞춤법이 1937년 당시 연해주에 폭넓게 보급되지는 못한 것으로 보인다. 『고려어 교과서』 역시 한글 맞춤법 통일안을 따르지 않고 집필자의 개인적 견해가 반영된 표기법을 따랐다. 게봉우 등 당대에 활동하던 언어학자들이 한글 맞춤법 통일안의 존재를 알고도 받아들이지 않은 것인지, 아니면 이를 아직 인지하지 못한 탓에 받아들이지 못한 것인지는 명확히 알 수 없다. 하지만 여기서 중요한 것은 이 책으로 공부한 당대 러시아 한인들은 한글 맞춤법 통일안 대신 이 책에서 제시하는 표기법을 기준으로 고려어(한국어)를 배웠을 것이라는 점이다. 그렇기 때문에 어떠한 표기법을 따르는가 하는 것은 당시 집필진 사이에 큰 논란거리가 되었을 것이다.

10 1937년 당시에는 소비에트 사회주의 공화국 연방에 병합되어 있었으며, 1991년에 독립하여 카자흐스탄 공화국이 되었다.

이곳에서 계봉우는 『조선말의 되어진 법』을 본격적으로 집필하였다. 1938년부터 소련 내에서 고려어(한국어) 사용이 전면 금지되고 고려어 교육도 금지되었으나, 계봉우는 오히려 연구에 매진하여 1941년 『조선말의 되어진 법』의 초고를 완성하였다.

한국어 단어는 변하지 않는 어근에 각종 조어(助語)가 덧붙어서 생겨났다는 가정을 바탕으로 각종 단어의 어원을 풀이한 『조선말의 되어진 법』은 계봉우의 언어학 관련 저서 중에서 마르주의의 영향이 가장 짙게 반영된 저작이다. 필자가 이전에 발표한 논문에서는 이 책에 역사언어학적 관점과 언어유형론적 관점이 반영되어 있다고 서술한 바 있다.[11] 계봉우는 인도유럽어에서 변하지 않는 어근에 다양한 어미가 결합하여 갖가지 어휘가 파생되는 것에 착안하여 한국어도 그와 같은 문법 체계를 가지고 있을 것이라고 생각했던 것이다. 이러한 발상을 할 수 있었던 것은 계봉우가 젊은 시절부터 만주와 연해주에서 활동하면서 다양한 언어를 접하고 그 나름대로 언어유형론적인 사유를 할 수 있었던 덕택이기도 하지만, 마르주의의 영향도 무시할 수 없을 것이다.

(4) 1941~1948년

1941년에 『조선말의 되어진 법』의 초고를 완성한 계봉우는 광복 이후 『조선문법』 저술에 매진하였다. 『조선문법』은 1947~48년에 걸쳐 저술되었으며, 계봉우는 이 책에서 그동안 여러 해에 걸쳐 연구해 온 것들을 집대성하고자 하였다. 그 결과 『조선문법』은 음성론, 품사론, 문장론은 물론 수사학과 문자학에 이르기까지 언어학의 거의 모든 층위에 걸쳐 계봉우의 이론을 집대성한 필생의 역작이 되었다.

---

11 조원형, 「20세기 초중반 한국어학의 사상적 면모—주시경과 계봉우를 중심으로」, 『한국학연구』 23, 인하대 한국학연구소, 2010, 20~21쪽.

이 책에는 조선어학회의 한글 맞춤법에 대한 언급도 들어 있어, 한글 맞춤법이 이미 해외 동포 사회에까지 알려져 있었다는 것을 알 수 있게 해 준다. 그러나 게봉우는 이 한글 맞춤법에 대해서 부정적인 태도를 보이며, 게봉우가 주장하는 방식으로 어원을 밝혀 적는 표기법이 옳다는 점을 견지하고 있다. 그러나 문장론에서 문장성분들 사이의 문법적 관계를 설명할 때는 주시경과 김두봉이 사용한 것과 비슷한 도해법을 사용하는 등 국내파 학자들의 이론을 받아들인 것도 아울러 확인할 수 있다.

(5) 1948~1955년

이 시기 소련에서는 마르주의가 부정되었고, 한때 공산주의 이론을 뒷받침하고자 마르주의를 추종하던 소련 언어학계는 일대 변혁을 겪었다. 언어의 발전은 사회적, 경제적 요인에 의해 조건지어지는 것이 아니며 공산주의 이론에서 이야기는 기층구조나 상층구조 등과도 무관하다는 비판이 제기되면서[12] 마르주의는 설득력을 잃어 갔으며, 마침내 1950년에는 소련의 최고 권력자였던 스탈린이 마르주의를 비판하기에 이르렀다. 이후 마르주의는 언어학사에서 자취를 감주었다. 하지만 게봉우는 『조선말의 되어진 법』에서 주장한 바를 철회하지 않았으며 오히려 1955년 『조선말의 되어진 법』에 발문을 붙여 책을 증보하였다. 왜냐하면 게봉우는 마르주의를 단순히 추종하여 한국어 어원론에 적용한 것이 아니라, 마르주의의 영향을 받기는 하였으되 이를 단지 참고하기만 하여 한국어의 어원을 독자적으로 탐구하고자 하였기 때문이다.[13]

12 Ivić, 김방한 역, 『언어학사』, 형설출판사, 1996, 107~110쪽 참조.

13 Ivić는 마르주의에 대하여 다음과 같이 평가하였다. "마르주의는 소련에서 고전적 언어학의 전통이 오랫동안 중단되었음을 의미하며 또 다른 세계에서 일어난 중요

게봉우는 1959년 크즐오르다에서 영면하였다. 이후 『조선말의 되어진 법』과 『조선문법』을 비롯한 그의 언어학 관련 저서들은 대부분 아직 인쇄・출판되지 않은 채 필기본만으로만 남아 오늘날까지 전해지고 있다.

2. 「고려문전과 나의연구」 — 게봉우 이론의 태동[14]

1) 오창환의 『고려문전』에 대하여

(1) 『고려문전』의 저작 배경

『고려문전』은 오창환[15]이 원동변강, 즉 연해주 지역에 살던 한국인들의 통일된 언어생활을 도모하기 위하여 저술한 문법서이다. 이 책에는

한 언어학의 조류와도 단절되어 있었음을 의미하는 것이다. 이것은 소련 언어학이 마르주의에 의해서 입은 최대의 손실이었고, 그 손실은 근본적으로 그릇된 한 학설을 발전시키기 위해서 여러 해를 보냈다는 사실 이상으로 큰 것이었다. 마르주의 시기의 성과는 거의 없으나 소련의 언어학자가 낱말의 의미 문제를 사회생활과 관련해서 보고 또 소련 내의 많은 비(非)인구어 자료 수집과 기술에 대해서 많은 관심을 가지게 되었다는 점은 있다."(Ivić, 앞의 책, 109쪽.) 게봉우의 언어 이론도 이와 마찬가지로 평가할 수 있을 것이다.

14 이 「고려문전과 나의연구」 관련 논의는 2012년 12월 13일에 인하대 한국학연구소에서 개최한 제23회 동아시아한국학 학술회의에서 필자가 발제한 논문 「계봉우의 연해주 시절 국어학 연구에 대한 고찰 — 오창환과의 논쟁을 중심으로」를 다듬고 정리한 것이다. 이 학술회의에서 필자에게 아낌없는 조언을 해 준 지정토론자 최경봉 교수(원광대)와 학술대회 참석자들께 지면을 빌어 감사를 전한다.

15 오창환은 기미독립운동 당시 대한국민의회 서기로서 1919년 3월 17일 블라디보스토크 일본 총영사관을 통하여 일본에 독립선언서를 전달하려고 시도하였으며, 1920년에는 대한국민의회 비서로 활동하였다. 또한 『고려문전』 외에도 『중등학교 조선어문법교과서』(제2판, 1935) 등을 남겼다. 반병률(1997), 이정은(1997), 임경석(2009), 고영근(2006) 참조.

'교원참고용'이라는 부제가 달려 있는데, 당시 언어를 지도하고 언어생활의 통일을 도모할 수 있는 사람들은 다름아닌 교원들이었던 것을 생각하면 이 책은 곧 '표준 문법서'와 같은 성격이었다는 점을 짐작할 수 있다.

『고려문전』 서문에서 오창환은 "遠東邊疆 人民教育部는 年內로 邊疆內에서만이라도 高麗文典의 統一을 實現시길方法을 探究하엿으나 이重任을 獨擔할만큼 硏究와 經驗을 所有한 者가 우리邊疆에 별로 없고 高麗 本國이나 中國地方으로붙어 들어오는 高麗語文硏究에 關한 書類("조선말본", "大韓文典", "國語語典" 등)가 우리邊疆 高麗人教育界에서 參考教材로 使用되기는 하나 어떤 것들은 넘우 考古學的으로되어 現代高麗民衆에게 普及된 言文에 비기어 非現實的인 缺點이 있고(朝鮮말本), 어떤 것은 固有한 高麗語法, 文法을 生活, 習俗이 판이한 歐美言文에 應化시키려는 外化的 傾向이 많은 까닭에(대한문전) 이것, 저것이 다 우리 쏘베트遠東 高麗人教育界에 그대로 適用되기 不能하다"[16]라고 하였다. 오창환은 서문을 "本書의 內容에 對하여 公式的 改訂이 있기 前에는 邊疆內高麗人教育, 出版 및 文化 等 各 機關과 또는 그것들에서 事業하는 各 個人들은 高麗語文의 表記 및 活用에서 반듯이 本書의 規定을 遵守하여야될 그것이다"[17]라는 구절로 끝맺었는데, 이를 통하여 이 문법서가 단순한 이론서가 아니라 당대의 어문 규범을 정립하고자 한 노력의 산물이었음을 알 수 있다.[18]

한편 오창환은 서문에서 다년간 공을 들여 이 문법서를 집필했지만 1929년 게봉우, 강채정, 이광, 박종근, 김시종 등이 참여해 수정을 거쳤다는 점을 밝히고 있다. 따라서 게봉우도 이 책의 저술에 직접적・간

---

16 오창환, 『고려문전』, 3~4쪽.

17 오창환, 『고려문전』, 5쪽.

18 이 책이 간행된 1930년은 조선어학회(오늘날의 한글학회)에서 한글 맞춤법 통일안을 공표하기 3년 전으로서, 당시에는 연해주는 물론 본국(한반도 내)에도 통일된 어문 규범이 존재하지 않았다.

접적으로 참여하였다는 점을 알 수 있는데, 이에 대해서는 뒤에서 다시 다루기로 한다.

(2) 『고려문전』의 내용

『고려문전』의 목차는 다음과 같다.

『고려문전』은 전체적으로 문자론(음운론 포함), 형태론, 통사론을 아우르고 있다. 품사명을 제시할 때 한자어 품사명을 우선시하고 있지만 고유어 품사명을 병기하고 있다는 점이 독특한데, 이는 김두봉이 『조선말본』(1916)에서 제시한 품사명 '임, 얻, 움, 겻, 맺, 잇, 억, 늑'에 각각 '씨'를 붙인 것이다. 그러나 김두봉이 '전치형용사' 내지는 '관사' 격으로 설정했던 '언'을 오창환은 설정하지 않고 있다. 그리고 문장론을 펴면서 주시경이 『국어문법』(1910)에서 처음 제시하였던 도해법을 도입하고 있어, 주시경의 언어학 이론이 오창환 등 연해주 지역의 언어학자들에게도 계승되었다는 점을 확인할 수 있다. 게봉우 역시 『조선문법』에서 주시경의 『국어문법』과 유사한 도해법을 사용하였다.

(3) 『고려문전』에 대한 게봉우의 문제 제기

게봉우는 「고려문전과 나의연구」라는 제목으로 오창환의 『고려문전』을 비판하는 글을 『선봉』 501~512호(1930.11.12~12.10)에 걸쳐 모두 열 차례 연재하였다.[19] 그리고 오창환은 그에 대한 재빈론을 『선봉』 515~546호(1930.12.17~1931.3.7)에 걸쳐 연재하였다.

『선봉』은 블라디보스토크에 기반을 둔 '선농맹공산당(볼세비키)[20] 해삼현 간부'가 1923년 3월 1일 창간한 한국어 신문이다. 처음에는 『3월 1일』이라는 이름이었으나 제4호부터 『선봉』이라는 제호를 가지게 되었다. 이후 주 1~2회씩 발간되던 이 신문은 1929년 하바롭스크로 발행지를 옮기고 '전동맹공산당 원동변강위원회와 원동변강 직업동맹쏘베트'를 발행기관으로 하여 발간되다가 1937년 연해주 거주 한인들이 중앙아시아로 강제 이주되면서 1937년 9월 12일자로 폐간되었다.[21]

---

19 『선봉』 제505호(1930.11.22), 제509호(1930.12.3)에는 게봉우의 글이 실리지 않았다.
20 『선봉』에서 표기한 대로 옮겨 적었다. 아래에 나오는 '쏘베트'도 마찬가지이다.
21 박환, 「러시아지역의 한인언론」, 『한국민족운동사연구』 17, 한국민족운동사학회,

고려문전과 나의연구 (一)

—계 봉 우

1. 자모음이라는일홈을고칠것

〈그림〉 게봉우의 「고려문전과 나의연구(一)」 원문

2) 「고려문전과 나의연구」를 통한 게봉우의 반론

(1) 자음과 모음의 이름을 고칠 것

게봉우는 '자음'과 '모음'이라는 용어 대신 '초성, 중성, 종성'이라는 용어를 사용할 것을 주장하고 있다. 초성, 중성, 종성이라는 이름을 그냥 쓰면 '자음'이라는 말을 쓸 필요가 없다는 것이다. 그 이유를 게봉우는 다음과 같이 설명하고 있다.

> ① '각'에서 처음의 ㄱ과 나중의 ㄱ을 갈라놓을 때 '자음'이라는 이름만으로는 부족하다.

1997, 302～307쪽.

『선봉』의 따옴표 표기는 독일어 정서법과 같은 „ " 방식으로 되어 있다. 이때는 국어 문장부호 규정이 정립되기 전으로, 『선봉』 편집진은 유럽 일부에서 쓰이던 문장부호 사용법을 차용한 것으로 보인다.

② 'ㅇ, ㅋ, ㄸ, ㅃ, ㅉ' 등은 초성에만 쓰이고 'ㄳ, ㄺ, ㄼ, ㅀ, ㄾ, ㅁㅎ, ㄶ' 등은 종성에만 쓰인다.

③ 우리말에서 초성은 변하지 않고 중성과 종성은 '그러하게'가 '그렇게'가 되는 것과 같이 변한다.

④ '로-으로'와 같이 앞 말의 종성에 의해 모양이 바뀌는 낱말이 있다.

이 가운데 '초성은 변하지 않고 중성과 종성은 변한다는' 주장은 어원을 밝혀 적기를 주장하는 게봉우의 이론과 맞닿아 있으며, 이는 「고려문전과 나의연구」 후속편은 물론 『조선말의 되어진 법』에까지 이어진다.

(2) 'ㅂ'의 성질

오창환은 『고려문전』 12쪽에서[22] 'ㅂ'이 종성으로 '아' 행의 조사를 만나면 '우'처럼 발음된다고 하였다. 그러나 게봉우는 이에 대하여 불규칙동사와 불규칙형용사를 설정하여야 한다는 주장을 폈다. '돕다'는 '돕고, 돕다, 도아서, 도음'으로 활용하고 '머다[遠]'는[23] '머오, 머다, 멀어서, 멀고'로 활용한다는 것이다. 이에 대한 게봉우의 설명을 인용하면 아래와 같다

"이러한 실례를 보면 불규측동사와 불규측형용사를 두지 아니하면 안되겟다. 그중에도 특별히 형용사의 "칩, 무섭, 새롭"의따위는 "ㅂ" 종성이 없어진 대신에 "우"를 요구하게 되는 것은 일정한 규측이엇다. 그런데 "고려문전"에는 "ㅂ"종성의말이 "아"행의 조사를 맞나면 "우"처럼 발음된다함

22 게봉우는 '13쪽'이라고 하였으나 해당 내용은 12쪽에 기록되어 있다.

23 게봉우는 '멀다'와 '길다[長]'의 기본형을 각각 '머다', '기다'로 설정하였다. 이는 오창환도 마찬가지로서, 『고려문전』 32쪽 비고에 "'길, 늘'의 그 본어(本語)는 '기, 느'들이나 그 활용(活用)에서 흖이 'ㄹ'를 더하게 된다"라는 문장이 나온다.

은 한갓 어근만 고집하고 그 성질을 깊이 연구하지 못하였다. "고려문전"에서뿐 아니라 이두가지(ㅂ, ㄹ)의 어근에 대하여는 그 전붙어 국어연구하는 사람에게 많은 고통을 주던 것이엇다. 그러나 나는 나의연구에 의지하여 불규측동사와 불규측형용사를 두기로 하고 딸아서 형용사의 -ㅂ종성이 없어지는 경우에는 "우"를 대신하기로한다."[24]

게봉우는 '노래'를 '놀-애'로 해석하여 '놀애'로 적자고 하는 등 어근을 밝혀 표기하는 것을 강력히 주장하던 학자였다. 그러나 'ㅂ' 불규칙활용과 'ㄹ' 불규칙활용에 대해서는 오히려 '한갓 어근만 고집하고'라는 표현까지 쓰면서 소리 나는 대로 쓰기를 주장했다는 점이 주목된다. '놀애'는 '노래'와 발음이 같지만 '새롭-아'는 '새로와'와[25] 발음이 크게 다르기 때문에 게봉우도 어근을 밝히기보다 소리 나는 대로 쓰는 쪽을 받아들인 것으로 추측된다.

(3) 'ㅇ'과 'ㆁ'의 구별

오창환은 'ㅇ'과 'ㆁ'을 따로 구별하지 않고 ㅇ의 성질이 종성으로 쓰일 때는 '응'으로 발음한다고 하였다. 그러나 게봉우는 이 두 자음의 음가가 다르다는 점을 강조하며 'ㆁ'을 'ㅇ'과 따로 다루어야 한다고 주장하였다. 이는 게봉우가 『조선문법』에서도 일관되게 주장하고 있는 바이다.[26] 그러나 게봉우는 필사본과 인쇄본을 막론하고 자신의 책에서

24 게봉우, 「고려문전과 나의연구(二)」, 『선봉』 제502호, 1930.11.14.

25 1988년 이전의 맞춤법에 맞는 표기는 '새로와'였고, 이 논쟁이 일어난 1930년은 맞춤법 통일안이 제정되기도 이전이었다.

26 『조선문법』 12쪽에서 게봉우는 다음과 같이 서술하고 있다.
"ㅇ은 목굼엉의 소리인데, 소리를 내는 때, 목굼엉의 둥근 그 형상을 그린 것이오;
"ㆁ은 목굼엉과 혀뿌리의 사이소리인데 소리를 내는 때, 목젖이 들린 그 형상을 그린 것이오;"

실제로 이 둘을 구별하여 표기하고 있지는 않다. 따라서 다만 관념적으로 이 둘을 다른 것으로 보아야 한다고 주장한 것으로 보인다.

(4) 연음(聯音) ㅅ의 문제

오창환은 '들[聞]', '걸[步]' 등이 '가, 다' 행의 토를 만나면 'ㄹ'을 'ㅅ'으로 바꾸어 쓰라고 『고려문전』에서 설명하였다. 그러니 게봉우는 이를 반대하고 연음(사잇소리) ㅅ을 사용해서 '들ㅅ다', '걸ㅅ다'로 표기해야 한다고 주장하였다. 그리고 이를 용언뿐만 아니라 '긔ㅅ대(깃대)', '물ㅅ가(물가)' 등 명사와 명사의 합성어에도 적용하여야 한다고 하였다.

이 글의 주요 논지와는 큰 관련이 없으나, 이와 관련하여 게봉우가 '원수(怨讐)'를 '원수(元帥)'와 달리 '웬쑤'로 소리내야 한다고 풀이한 부분이 눈에 띈다. 대한민국의 현행 표준 발음은 둘 모두 '수'를 [수]로 발음하도록 되어 있으나 북한에서는 '원수(怨讐)'를 '원쑤'로 적고 발음도 그렇게 하고 있다. 게봉우의 주장을 따른다면 이미 1930년대 이전부터 함경도 일대에서 '원수(怨讐)'의 '수'를 [쑤]로 발음했으며 이것이 북한 문화어로 이어졌을 가능성이 있다.

(5) 어미 '르'를 '느'로 고치는 문제

오창환은 '흘러, 올라' 등의 표기를 예로 들어 ㄹ 불규칙활용을 설명하고 있는데, 어미를 현행 한글 맞춤법과 같이 '르'로 표기하고 있다. 그러나 게봉우는 '흘러'를 읽으면 '러'가 아니라 '너' 소리가 난다고 주장하면서 어미 '르'를 '느'로 표기해야 한다고 하였다. 게봉우는 같은 이유로 '불란서'도 '불난서'로, '물리'는 '물니'로 변한다고 주장하며 '고을나(高乙那)'도 'ㄴ'이 제 소리를 낸다는 이야기를 덧붙이기도 하였다.

게봉우는 이 주장을 뒷받침하기 위하여 다른 근거도 들었다. 우선 『조선어사전』에서 '흘느, 올느' 등을 어근으로 제시하였다는 점을 명시한 후, '넘그, 잠그' 등은 '넘거, 잠거', '넘기, 잠기' 등이 되며 '밥브, 납브' 등은 '밥바, 납바'가 되므로 '흘느'도 '흘너'가 되어야 한다는 주장을 편 것이다. 그러면서 '풀닢'이 [풀립]으로 소리나는 등 '니'를 써도 [리]로 소리날 수 있다는 이야기를 덧붙였다.

그러나 이는 게봉우가 'ㄹㄹ'을 'ㄹㄴ'으로 적던 옛 표기 관습의 영향을 받아 잘못 생각한 것이다. 오창환 역시 이에 대하여 반론을 제기하였다.

(6) 모음의 음장

게봉우는 오창환이 『고려문전』에서 언급한 모음의 장단, 즉 음장(音長)을 부인하고 있다. 그러나 한국어의 여러 방언에는 음장이 존재하며, 따라서 음장을 변별할 필요가 없다는 게봉우의 주장은 일단 널리 받아들이기가 쉽지 않다.

그런데 게봉우는 단지 최소대립쌍으로서의 음장만을 이야기하는 데서 그치지 않고 합성어와 관련해서도 음장 문제를 논하였기 때문에 그 주장을 좀 더 깊이 살펴볼 필요가 있다.

게봉우는 '도음'의 어근이 '돕'이고 '기음'의 어근이 '깃'이듯이 '처음'의 어근은 '첫'이고 '다음'의 어근은 '닿'이라고 주장하고 있다. 그러면서 음편을 따라 종성 'ㅅ'과 'ㅎ'이 줄어든 다음 '음'이 붙어 '처음, 다음' 등으로 쓰는 것이 옳다고 주장하고 있다. 반면 오창환은 『고려문전』에서 '맘, 첨, 담' 등이 긴 모음을 가지고 있기 때문에 '마음, 처음, 다음' 등으로 써야 한다고 주장하였다. '맘, 첨, 담' 등을 기본형으로 삼은 오창환의 주장에 무리가 있기 때문에 게봉우가 반론을 제기한 것으로 보인다.

(7) 음변(音變), 즉 자음동화

오늘날의 문법 용어로는 '자음동화'라고 하는 음변에 대하여서도 게봉우는 오창환의 견해에 반기를 들었다. 게봉우는 '날리다, 멀리' 등의 표기법이 『깁더말본』의[27] 논리를 옹호하는 것에 불과하다고 하였다.[28] 그리고 '풀닢' 등은 '니'가 '리'로 변하지만 '고을나' 등은 'ㄴ' 소리가 변하지 않는다면서 "그래도 우리는 "고려문전"의 표긔법대로 복종하여야 될가? 음리를 아는 사람은 그러지 아니할 것이다"[29]라고 하였다. 게봉우는 또한 'ㄱ'이 'ㅇ' 위에서 'ㆁ'으로 소리나는 사례를 『고려문전』에서 다루지 않은 것에 대해서도 '오창환이 ㅇ이 초성으로 쓰일 때는 'ㄹ' 소리를 내지만 종성으로 쓰일 때는 '응'으로 소리난다는 주장을 펴기 위한 것'이라고 해석하면서, '백어(白魚)'가 '뱅어'가 되고 '오적어(烏賊魚)'가 '오징어'가 되는 것을 어떻게 설명하겠냐고 하였다. 게봉우는 끝내 "문법에는 음리가 첫자리를 차지하는데 음리가 밝지 못한 이상에는 문법으로 볼 수가 없다. 다시 말하면 "고려문전"은 음리가 밝지 못한 거긔에서 그 가치를 잃었다는 것이다"[30]라고 『고려문전』을 힐난하기까지 하였다.

『고려문전』에서는 'ㄹㅁㅂㄱ'이 'ㄹ' 아래에서 'ㄴ'으로 변한다면서 '독립'은 '독닙'이 되고 '강령'은 '강녕'이 된다고 하였다.[31] 게봉우는 이에 대하여 ""독립"이 "독닙"이 되고 "강령"이 "강녕"이 변한다는 것은 무슨 말인지 암만 생각하여도 알수가 없다. "독립"은 "ㄱ"가 "ㄹ"의우에서 "ㅇ"으로 변한 거긔에 들것이오 "강령"이 "강녕"으로 변하는 것은 습관음(習慣音)에 들어갈 것이다"라고 반론하였다.

(8) 접두어와 접미어

『고려문전』에서는 접미조어와 접미명사, 접두조어와 전치형용사를 따로 구분하고 있다. 오창환은 "助語란것은 아모 意味도 없이 어떠한

27 김두봉의 『깁더 조선말본』(1923)을 일컫는다.
28 게봉우는 앞서 살펴본 바와 같이 '날니다, 흘너' 등의 표기를 주장하고 있다.
29 게봉우, 「고려문전과 나의연구(七)」, 『선봉』 제508호, 1930.11.29.
30 게봉우, 「고려문전과 나의연구(七)」. 『선봉』 제508호, 1930.11.29.
31 오창환, 『고려문전』, 17쪽.

原詞가 그 뜻이나 形質을 變할때에 追從되어 쓰이는 音字或語字의 總稱인데, 그 쓰이는 位置를 보아 接頭助語(우에 쓰이는), 接尾助語(아래에 쓰이는)의 두種類로 區分함"[32]이라는 설명을 통하여 접두조어와 접미조어를 설정하였고, 이와 별도로 "完全한 代名詞도 못되고 어느 原名詞나 代名詞, 形容詞, 動詞의 아래에 딸리어 쓰이는 名詞性의 單語가있나니, 本書는 이것을 總括하여 接尾名詞(다른 類書에의 無主名詞)라한다"[33]라고 하여 접미명사를 설정하였다. 그는 또한 "그 性質은 형용사같으나 그 使用에서 아모 吐도 要求하지않고 또 다만 名詞우에만 쓰이는 單語들이있다"[34]라는 설명을 통하여 전치형용사를 설정하였다. 그리고 전치형용사는 다른 문법서들은 '관사'라고 하지만 관사와는 다른 성질을 가지고 있다는 설명을 덧붙였다.

하지만 게봉우는 이를 두고 '접두어와 접미어의 성질을 잘 구별하지 못한 것'이라고 비판하며 접두어와 접미어의 문제를 길게 다루고 있다.[35] 게봉우는 '명사의 성질을 가진 접두어 / 접미어', '형용사의 종류로서 제 혼자는 말을 이루지 못하고 명사의 위에 쓰이는 접두어', '형용사에만 쓰이는 접두어 / 접미어' 등을 각각 제시하였다. 다시 말하면 '접두명사'와 '전치형용사' 등은 명사나 형용사의 범주가 아니라 접두어의 범주에 들어간다는 것이다. 게봉우는 ""고려문전"은 이것들을[36] 잘 분류하지 못한거긔에서 어근이 일정ᄒᆞ지 못하고 딸아서 표긔법이 또한 일정ᄒᆞ지 못하게 되었다"[37]라고 서술하며 오창환의 『고려문전』을 비판하였다. 그리고 어근을 바로잡는 방법으로 다음과 같은 것들을 내세우고 있다.

---

32 오창환, 『고려문전』, 32쪽.
33 오창환, 『고려문전』, 36쪽.
34 오창환, 『고려문전』, 44쪽.
35 이 내용은 「고려문전과 나의연구(八)」부터 「고려문전과 나의연구(十)」까지에 해당한다.
36 접두어와 접미어를 일컫는다.
37 게봉우, 「고려문전과 나의연구(八)」, 『선봉』 제510호, 1930.12.5.

① 동사가 맨 먼저 생기고 그 다음에 형용사, 또 그 다음에 명사가 생겼음을 이해할 것.

② 사성어(寫聲語), 상징어(象徵語) 등을 따질 것.

③ 접두어 / 접미어가 붙은 말은 뜻만 변한 말인지, 아니면 몸까지 변한[38] 말인지를 따질 것.

④ 우리말에서 초성은 불변하며 중성과 종성은 바뀔 수 있음.

이를 근거로 게봉우는 '다리[脚]'를 '달이'로, '고리[環]'를 '골이'로 적어야 한다고 주장하였다. '다리'는 '달[走]'에서, '고리'는 '골[掛]'에서[39] 왔다는 것이다. 나아가 '나무'는 '남[生] + 우'로, '나루'는 '날[出] + 우'로 분석하며 '남우, 날우'로 적어야 한다고도 하였다. 이러한 주장은 『조선말의 되어진 법』에까지 이어진다. 게봉우는 이러한 주장을 내세우면서 '다리, 고리, 나무, 나루' 등으로 적기를 주장하는 오창환을 비판하고 있다.

게봉우의 이러한 주장은 부사에까지 이어져, '많곰'은[40] '많'에 접속사 '고'가 붙고 거기에 접미어 'ㅁ'이 붙은 것으로 설명하고 '보담'은[41] 동사 '보'에 종지사 '다'가 붙고 거기에 역시 접미어 'ㅁ'이 붙은 것이라고 설명하였다. "많고, 보다" 등은 본래 비교하는 의미를 가졌는데 거기에 접미어 'ㅁ'을 붙여서 명사의 아래에 쓰이는 비교조사가 되었다는 것이다. '까지'는 '가'에 '지'가 붙은 말로 설명하였다. 이는 오창환이 '만콤' 등의 표기를 내세운 데 대한 비판이기도 하다.

게봉우는 마지막으로 시상법 어미 'ㄴ, ㄹ'과 명사형 전성어미 'ㅁ', '하다'의 어간 '하-'의 준말인 'ㅎ' 등은 독립시켜 쓰는 것이 좋다고 주장

---

38 파생에 의한 품사 변화를 이야기한다.

39 현대 국어의 '걸다'에 해당한다. 이것을 '골'로 적은 것이 게봉우의 방언 때문인지, 아니면 '걸다'와 '골'을 억지로 연관지은 결과인지는 확실하지 않다.

40 현대 국어의 '만큼'에 해당한다.

41 현대 국어의 '보다'에 해당한다.

하였다. 앞서 인용한 계봉우의 글에서 "어근이 일정ㅎ지 못하고"라는 표기가 나온 것도 이 때문으로 해석된다.

3) 오창환의 재반론

이와 같이 열 차례에 걸쳐 『선봉』에 연재된 계봉우의 반론문에 대하여 오창환은 『선봉』 515호(1930.12.17)에서 546호(1931.3.7)에 걸쳐 재반론문을 실었다. 오창환의 반론 근거를 요약하면 다음과 같다.

① 『고려문전』은 계봉우도 참석한 회의를 여러 차례 거쳐 문법 궤범(軌範)으로 출간된 책이다.

② '초성불변론'과 '둘째 자의 초성을 첫째 자의 종성으로 승급시키는 것'은 계봉우의 억측이다.

③ '르'를 '느'로 적어야 한다는 것은 무식의 소치이다. '풀닢' 등은 고유한 음을 가진 단어들로 합성된 명사이므로 'ㄹㄹ' 발음이 나더라도 '풀닢'을 그대로 쓰는 것이 옳으며 '할는지, 올는지' 등의 '는지' 역시 조사이므로 '는지'로 적는 것이다. 이것을 확대해석해서 '르'를 모두 '느'로 적자는 것은 부당하다. 또한 '밥브, 납브' 등을 예로 든 것에 대해서는 "사돈의 팔촌에도 걸리지 않는 실없는 례증이 아니라 할 수 없다."[42] 'ㄹㄹ'가 'ㄹㄴ'으로 발음된다는 말도 근거가 없다.

④ '오르, 흐르, 다르'를 표준으로 정한 것은 『고려문전』 제2회 수정 회의에 따른 것이다. 첫 수정 때는 '올르, 흘르, 달르'를 표준으로 정하고자 하였으나 두 번째 수정 때 '오르, 흐르, 다르'를 표준으로 하였다.

---

42 오창환, 「"고려문전과 나의연구"(四一六)를낡고서」, 『선봉』 제527호, 1931.1.19.

⑤ '다리'를 '달[走]'과 연관짓는 식의 어원론은 『동언고략(東言考略)』[43]과 같은 근거없는 어원론과 마찬가지로 근거가 없다.[44] 이러한 식으로 어원을 찾고자 한다면 팔, 손, 발, 다리의 관계나 모기, 나비, 구덕이,[45] 파리의 관계, 못[釘]과 송곳의 관계 등은 어떻게 해석할 것인가. 또한 '까지'가 '가'에 '지'가 붙은 말이라면 왜 'ㄱ'이 'ㄲ'으로 병서되었는가. 언어 연구에는 과학이 요구되는데 게봉우의 어원론은 억설일 뿐 과학이 아니다.

⑥ 『고려문전』에서는 본래부터 그 품사로 된 어휘와 다른 품사에서 전성된 전래품사를 구분하였다. '사람, 나무' 등은 본래명사이므로 '사람, 나무' 등으로 적는 것이 맞다.

4) 「고려문전과 나의연구」에 반영된 게봉우의 초창기 언어학 이론

오창환의 재반론에 대하여 게봉우가 『선봉』 지면을 통하여 또 다시 반론을 한 흔적은 보이지 않는다. 그러나 그의 주장은 오창환의 반론에도 불구하고 철회되지 않은 채로 『조선말의 되어진 법』으로 이어졌다. 『조선말의 되어진 법』에 관한 내용은 이어지는 3장에서 다루기로 하고, 여기서는 게봉우와 오창환의 반론문과 재반론문을 대조 분석함으로써 게봉우가 초창기에 어떠한 언어학 이론을 내세우고 있었는지를 살펴보고자 한다.

게봉우는 기본적으로 '형태를 밝혀 적는 표기법'을 지지하였다. 즉

43 오창환에 따르면 이 책에서는 '해'를 '신라의 임금'으로, '사나이'는 '이나해'라는 신라 사람처럼 되라는 뜻의 '사나해(似那海)'로 해석하였다고 한다.

44 오창환은 이에 대해 "실로 웃음거리로의 흥미도 맛볼 수 없다"라고 하였다. 오창환, 「"고려문전과 나의연구"(四一六)를닑고서」, 『선봉』 제527호, 1931.1.19 참조.

45 현대 국어 '구더기'에 해당한다.

'변하지 않는 어근'과 접미조어의 형태를 각각 정확하게 밝혀 적고자 하였다. '긔[旗]ㅅ대, 걸ㅅ다[步]'는 물론 '달이(다리), 남우(나무)'와 같은 표기도 그에 따른 것이다. 오창환은 이에 대하여 '억설일 뿐 과학이 아니' 라고 일축하였다. 하지만 게봉우의 어원설은 비록 개별 어휘 사례 가운데 근거가 박약한 것이 있어 모두 다 그대로 받아들이는 데 무리가 없지는 않다 하더라도 '사나이'가 '사나해(似那海)'에서 유래하였다는 식의 민간어원설이 아니라 그 나름대로의 논리를 갖춘 이론으로 간주하는 편이 옳을 것이다.

게봉우가 이처럼 형태를 밝혀 적는 표기법을 강하게 주장하게 된 데는 마르주의가 영향을 크게 미쳤을 것이다. 마르주의를 따르는 언어학자들은 음운을 본질적으로 어음론적 범주가 아니라 형태론적 범주로 이해하였다.[46] 더구나 게봉우가 이러한 견해를 가지기 시작한 시기는 적어도 1930년대 이전이므로 한글 맞춤법 통일안이 나오기 이전이다. 통일된 표기법이 마련되어 있지 않은 상황에서 일관된 논리를 바탕으로 표기법을 제안하는 것은 어쩌면 언어학자로서 당연한 일이었을지도 모른다.

---

46 정광, 「舊蘇聯의 언어학과 初期 北韓의 언어연구」, 『언어정보』 2, 고려대 언어정보연구소, 1999, 146쪽.

3.『조선말의 되어진 법』—마르주의에 바탕을 둔 어원론

1) 집필 의도

『조선말의 되어진 법』은 「고려문전과 나의연구」에서 그 씨앗을 확인할 수 있는 게봉우의 어원론이 가장 뚜렷하게 드러난 이론서이다.

게봉우는 이 책을 1941년에 저술하였으나, 1955년에 '끝막이의 말'을 덧붙였다. 이 책의 집필 의도는 서론과 '끝막이의 말'에서 확인할 수 있다.

먼저 서론에서 게봉우는 다음과 같은 언급을 하고 있다.

> 우리말은 일정한 규범이 있게 되어진 말이다. 그러나 녜전의 살음들은 그 규범에 대하여 생각을 족음도 두지 않앗다. 그들의 적어놓은것을 본다면 단어(單語)에[47] 있어 어근(語根)과 조어(助語)의 구별이 없엇고, 어구(語句-基本單語)에 있어 어간(語幹-基本單語)과 어미(語尾-吐語)의 구별도 또한 없엇다. 그전의 살음들만 어찌 허물하랴? 지금에도 'ㄱ, ㄴ, ㄹ, ㅁ, ㅂ, ㅅ, ㅇ'외 받힘이먼 쓰자는, 소위 새 철자법 초안을 가지고서 종종 시끄럽게 구는 살음들이 있다. 정말이지, 솔이가 들리는 그대로 쓰기는 얼마콤 쉬운 일이지만, 제법대로 똑바루 쓰기는 그리 쉽지 못한 일이엇다.
>
> 주시경 선생은 우리말의 규범을 설정함에 있어 그전 살음의 발견하지 못한것을 많이 발견하엿다. 그것이 우연한 일은 아니지마는, 그의 십여 년 용심한 공헌은 누구던지 닞지 말아야 한다. 성음론과 품사론의 긔초가 대약 그로붙어 비롯오, 바루 잡히엇고 딸아서 표긔법도 새 면목을 보이엇다. 그렇다고 거긔에 아모 결점도 없다는 것은 아니다. 그 뒤에 여러 살음들이 그

---

47 『조선말의 되어진 법』은 본문에서 한자를 괄호 안에 넣어 병기하고 있다.

> 결점을 수정 혹은 보충한 것이 적지 아니하나, 아직도 남는 결점을 숟하게 얻어 볼 수가 있다. 말이 규범이 완전히 성립되자면 많은 살음의 손을 거치지 않고는 안 될 것이다.[48]

이를 통해서 우리는 게봉우가 주시경의 언어학 이론을 높이 사고 계승하되 미비점을 보완하고자 하였다는 점을 알 수 있다. 그 미비점이란 다른 것이 아니라 어원론이었다. 게봉우는 우리말의 어원을 먼저 알아야 우리말 문법을 올바르게 정립할 수 있다고 생각하였던 것이다.

그런데 이러한 견해는 명백히 마르주의에 바탕을 두고 있었다. 이는 아래에 인용하는 『조선말의 되어진 법』 서문의 한 단락을 통하여 확인된다.

> 그런데 어원을 낱낱이 찾기는 참으로 어러운 일이다. 웨 그러냐 하면 말이란 그것이 비록 형투리는 없을지라도 생명이 있는 다른 동물과 같이, 시대, 시대를 딸아 진화하는 까닭이다. 말에는 확실히 생명이 있다. 그러므로 그 시대에 적합지 못한 것은 죽어지기도 하고, 만일 죽어지지 않는다면 그 몸이나 뜻이 변하기도 하고 또는 새로 생기기도 한다. 새로 생기는 말들은 생산방식이 받꾸이는 그 때에 보통으로 있게 되며, 그 밖에 또 나라와 나라의 관게[49]에 의지하여 다른 민족의 말이 들어오는 거긔에 있게 된다.[50]

언어 변화와 '생산 방식의 변화'를 언급하는 것은 마르주의의 전형적인 특징이다. 게봉우가 우리말 어휘의 어원을 한자어 등 외래 요소에서 찾는 것을 배격하고 오로지 고유어 어근만을 내세우고자 하였던 것

---

48 게봉우, 『조선말의 되어진 법』, 1~2쪽.

49 게봉우는 자기 이름뿐만 아니라 다른 곳에서도 현행 한글 맞춤법상 '계'로 적어야 할 음절을 '게'로 적었다.

50 게봉우, 『조선말의 되어진 법』, 2쪽.

도 결국은 마르주의의 영향으로 이해할 수 있다. 마르주의에서는 모든 어휘는 기본적인 음성 요소를 기반으로 하여 상호작용한 결과로 나타났다고 보기 때문이다.[51] 이 이론을 그대로 적용한다면 한국어의 어휘는 모두 한국어 고유어에서 파생된 것으로 볼 수 있으며, 따라서 한자어라는 외래 요소를 생각할 필요가 없어지게 된다.

한편 1955년에 쓴 '끝막이의 말'에서 계봉우는 조선말 자음에 불변성이 있다는 것을 1929년에 이미 주장하였다고 진술하였다. 이는 「고려문전과 나의연구」를 집필하기 전부터 계봉우가 이러한 견해를 가지고 있었다는 뜻으로서, 이미 젊은 시절부터 마르주의의 영향을 받았음을 짐작할 수 있다.

요컨대 『조선말의 되어진 법』은 마르주의적 관점을 한국어 어원 연구에 본격적으로 도입한 저서로 평가할 수 있다. 광복 이후 북한의 언어학계에서도 한때 마르주의가 거론된 적이 있으나 마르주의를 가장 충실히 받아들인 언어학자는 남북한과 재외동포 사회를 통틀어 계봉우였다고 할 수 있을 것이다.

2) 『조선말의 되어진 법』의 내용 개괄

『조선말의 되어진 법』의 목차는 다음과 같다.

본서를 닑는이의 먼저 볼것

서론 1~6

---

51 마르는 sal, ber, jon, roš라는 음의 결합이 기본적인 음성 요소이며 여기에서 모든 어휘가 파생되었다고 주장하였다(Ivić, 앞의 책, 105쪽 참조).

I. 우리말에 쓰이는 자모음 7~23

II. 어원 — 어근에 대한 자음의 직능 24~90

III. 명사를 이룬 접미조어의 통계 91~110

IV. 자음과 어원 111~147

V. 긔본단어와 토어 148~175

끝막이의 말 176~178

게봉우는 이 책의 1장에서 우리말 자모음의 종류를 밝힌 다음, 어근을 이루는 자음은 변하지 않고 여기에 다양한 조어가 결합하여 새로운 어휘가 파생된다고 설명하였다. 그리고 2장에서 각 어근과 조어들의 결합 규칙을 설명한 다음 3장에서 4장에 결쳐 주요한 조어와 어근들을 일람하였다. 그리고 5장에서는 '토'의 문제를 다루고 있다.

이 책은 게봉우의 언어학 관련 저술 중에서 그 무엇보다도 논란의 여지가 많다. 따라서 게봉우의 언어학 이론을 이해하고자 한다면 무엇보다 이 책에 얽힌 논란거리들을 자세히 짚어 보고 그 의미를 따져 보아야 할 것이다.

3) 『조선말의 되어진 법』의 논란거리

(1) 동음이의어와 동원어(同源語)

게봉우는 모든 동음이의어를 어원이 같은 말로 간주하였다. 예컨대 하늘에서 내리는 눈의 반짝이는 빛이 사람 눈의 흰자위와 비슷하며 눈 결정의 육각형 모양이 사람 눈의 속눈썹과 비슷하기 때문에 눈[雪]과 눈[目]은 어원이 같다는 것이다. 그 뒤에는 말[馬]의 형상이 사람의 벌린 입과 비슷하기 때문에 사람의 입에서 나오는 것을 말[語]이라 한다는 주장도 덧붙였다.

하지만 이는 어원적으로 관련이 없는 동음이의어를 동원어로 간주하기 위하여 억지로 도입한 설명으로서, 언어학적 신빙성과 타당성이 부족하다.

(2) 품사별 어근과 품사 전성

계봉우는 동사와 어근, 형용사와 어근, 부사와 어근, 명사와 어근 등을 예시하면서 각각의 어근이 어떠한 모습으로 파생되는지를 보였다. 예컨대 형용사 '크다[大]'가 동사 '크다[長成]'로 전성되는 것을 '형용사 그대로 된 동사'로 설명하는 식이다. 그리고 러시아어, 독일어, 라틴어, 터키어, 반투어군 언어 등 다양한 외국어의 사례를 들며 이러한 문법 현상이 보편적이라는 점을 보이고자 하였다.

그러나 '파[葱]'가 '팔잇-팔잇(파릇파릇)'해서 '파'라든지 '재[峴]'에서 '재[灰]'가 파생되었다든지 하는 것은 무리한 설명으로 보인다. 예컨대 '재[峴]'에서 '재[灰]'가 파생된 이유를 계봉우는 "원시살음들이 처음 불을 발견한 뒤에 그것으로써 칩이와 또는 사납은 즘생을 방어하기 위하여 자긔의 류하는 처소에 반듯이 우등불을 피우게 되엇다. 그렇게 불을 피운 그 자리에는 남우의 티지고 남은 무지가 쌓이게 되고, 그 무지가 '재[峴]'와 비슷하게 되므로 그 일홈을 '재[灰]'라 하엿다"[52]라고 설명하고 있는데, 이는 언어학적으로 타당한 설명이라 보기 어렵다. 이는 모든 동음이의어를 동원어로 간주하는 것과 같은 유형의 오류이다.

(3) 어근과 조어(助語)

계봉우의 어원론에서 또 한 가지 특징적인 사항은, 어근에 다양한 조어가 결합하거나 어근 또는 조어끼리 서로 결합하여 새로운 어휘가

---

52 계봉우, 『조선말의 되어진 법』, 47쪽.

파생된다는 원리를 아주 넓은 범위에 걸쳐 적용하였다는 것이다. 『조선말의 되어진 법』에서 게봉우가 제시하는 어휘의 파생 방식 가운데 논란의 여지가 있는 것들만 간추려 보면 다음과 같다.

① '동사, 형용사, 명사, 부사'와 접미조어

여기에서는 동사의 사동과 피동, 각종 전성어미 등을 다루고 있다. 그러나 여기에서 게봉우는 '억'을 접미조어로 간주하여 '줌 + 억 → 주먹'과 같이 풀이하는 등 근거가 분명하지 않은 주장도 하고 있다.[53] 또한 '놀이개(노리개)'의 '개'나 '소아지(송아지)'의 '아지'와 같은 파생접사와 '아이들'의 '들', '벗님네'의 '네' 따위를 모두 '접미조어'라는 한 가지 문법 범주로 간주한 것도 논란의 여지가 있다.

② '동사, 형용사, 명사, 부사'와 접두조어

여기에서 다루는 것은 '짓밟다'의 '짓' 같은 접두사들이다. '메 + 벼 → 메벼', '샛 + 밝앟다 → 샛밝앟다' 등 이 항목에서 다루는 어휘들은 오늘날의 관점에서 봐도 문제되는 것이 없다. 다만 게봉우는 모든 어근과 조어의 형태를 밝혀 적는다는 원칙을 엄격히 지키고자 하였기 때문에, '숳 + 개 → 숳개, 앓 + 닭 → 앓닭'과 같은 표기를 예시하였다. '샛밝앟다'의 '밝앟다' 역시 '밝다'에서 파생된 것으로 보고 '밝앟다'로 적은 것이다.

③ 덧자음의 용언이 접미조어를 얻는 때, 한 개의 자음이 축약되는 것

'섧다 + 음 → 설음, 앓다 + 음 → 알음' 등을 예로 들고 있다. 게봉우가 '알음'을 예로 든 것은 이 어휘의 발음이 [알흠]이 아닌 이유가 'ㅎ'이 축약되

53 『표준국어대사전』에서는 오히려 '줌'을 '주먹'의 준말로 풀이하고 있다.

어서라고 보았기 때문이다. 그런데 여기에도 '굶다 + 엉 → 구멍, 앉다 + 개 → 안개[霧]'와 같이 언어학적 근거가 부족한 예시가 포함되어 있다.

(4) 먼저 생긴 말과 뒤에 생긴 말

계봉우는 "말의 생기어진 선후를 구별하자면 열매와 즘생을 사냥하던 그 시대에 생긴 말, 목축으루 붙어 농작에 니르던 그 시대에 생긴 말, 봉건으로 붙어 자본주의에 나아가는 그 시대에 생긴 말들을 순차적으로 연구하여야 될 것"[54]이라고 하며 그 예시를 다음과 같이 들었다.

먼저	뒤에
기다	서다
줏다	잡다
치다	쏘다
굽다	삶다

계봉우에 따르면 사람이 처음에는 네 발로 기다가 나중에는 앞발이 손으로 변하여 시게 되었으므로 '기다'보다 '서다'가 나중에 나온 말이며, 먹거리를 주워 먹다가 사냥을 하기 시작했으므로 '줏다(줍다)'가 '잡다'보다 먼저 생긴 말이라는 것이다. 하지만 이는 전형적인 마르주의적 해석으로서, 사회 경제 체제의 변화를 언어의 변화와 무리하게 연관짓는 오류를 범하고 있다.

(5) '토'의 문제

계봉우는 『조선말의 되어진 법』에서 '토어'라는 문법 범주를 설정하고 이를 체언토와 용언토로 구분하여 설명하고 있다. 이는 오늘날의 북한 학교문법과 일치한다. 현재 남한 학교문법에서는 체언 뒤에 결합

54 계봉우, 『조선말의 되어진 법』, 87쪽.

하여 문법적 관계를 나타내는 형태소를 '조사'라는 별도의 단어 부류(품사)로 간주하고 있으며, 용언의 어간 뒤에 결합하는 어미는 별도의 단어 부류로 보지 않고 있다. 그러나 북한 학교문법에서는 게봉우의 설명과 마찬가지로 조사와 어미를 모두 독립된 단어 부류로 간주하지 않고 '토'로 묶되 체언토와 용언토로 구분한다.

이는 게봉우와 북한 학교문법이 모두 김두봉의 문법 이론을 따랐기 때문이다. 반면 남한 학교문법에서는 조사를 독립된 단어 부류로 간주하는 반면 어미는 독립된 단어 부류로 간주하지 않는 최현배와 이희승의 견해를 따르고 있다.

4) 『조선말의 되어진 법』에 대한 평가

게봉우는 『조선말의 되어진 법』에서 우리말 어휘들의 어원을 체계적으로 밝혀내고자 하였다. 그러나 마르주의에 이론적 바탕을 두고 있었고, 동음이의어를 모두 동의어로 간주하는 등 무리가 있는 주장으로 나아갔다는 점이 오점으로 남는다. 게봉우는 우리말 어휘의 어원을 한자어에서 찾고자 하였던 『아언각비(雅言覺非)』[55] 등을 비판하며 철저하게 고유어에서 어원을 찾으려고 하였으나, 그 시도는 언어학적으로 타당한 것이 아니었던 것이다. 이미 1931년에 오창환도 이를 두고 과학이 아니라 억측이라고 비판하였다. 게봉우는 『조선말의 되어진 법』 서문에서 이를 의식한 듯 "이러한 조건들이[56] 어원을 찾으려는 살음에게

55 정약용이 지은 우리말 어원 연구서로, 나무 이름 따위의 200여 항목의 우리나라 속어를 모아 어원적으로 원어(原語)·원자(原字)와의 오류를 고증하였다. 게봉우는 『조선말의 되어진 법』 서문에서 이를 두고 우리말의 어원을 다른 민족의 말에서 찾으려 하였다며 비판하였다.

56 말이 시대에 따라 변화하는 것을 가리킨다.

적지 아니한 난관으로 되어, 깐딱 잘못하면 억설이니, 오해이니 하는 후세의 조롱을 받게 된다"[57] 한 바 있으나, 결과적으로 자기 자신이 갇혀 있었던 '억설과 오해'의 틀을 벗어나지는 못하였다. 게봉우는 자기 자신이 억설과 오해라는 비난을 받고 있다는 것을 의식하면서 오히려 다른 부류의 어원 연구론자, 즉 우리말 어휘의 어원을 한자어에서 찾고자 하였던 사람들에게 비판의 칼날을 내밀고자 하였으나 사실 그러한 비판을 받아야 할 사람은 자기 자신이었던 것이다.

4. 『조선문법』—게봉우 언어 이론의 집대성

1) 집필 의도

『조선문법』은 게봉우가 평생에 걸친 언어학 연구 성과를 집대성한 두 권짜리 책이다. 게봉우는 한자를 필요한 경우에만 괄호 안에 넣어 병기한 『조선말의 되어진 법』과 달리 이 책에서는 본문에 한글과 한자를 섞어 썼다. 게봉우는 이 중 1권의 머리말에서 이 책을 집필하게 된 연유를 다음과 같이 밝혔다.

> "昨年 一月의 일이다. 우스베끄스딴에서 編纂한 五學年用 朝鮮語 敎科書를 校閱하다가 敎材의 內容이 充分ㅎ지 못한 關係로서 그것을 退却한지 몇흘이 안 되엿는데, 카사흐共和國 敎育大臣省에서 派遣한 人員이 크질-

57 게봉우, 『조선말의 되어진 법』, 2쪽.

오르다市에 來到하여 朝鮮人 學校에 朝鮮語를 教授할것과 그 教科書의 編纂에 對한 섹시야를 組織한다는 新聞上 報道 또는 編纂員의 한사람으로 나를 薦하엿다는, 어떤 忠友의 通信까지 아울러 받게 되엇다. 나는 깜짝 놀라면서 이것이 웬 일일ㅅ가? 朝鮮人 教育이 로語化한지 十年만에 突然히 朝鮮語를 가르친다는 問題가 닐어나앗으니, 中央아시아에 있는 一般 朝鮮人은 이것으로써 朝鮮解放에 對한 새消息임을 느끼지 않을수 없으리라, 나는 그런 느낌을 품게 되엇다는 말이다.

나는 二十餘年의 積工으로서 朝鮮語를 研究하엿고, 朝鮮語 教科書도 두番이나 만들어본 經驗이 있엇다. 그러므로 이番 編纂에도 辭讓할 마음이 없엇으며, 비록 辭讓하려고 하여도 辭讓ㅎ지 못할 것까지도 또한 스사로 認識하엿다. 이러한 關係가 나로 하여곰 五學年—十學年까지의 朝鮮語 教授에 對한 設計案을 먼저 作成하고, 그것을 딸아서 한 페지, 두 페지 漸次 쓰기를 始作하엿다. 그런데 웬 일일ㅅ가? 朝鮮人 學校에서 朝鮮語를 가르치던 것도 그만 停止되고, 教科書 編纂 問題도 그만 停止되엇다. 어째서 그런 問題가 猝然히 닐어나앗다가 어째서 그런 問題가 ◯然히[58] 사라젓는지? 나는 또한 놀라지 않을 수 없엇다. 그렇다고 붓을 停止하려고는 아니 하엿다; 그前에붙엄 겨를만 있으면 쓰려던 것이니까.

本書는 그렇게 始作하여 이제는 第一, 第二 그 兩卷이 다 完竣되엇다. 여기에다가 拙著『우리말의 되어진 법,[59] 朝鮮文字源流考, 吏讀集解』의 三種書를 添加하여 보게 되면 누구던지 나의 研究한 바를 넉넉히 批評할수 있을 것이다. 나는 그것에 對한 研究도 그냥 繼續하려니와 이 때까지 大方諸家의 批評을 받을만한 진을 얻지 못한 것이 큰 遺憾이라고 생각한다.

一九四八年 一月 十日 北愚 桂奉瑀 識"[60]

---

58 ◯ 부분의 한자는 필획이 뭉개어져서 판독할 수 없다.

59 『조선말의 되어진 법』을 가리킨다.

60 게봉우, 『조선문법』, 1~2쪽.

이 서문에서 알 수 있듯이, 제2차 세계대전 종전 직후의 소련에서 민족어 교육을 하기란 쉬운 일이 아니었다. 그럼에도 불구하고 게봉우는 조선어 문법서를 집필하였고, 마침내 자신이 연구한 바를 두 권의 책으로 엮어 내었다.

이 책은 본래 교육용으로 집필한 책이기에, 이론적인 내용 못지않게 실용적 지식을 소개하는 내용이 많이 들어 있다. 아래에 소개하는 이 책의 목차를 보면 그 사실을 확인할 수 있다.

〈제1권〉

머리말

第一編 音聲論

總論

第一章 子母字

第一節 닿소리, 第二節 홀소리, 第三節 받힘의 찾는 法, 第四節 소리의 變化

第二章 漢字語

第二編 品詞論

總論

第一章 体言

第一節 名詞, 第二節 代名詞, 第三節 數詞

第二章 用言

第一節 動詞, 第二節 形容詞

第三章 官能言

第一節 格詞, 第二節 終止詞, 第三節 接續詞

第四章 修飾言

第一節 副詞, 第二節 感歎詞

第三編 文章論

第一章 文의 定義

第一節 文의 成分, 第二節 成分의 排列法, 第三節 單文과 文節, 第四節 文의 解剖法, 第五節 混文

〈제2권〉

第四編 長文과 修辭法

第一章 長文

第一節 長文의 種類, 第二節 文体

第二章 修辭法

第三章 文章의 構成法

第一節 內容構成法, 第二節 外形構成法

第五編 言語와 文字

第一章 言語의 發生과 그 發展의 段階

第一節 言語의 發生, 第二節 朝鮮語 發展에서의 地域上 差異, 第三節 朝鮮語의 形成期, 第四節 朝鮮語의 特徵, 第五節 朝鮮語의 應用方式

第二章 文字

第一節 文字 發生의 程序, 第二節 朝鮮語에 쓰이던 文字, 第三節 南系의 文字, 第四節 正音字의 起源說, 第五節 正音 製定한 直後의 表記法, 第六節 正音字의 修正과 그 發展

제1권에 해당하는 제1~3편은 일반적인 문법 이론서와 내용 구성상 큰 차이를 보이지 않는다. 그러나 제2권에서는 학생용 교재로 사용할 것을 염두에 두고 있다는 저자의 의도가 강하게 드러난다. 계봉우는 우선 '수사법' 항목을 별개로 두어 대구법, 인용법, 영탄법 등 각종 실용적 수사법을 설명하였으며, 책의 맨 마지막인 '정음자의 수정과 그

발전'의 후반부에는 조선어학회의 한글 맞춤법 통일안에 문제를 제기한다는 것을 분명히 하면서도 이미 표준 맞춤법으로 자리매김한 이 맞춤법 통일안을 그대로 옮겨 실었다.

2) 주요 내용

(1) 어원론과 품사론

① 어원론과 관련해서는 『조선말의 되어진 법』에서 이야기한 바를 그대로 따르고 있다. 그러면서 학생들이 이해하기 쉽도록 설명을 자세히 덧붙이기도 하였다. 예컨대 "단어에서 어원-어근을 찾는 법"을 별도의 항목으로 두고 '동사가 어형을 바꾸지 않은 채 명사로 쓰이면 동사에서 어원을 찾고, 접두조어나 접미조어가 붙은 경우 그것을 분리해서 어근을 찾고, 한자어의 경우 동사나 형용사면 새김에서 시간 조어를 떼어내고('흰 백'에서 '흰'의 'ㄴ'을 떼어낸 '히'가 어근이라는 식의 설명임), 명사는 새김만 취하며, 어근을 정확하게 찾으려면 명사에는 '에, 을'을 붙이고 동사에는 '으니'를 붙이면 된다" 하는 식의 설명이다.[61]

② 동사에서 명사가 파생되었다는 것은 게봉우의 오래된 생각으로, 『조선말의 되어진 법』에서도 같은 주장을 하고 있다. 그리고 '돌 + 망이 → 돌망이', '쌀 + 악이 → 쌀악이' 등에 쓰인 '망이, 악이' 등과 '벗님 + 네 → 벗님네', '아이 + 들 → 아이들' 등에 쓰인 '네, 들' 등을 똑같이 '접미조어'라는 문법 범주로 간주하고 그 차이를 세분하지 않은 것 등도 『조선말의 되어진 법』과 같다. 다만 여기에서 게봉우가 강조하고자 하

61 게봉우, 『조선문법』 제1권, 45~48쪽 참조.

는 것은 '접미조어의 분류'가 아니라 어근, 즉 명사가 접미조어를 더하여 다시 명사가 되는 것들의 예를 드는 것이기 때문에 '접미조어'의 분류에 관심을 기울이지 않은 것으로 이해할 수도 있을 것이다.

③ '관능언'이라는 이름 아래 조사와 어미를 묶은 것도 주목할 만한 점이다. 계봉우의 설명에 따르면 '관능언'은 격사(조사), 종지사(종결어미), 접속사(연결어미)로 분류된다. 격사 설명 중에서 흥미로운 것은 주격조사를 '지정격'이라 부르고 주제 보조사 '은 / 는'은 주어로 되기도 하고 보조어로 되기도 하는 까닭에 '이중격'이라 부르는 것이다. 그리고 '토' 또는 '토어'라는 용어도 관능언 설명 가운데 나타난다.

④ 동사와 관련해서는 '무대자동(無對自動)', '유대자동(有對自動)', '단대타동(單對他動)', '복대타동(復對他動)'으로 동사를 분류한 것이 눈에 띈다. '무대자동'은 주어의 의미역에 관계없이 모든 자동사에, '유대자동'은 주어의 의미역이 대상격이나 도달격인 타동사에 해당한다. 그리고 단대타동은 주어의 의미역이 행위격이되 도구격이나 도달격을 함께 취하지 않는 타동사이며 복대타동은 주어의 의미역이 행위격이며 도구격 또는 도달격을 취하는 타동사를 가리킨다. 이로써 계봉우가 의미역 개념을 인식하고 이를 기준으로 동사의 하위 범주를 구분하였음을 알 수 있다.

(2) 문장론

① 토어의 범주를 격별로(격사), 의향법[62]과 높임법별로(종지사), 접속

62 평서법, 의문법, 명령법, 청유법 따위를 일컫는다. '문장종결법'으로 부르기도 한다. 계봉우는 먼저 '설명체', '의문체', '명령체'로 의향법을 구분한 다음 설명체 아래에는 영탄법, 직설법, 인술법(引述法)을, 의문체 아래에는 직문법, 인문법(引問法), 반문법을, 명

유형별로(접속사) 구분한 것, 품사와 별개로 문장성분을 설정한 것 등은 오늘날 남북한의 학교문법에서 사용하고 있는 문법 기술 방식과 큰 차이가 없다. 다만 남한 학교문법에서는 조사를 별개의 품사로 분류하는 반면 북한 학교문법에서는 조사와 어미를 묶어 '토'로 간주한다는 차이가 있을 뿐이다.

② 문장의 구조를 설명하면서 도해를 하는 방식은 주시경, 김두봉의 방식과 사실상 거의 같다. 한국식 구조주의 언어학이 주시경과 김두봉을 통하여 게봉우로 이어지고 있다는 식으로도 설명할 수 있을 것이다.

③ 게봉우는 문장론의 후반부에 '문장에서의 구분법'이라는 절을 두고 띄어쓰기 방법을 제시한 다음 맨 마지막에는 문장부호 사용법을 덧붙였다. 문장부호 중 인용표(따옴표)를 찍는 방법을 독일어식인 „ " 방식으로 제시한 것이 주목할 만하다. 이는 앞서 『고려문전』에서 본 것과도 같다.

(3) 장문과 수사법

'장문과 수사법'은 고전적 텍스트언어학에 해당한다. '장문'에서는 텍스트 유형을, '문체'에서는 명석체, 웅변체, 유려체 등의 특징을, '수사법'에서는 각종 비유법 등을 설명하고 있다. 그러나 당시는 오늘날과 같은 텍스트언어학 이론이 성립하기 전으로서, 게봉우 역시 본격적인 텍스트언어학 이론이라기보다 실용 작문 수준의 내용을 다루고 있다.

령체 아래에는 전명법(全命法, 남에게 하는 명령)과 공명법(共命法, 청유)을 두었다.

(4) 언어의 발생

① 계봉우는 "언어는 生産方式의 變遷을 따라서 더욱-더욱 발전하여 현재의 語法이 되어지었나니"[63]라는 말로 운을 떼며 언어가 노력음, 관념음, 화어(話語)의 순으로 발전해 왔다고 설명하였다. 전형적인 마르주의적 태도이다. 또한 동사가 가장 먼저 생기고 그 다음으로 형용사와 명사가 생겼다고 주장하였다. 그리고 동음이의어는 동사와 기타 품사를 혼용하던 관습이 남아서 생겨난 것이라고 풀이하였다. 이 점 역시 마르주의의 일원기원설과 맥이 닿아 있는 설명이라고 할 수 있다.

② 고립어, 교착어, 다철어(포합어), 굴절어 등 언어유형론적인 분류를 하면서 실제 언어는 엄격하게 이들 중 하나에만 속하는 것이 아니라 여러 유형의 특징을 아울러 가지고 있다는 점을 설명하였다는 사실은 계봉우가 역사언어학 및 언어유형론에 대해서도 깊은 조예를 가지고 있었다는 점을 보여 준다.

③ 계봉우는 마르주의적 관점과 언어유형론적 관점을 토대로 하여 한국어의 특징을 설명하는데, 한국어는 자음이 어원으로 된 언어이고 기본 자음을 바탕으로 여러 어휘들이 파생되었다는 점을 다시금 강조하고 있다. 『조선문법』 제2권에서 계봉우가 그 근거로 들고 있는 어휘는 '먹다'인데, 계봉우는 이 어휘의 첫 자음 'ㅁ'에서 먹다, 마시다, (밥을 물에) 말다, 물다[含], 목[頸], 말[語] 등이 파생되었다고 주장한다.

④ 계봉우는 고대 한국어에 남북 간의 차이가 있었을 것이라고 설명하고 있다. 이는 오늘날 북한 학계에서 주장하는 한국어 단일 기원설

---

63 계봉우, 『조선문법』 제2권, 39쪽.

과는 차이가 있으며, 남한 학계에서 이기문 교수 등이 주장했던 것과 유사하다. 계봉우는 언어학자이면서 역사학자였기에, 언어사 설명 역시 풍부한 문헌 근거 자료를 들어서 상세히 하고 있다.

(5) 문자

① 문자와 관련해서는 세계 문자 유형 분류, 훈민정음 해례본 발견 이전에 존재했던 한국어 기원설, 훈민정음 해례본 내용 소개 등 오늘날 대학의 일반언어학 전공자들이 배우는 것과 동일한 내용을 다루고 있다.

② 『조선문법』의 맨 마지막 절에는 앞에서도 언급한 바와 같이 조선어학회의 한글 맞춤법 통일안이 수록되어 있다. 계봉우는 자신이 이 맞춤법에 동의하지 않는 면도 있다는 말을 덧붙이면서도 한글 맞춤법 통일안 자체를 소개하는 일은 소홀히 하지 않았는데, 이는 이 맞춤법이 국어사에서 중요한 위치를 차지하고 있다는 점을 인정하였다는 의미이기도 하겠지만 무엇보다 학생들이 이 맞춤법을 표준 맞춤법으로 배워야 한다는 것을 인정하고 이를 교육하고자 하였다는 의미로 이해할 수 있다.

3) 『조선문법』의 의의

『조선문법』은 언어학자 계봉우의 수십 년에 걸친 연구 성과가 집약된 문법 이론서이자 교과서이다. 계봉우는 단순히 개별언어학적 관점에서 국어의 음운이나 문법만을 다룬 것만이 아니라 일반언어학적 관점에서 국어를 이해하고 설명하고자 하였다는 점에서 동시대의 다른 언어학자들에 비해 탁월한 면모를 보였다.

계봉우는 주시경, 김두봉 등 본국의 언어학자들이 저술한 것은 물론이고 다양한 외국 학자들의 이론도 폭넓게 참고하여 책을 저술하고자 하였다. 참고문헌 목록을 따로 남겨 놓지 않아서 구체적으로 어떠한 책들을 참고하였는지는 알기 어렵지만, 다양한 일반언어학적 주제가 제시되어 있는 점으로 미루어 보아 그 참고문헌의 범위가 매우 넓었으리라는 점을 짐작할 수 있다. 특히 중앙아시아 강제 이주 이후인 1940년에야 본국에서 발견된 『훈민정음』 해례본의 내용을 게봉우가 숙지하고 있었다는 점은 게봉우가 언어학 연구를 위해 쏟은 열정이 어느 정도였을 지를 알게 해 준다.

5. '언어학자' 게봉우

지금까지 우리는 게봉우가 남긴 수많은 저술 가운데 「고려문전과 나의연구」, 『조선말의 되어진 법』, 『조선문법』에 대하여 알아보고 그 내용을 비판적으로 분석하였다. 게봉우는 역사학 등 다른 분야도 연구하였고 무엇보다 독립운동가로서 한평생 분주한 나날을 보냈으나, 그 힘겨운 현실 속에서도 언어학사적으로 중요한 저술을 남겼다.

게봉우는 무엇보다 '언어학자'였다. 단순히 국어 교육이라는 실용적인 목적만을 추구하기 위하여 언어 연구를 한 것이 아니라, 우리말을 그 뿌리부터 철저하게 연구하고자 고심하였던 언어학자였다. 비록 마르주의의 영향을 강하게 받아 오늘날의 관점에서는 부정될 수밖에 없는 어원론을 내세우기는 하였으나, 이는 게봉우의 활동 시기가 마르주의가 소련 언어학계를 풍미하던 시기와 일치하였다는 점을 상기한다면 어쩔 수 없는 시대적 한계로 이해할 수 있을 것이다.

'언어 사상가'라는 측면에서 게봉우를 바라본다면, 게봉우는 민족주의적인 바탕 위에 마르주의와 일반언어학 이론을 접목하여 자기 자신의 학문 세계를 구축한 학자로 평가할 수 있을 것이다. 게봉우는 마르주의와 일반언어학 이론을 폭넓게 받아들이되 단순히 남의 이론을 받아들이고 적용하는 데 그친 것이 아니라 한국어 연구에 주체적으로 적용하고자 하였다. 그 결과 게봉우의 언어 사상은 탁월한 언어학 연구서 저술이라는 성과로 역사에 남을 수 있었다. 그 가운데서도 특히 『조선문법』은 1940년대 한국 언어학의 연구 동향을 가늠할 수 있는 역사적 저술로서, 현대 언어학에서는 부정되는 마르주의 특유의 서술 내용(예컨대 게봉우식 어원론)을 제외하면 오늘날 대학의 언어학과나 국어국문학과에서 전공 교재로 쓰기에도 손색이 없을 정도로 여겨진다. 앞으로 『조선문법』과 최근의 이론서들을 대조 분석하는 연구도 할 수 있을 것이다.

게봉우는 이 글에서 다룬 것 이외에도 『이두집해』 등을 남겼고, 언어학과 밀접한 관련이 있는 문학 분야에서도 다양한 글들을 남겼다. 여기에 대하여 연구하는 것은 후속 연구의 몫으로 남긴다.

| 참고문헌 |

강채정 · 계봉우, 『고려어 교과서』 1권, 하바롭스크 원동변강국립출판부, 1937.

계봉우, 「고려문전과 나의연구(1~10)」, 『선봉』 제501~512호, 전동맹공산당 원동변강위원회와 직업동맹원동변강쏘베트, 1930.

_____, 『조선말의 되어진 법』, 러시아 사회과학원 동방학연구소 소장 유인본, 1941.

_____, 『조선문법』 제1권, 러시아 사회과학원 동방학연구소 소장 유인본, 1947.

_____, 『조선문법』 제2권, 러시아 사회과학원 동방학연구소 소장 유인본, 1948.

고영근 · 이현희 교주, 『주시경 국어문법』, 탑출판사, 1986.

김두봉, 『조선말본』, 신문관, 1916.

오창환, 『고려문전』, 원동변강인민교육부, 1930.

_____, 「고려문전과 나의연구를 닑고서(1~9)」, 『선봉』 제515~546호, 전동맹공산당 원동변강위원회와 직업동맹원동변강쏘베트, 1930~1931.

고송무, 「계봉우의 생애와 우리말 연구」, 『한힌샘 주 시경 연구』 5/6호, 한글학회, 1993, 111~130쪽.

고영근, 『역대한국문법의 통합적 연구』, 서울대 출판부, 2001.

_____, 「통일언어철학의 탐색방향」, 『어문학』 91, 어문학회, 2006, 1~21쪽.

_____, 『텍스트과학』, 집문당, 2011.

권재일, 『한국어 통사론』, 민음사, 1992.

_____, 『한국어 문법사』, 박이정, 1998.

_____, 『한국어 문법론』, 태학사, 2012.

김방한, 『언어학의 이해』, 민음사, 1992.

_____, 『한 언어학자의 회상』, 민음사, 1996.

김병제, 『조선어학사』, 평양 과학백과사전출판사, 1984.

김필영, 「새로 발견된 계 봉우 지음 『과학의 원수』」, 『한글 새소식』 313, 한글학회, 1998.

반병률, 「재로한인(在露韓人) 강제이주(强制移住) 이전(以前)의 한인사회(韓人社會)의 동향(動向)(1923~1937)」, 『한국독립운동사연구』 11, 독립기념관 한국독립운동사연구소, 1997.

박 환, 「러시아지역의 한인언론」, 『한국민족운동사연구』 17, 한국민족운동사학회, 1997.

윤병석, 「桂奉瑀의 韓國史 著述과 『만고의ᄉᆞ 안중근젼』」, 『龜泉元裕漢敎授停年記念

論叢(上), 龜泉元裕漢教授定年紀念論叢刊行委員會, 2000.
이정은,「3·1운동을 전후한 연해주 한인사회의 독립운동」,『한국독립운동사연구』 11, 독립기념관 한국독립운동사연구소, 1997.
임경석,『한국독립운동의 역사 제42권－초기 사회주의운동』, 독립기념관 한국독립운동사연구소, 2009.
정 광,「舊蘇聯의 언어학과 初期 北韓의 언어연구」,『언어정보』 2, 고려대 언어정보연구소, 1999.
조동걸,「北愚 桂奉瑀의 생애 및 연보와 著述」,『한국학논총』 19, 국민대 한국학연구소, 1996.
조원형,「20세기 초중반 한국어학의 사상적 면모－주시경과 계봉우를 중심으로」,『한국학연구』 23, 인하대 한국학연구소, 2010.
최경봉,「우리말을 빛낸 인물들 9－계봉우」, 국립국어원 소식지『쉼표, 마침표.』, 2012.7.10, http://news.korean.go.kr/online/see/great/great.jsp?idx=9&

이연숙, 고영진·임경화 역,『국어라는 사상』, 소명출판, 2006.
페르디낭 드 소쉬르, 김현권 역,『일반언어학 강의』, 지식을만드는지식, 2012.
Ivić, Milka, 김방한 역,『언어학사』, 형설출판사, 1996.

계봉우의 문학사 인식과 서술

『조선문학사』를 중심으로

류준필

1.

인하대학교 한국학연구소가 중점적으로 추진하고 있는 연구과제의 하나는, '複數의 한국학(들)'이라는 입장에서 한국학의 체계와 위상을 학술사적으로 재정립하는 것이다. '복수의 한국학' 혹은 '한국학들'이란 결국 한국학의 지리적·공간적 제한성을 극복할 필요가 있다는 문제의식의 산물이다. 요컨대 한국학의 존재 형식이 자국학으로 한정되지 않는다는 말이다. 한국을 벗어난 자리에서 한국을 대상으로 수행되어 왔고 수행되고 있는 한국학이 존재했고 존재할 수 있기 때문이다. 따라서 '한국 근대 학술사'는 한국학의 複數性 혹은 複數의 한국학'들'을 전제할 수밖에 없다. 설령 '한국의 자기 인식으로서의 한국학'을 다룰 때조차 다양한 한국학'들'과의 관계를 어떤 식으로든지 내포해야 한다.

여기서 제시하고자 하는 주제인 '계봉우의 문학사 인식과 서술'에 대한 논의도 복수의 한국학들을 구성하기 위한 과정의 일환이다. 이런 입장에 설 때, 계봉우의 문학사 서술에서 우선적으로 주목되어야 할 측면은 문학사 서술의 체계나 내용의 적절성이라기보다 계봉우의 문학사 서술에 작용하고 있는 연해주・중앙아시아 혹은 소비에트 연방이라는 지정학적 맥락이라 할 수 있다. 그러므로 비슷한 시기의 한국(조선)에서 서술된 문학사류와의 상호 비교 못지않게, 아니 그 이상으로 그 발생론적 맥락을 파악하는 것이 관건이 된다.

기존 연구가 주로 힘을 기울인 측면 즉 계봉우가 참조한 안확이나 김태준의 문학사 서술과 직접 대비하여 그 완성도를 기준으로 평가하거나 거의 비슷한 시기에 등장한 조윤제의 문학사와 비교하여 그 의의를 해명하고자 한 노력은 분명 소중한 성과이다.[1] 그렇지만, '복수의 한국학들'이라는 문제의식에서 보자면, 계봉우의 문학사 서술이 계봉우가 처한 중앙아시아(소련)의 역사적 상황과 어떤 관련 속에서 이루어진 것인지가 우선적으로 고려될 필요가 있다.

1880년 영흥에서 태어났으나 망국을 즈음하여 직후 간도로 이주하면서부터 이역 생활을 본격적으로 시작한 계봉우의 이력은 수많은 간난과 곡절로 점철되어 있다. 연해주로의 이주, 영흥에서의 거주 제한, 3・1

1 계봉우의 한국학은 그 걸친 영역이 방대하다. 한국문학과 관련해서는 조규익, 「계봉우 『조선문학사』의 의미와 가치」, 『국어국문학』 155, 2010; 김필영, 「소비에트 중앙아시아 고려인 문학과 계봉우」, 『한국학연구』 25집, 인하대 한국학연구소, 2011; 임경화, 「계봉우의 조선 시가 연구 고찰—소련 시대 민족문화 창출 과정 분석을 중심으로」, 『한국학연구』 29집, 인하대 한국학연구소, 2013 등이 대표적이다. 이하 이 글은 2012년 12월 13일 인하대 한국학연구소가 주최한 '제23회 동아시아한국학 학술회의'의 발표문의 내용을 부분적으로 수정하여 수록한 것이라 기존 연구의 성과를 직접적으로 언급하지 못한 상태이다. 양해를 구한다. 계봉우 문학사 서술에 대한 본격적인 연구를 통해 추후 보완하고자 한다.

운동 이후 간도로의 이주, 중국 상하이 체류, 연해주 이만으로의 이주, (카자흐스탄) 끄즐오르다로의 강제 이주, 귀국 좌절 등의 사실만으로도 그런 사정을 넉넉히 추측할 수 있다. 계봉우의 최종 정착지인 중앙아시아 지역에서 형성된 '한국(조선)학'이 계봉우를 발원처로 삼는 것은 당연한 일이지만, 계봉우의 '한국(조선)학'에는 여러 가지 복잡한 사정들이 개입하고 있음도 간과해서는 안 된다. 그 복잡성을 잘 해명할 때야만이 이후 중앙아시아 고려인 사회의 한국(조선)학이 어떠한 성과와 변모를 이루었는지 그 실상에 다가서는 디딤돌을 마련할 수 있기 때문이다.

2.

계봉우의 문학사 서술과 관련하여 자주 거론되는 인물은 안확과 김태준이다.

> **本書를 編述하려는 意圖는 二十三年(1927年) 前에 벌써 있었던 것이다. 말한다면 海港 勞動學院에서 敎鞭을 쥐던 그때에 安自山의 『朝鮮文學史』를 읽고서 그런 意圖가 생기었다는 것이다.** 이것에 關한 材料를 充分히 얻을 수 있는 그 處地에서 왜 이렇게 內容이 貧弱하며 게다가 또 類別과 論斷까지도 詳明하지 못한가? 이러한 觀察로부터 濫分의 意圖가 나오게 되었다. 지금 생각하면 朝鮮의 書類라곤 얻어 볼 길이 實로 아득한 海外異域에 앉아서 이런 設計를 낸 것이 果然 誤解이었다. (…중략…) 朝鮮解放의 第三回 紀念(1948年)을 맞는 그 때에 本書의 起草를 비롯하였나니 이것은 무슨 까닭이냐? 오랜 經營이라 거저 버리기도 可惜한 까닭이었다. 해마다 半年은 菜圃에,

半年은 筆墨에 그렇게 作業하면서, 더군다나 末期에 와서는 喪明의 歎을 克服하면서 오늘의 功塔을 完成하였다. 이것이 實狀인즉 **考據가 적은지라 內容이 勿論, 貧弱할지며, 솜씨가 서툰지라 論斷이 勿論, 詳明하지 못할지니 安自山의 그것과 무슨 다름이 있으랴?** 그렇지마는 後來의 讀者 中에서 나의 積年苦心만을 알아주는 이가 있다면 그에서 더한 榮幸은 없다고 생각하는 바이다.

一九五〇年 五月 一日에 著者는 識하노라.[2]

위의 인용은 『조선문학사』의 '머리말'에 서술된 대목이다. 여기서 확인할 수 있는바, 계봉우의 문학사 연구에는 안확의 『조선문학사』가 직접적 계기로 작용하였다는 사실이다. 안확의 『조선문학사』를 읽고 계봉우는 크게 실망했고 충분한 자료를 섭렵할 수 있는 처지에서 쓰인 문학사로서는 너무 소략하고 엉성하다는 뜻이다. 이에 관련 자료를 수집하면서 계봉우는 자신의 문학사 서술을 구상했고, 해방된 지 3년만인 1948년에 문학사 집필을 본격적으로 시작하여 1950년 5월에 집필을 마쳤다. 그 최종적 소회는 자신의 문학사 서술이 안확의 『조선문학사』에 견주어 그닥 진전된 성과라 하기 민망하다는 것이었다. 물론 겸사라 하겠으나 한편으로 그만큼 자신의 기대와 목표에 훨씬 못 미치는 결과라는 점은 분명해 보인다.

그럼에도 불구하고, 계봉우가 표명한 불만을 통해 간접적으로 문학사 서술이라면 필수적으로 갖추어야 할 측면들이 무엇인지 확인할 수 있다. 안확의 『조선문학사』에 대한 계봉우의 불만은 세 가지 측면으로 나타나 있다. "內容"·"類別"·"論斷"이다. "내용"은 "考據"와 관련되어

2 계봉우, 『조선문학사』, 『북우 계봉우 자료집』 1, 독립기념관 한국독립운동사연구소, 1996, 281~282쪽.

문학사 서술에 필요한 1차 자료들을 지시하고, "유별"은 비록 명시적으로 설명하지는 않았지만 다양한 문학을 분류하거나 문학사적 시각에 따라 구분하는 방식을 뜻하며, 끝으로 "논단"은 문학사적 논증과 판단을 의미한다고 볼 수 있을 것이다. 요컨대 문학사의 자료들과 그 자료들의 정리 방법, 그리고 문학사적 의의 판단이 긴밀하게 통합될 수 있어야 온전한 문학사 서술이 이루어질 수 있다고 본 것이라 하겠다.

3.

계봉우는 자신이 섭렵한 자료가 많지 않아 문학사 서술의 "내용"이 부실하다고 하였지만, 안확의 『조선문학사』에 비하자면 훨씬 풍부한 문학사 관련 자료를 수집한 바탕 위에서 문학사를 서술하였다. 계봉우의 불만 탓인지, 계봉우의 문학사 서술에는 안확의 『조선문학사』가 드러운 영향이 거의 느껴지지 않는다. 그나마 계봉우의 문학사에서 "문학의 발아기"[3]라고 명명한 시기를 서술한 부분을, 안확 『조선문학사』의 해당 부분인 '상고문학'과 비교하면 원용 자료 등과 관련해서 비교적 가까운 정도다. 두 저술의 목차를 함께 제시하면 다음과 같다.

上古文學(안확)		文學의 發芽期(계봉우)
제3절[4] 上古의 思想		1. 「神誌秘詞」
제4절 倧의 話	『三一神誥』	2. 「神歌」

3 계봉우, 『조선문학사』, 410~424쪽.

제5절 神歌	「筮篌引」	3. 檀君과 「天符經」
	「西京」	4. 「西京」
	「大同江」	5. 「大同江」
	「成造풀이」	6. 「至德歌」
	「수신가」	7. 「筮篌引」
		8. 「讓百濟王書」 馬韓王

두 사람의 『조선문학사』에서 '상고문학'과 '문학의 발아기'라는 시대는 단군 건국~삼국 이전까지를 포괄한다. 안확의 『조선문학사』 '제4절 倧의 話'란 "상고문학의 기원은 종교적 신화 곧 倧에서 비롯된다"는 입장에서 설정된 부분이다. 그 핵심은, "이 사상은 선조의 상상에서 나온 바 倧(上古神人)이라 하는 것이다. 이 倧話를 기록한 것은 『三一神誥』 1책이니, 이 책은 고대가 문자가 없으므로 입에서 입으로 서로 전하다가 箕子 때 王受兢이 한자로 베껴 전하다가 근래 大倧敎 본부에서 간행한 것이다"[5]는 서술에 잘 나타나 있다.

위의 표에서 절 제목의 우측에 있는 서명과 작품명은 안확의 『조선문학사』 본문 서술에서 거론된 것들인데, 계봉우의 경우는 『三一神誥』를 '2. 「神歌」' 부분에서 함께 다루었다. 안확은 「神歌」에 대해서는 후인의 위작 또는 개작이라는 입장을 표명하지만 『三一神誥』에 대해서는 위작 여부를 언급하지 않았다. 반면에 계봉우의 『조선문학사』에서는 『삼일신고』와 「神歌」가 후인의 위작에 지나지 않는다는 사실을 언급하였다. "創教者 羅喆(나철)先生을 따라서 「三一神誥」와 「神歌」가 그 面目을 世人에게 보이었나니, 그것이 國粹保全과 人心糾合의 精神에서 나왔다는 것은 더 말할 必要도 없는 일이다.(…중략…) 나는 北墾島 青山精舍에

4 안확의 『조선문학사』은 제1장 서론 부분이 제1~2절, 상고문학 부분이 제3~5절로 되어 있다.

5 안확, 『조선문학사』, 한일서점, 1922(인용은 최원식 · 정해렴 편역, 『안자산 국학론선집』, 현대실학사, 1996), 19~20쪽.

은거한 羅喆(나철)先生을 한번 訪問한 일도 있었고, 그의 高足인 白圃 徐一氏와는 宿緣이 깊었던 것이다. **그러므로 羅喆(나철)先生에게는 「三一神誥」와 「神歌」를 만들어 낼만한 素養이 있다는 것만 말하여 두겠다.**"

대종교의 『三一神誥』와 「神歌」에 대해 이러한 정도에서 그 위작 여부를 언급한 이유는, 말 그대로 "국수보전과 인심규합"이라는 정치적 목적을 계봉우 자신이 그나마 긍정한 소치이기도 하지만, 이미 '1.「神誌秘詞」'에서 다양한 자료를 동원하여 '神誌(秘詞)'의 존재를 부정하였던 것이 더 큰 이유라 할 수 있다. 즉 계봉우는, 『高麗史』, 『龍飛御天歌』, 『大東韻府群玉』, 『鷄林類事』, 『三國史記』, 『三國遺事』 등의 관련 대목들을 두루 원용하여 神誌(秘詞)가 가공의 존재임을 입증한 것이다. 뿐만 아니라 '3. 檀君과 「天符經」'의 성격에 대해서도 다양한 자료를 동원하여 강력하게 비판하는 태도를 보였을 뿐만 아니라, 4~6의 작품이 箕子의 실존에 의거하고 있는 사실과 관련해서는 국내외 史書를 두루 인용하면서 여러 가지 측면에서 실존의 허구성을 치밀하게 논박하였다.

따라서 적어도 고대사와 고대문학의 영역만 놓고 보자면 안확의 『조선문학사』와는 비교도 될 수 없을 정도로 풍부한 관련 자료에 의거해 해당 시대의 문제를 다루었음을 인정할 수 있다. 이와는 달리, 계봉우가 자료 수집의 한계를 절감한 분야는 특히 조선시대의 방대한 문헌자료들과 관련된 것이었다. 기본적인 역사적 사실을 고구하는 것이야 기존의 史書類에 일차적으로 의거하면 되겠지만 구체적인 작품들을 확인한 이후에야 문학사적 서술이 가능한 경우에는 사정이 전혀 다르다. 가령 관찬 사료만으로도 그 역사적 흐름의 일단을 재구성할 수 있고 기록으로 현전하는 작품이 거의 드문 '演戲(演劇)史' 분야와는 달리, 소설사 분야는 너무도 방대한 작품들이 그 당시에 현전하고 있다는 점에서 엄청난 차이가 있었다. '머리말'에서 언급한 안확의 문학사가 계봉우의 실제 문학사 서술에 별반 영향을 끼친 흔적을 찾아보기 어려운 반면에, 마지막에 부언 형식으로 붙은 "本書의 小說部門에 있어는 金台俊氏의 『朝鮮小說史』에서 그 一般的 材料를 攝取하여 隨意分定한 것이 적지 않다"[6]는 진술은 틀림없는 사실이다.

사항	『조선문학사』의 인용 및 서술 내용	대비[7]
허균, 「서유기발」	余得戲家說 數十種, 除三國隋唐外, 兩漢齷, 齊魏拙, 五代殘, 唐率, 北宋略, 水滸則 姦騙機巧(652쪽)	같음 (89쪽)
김만중, 『서포만필』	閭巷에 說書家가 있어서 三國事를 말할 제, 玄德(현덕 유비)이 負하였다고 하쪽 洛淚하는 이가 있으며, 曹操(조조)가 敗하였다고 하쪽 痛快히 여기어 雀躍하나니 이것이 『羅(나관중)氏 衍義』의 楷輿인지 알 수 없다. 이제 陳壽(진수) 『三國志』와 溫公(사마광) 『通鑑』과 같은 것으로는 涕泣할 이가 없으니 이것이 通俗小說을 쓰는 理由라(652~653쪽)	같음 (113쪽)
김시습, 『금오신화』	「萬福寺樗蒲記」·「李生窺墻錄」·「醉遊浮碧樓記」·「南炎部州志」·「龍宮赴宴錄」의 줄거리 요약(654쪽).	같음 (60쪽)
임제, 『元生夢遊錄』	이것은 南秋江(추강 남효온)의 人格을 題材로 하여 지었는데, 그의 境遇를 애닯게도 歎惜하였다.(654~655쪽)	같음 (76쪽)
임제, 『花史』	이것은 花類에 托하여 當時의 政治를 批評한 一種의 史論으로 보는 것이 좋겠다.(655쪽)	비슷함 (77쪽)
「雲英傳」	이것은 安平大君의 冤殺된 實情을 그린 이야기였다. 말한다면 靑坡士人 柳泳(유영)이 宣祖 三十四年 봄에 安平大君 李瑢(이용)의 舊居인 壽聖宮에서 놀다가, 醉夢間에 安平(이용)宮女 雲英(운영)과 雲英(운영)의 愛人이던 金進士를 만났다는 그것을 憑藉로 하여 簒立을 陰謀하는 首陽大君(世祖)의 손에서 安平大君(이용)이 억울하게 誅殺된 그 事情을 敍述한 悲劇的 作品이다.(655쪽)	거의 같음 (71쪽)
이항복, 『柳淵傳』	이것은 大邱 士族 柳淵(유연)이 그 兄을 죽이었다는 誣獄으로 冤死한 이야기다.(655쪽)	같음 (70쪽)
『紅白花傳』	이것은 桂公子 一知(일지)와 順小姐 纖素(섬소)가 드디어 成婚하여 八十年의 富貴를 누리던 이야기다.(655쪽)	축약 (71~72쪽)
『壬辰錄』	이것은 固有한 歷史的 事實에 얼마큼의 英雄的 誇張과 空想的 異蹟으로써 潤飾한 作品이다. 그 中에 特히 四溟堂(사명당, 송운 유정)의 神通力을 各 方面으로 現示하여 지금에 이르도록 집이 차면 「四溟堂(사명당, 송운 유정)이 낮참하고 갔다」를 格言처럼 通用하게 되었으며, 또는 倭놈에게서 人皮二百張을 해마다 받았다는 것이 마치 實事로 알게 되었다. 그러므로 이 小說은 僧侶의 손에서 되어	약간 다름 (69쪽)

6 계봉우, 『조선문학사』, 720쪽.

7 김태준, 『증보 조선소설사』, 학예사, 1939의 해당 내용과의 대비를 뜻한다.

	지지 않았는가 하는 疑心을 우리에게 주고 있다.(655~656쪽)	
허균,『洪吉童傳』	筠(허균)은 徐花潭(화담 서경덕)의 高足인 草堂 許曄(초당 허엽)의 셋째 아들이었다. 그의 文章才로 말하면 明의 尙書 錢牧齋(전목재)는「筠(허균)이 그 兄 筬(허성)과 篈(허봉)으로 더불어 文으로써 海東을 鳴하였다(『列朝詩集』)」라 하였으며, 奇荷潭은「筠(허균)의 文章이 한 때에 獨步하였다(「荷潭錄」)」라 하였다.(656쪽)	축약 (81~82쪽). 허균에 대한 부정적 평가 기록은 삭제함.

위의 표는『금오신화』에서『홍길동전』까지 한문·국문소설 발생기에 다루어진 사항들을 중심으로, 계봉우의『조선문학사』'문학의 번영기' 시기에서 소설과 관련하여 서술된 내용과 김태준의『증보 조선소설사』의 관련 내용을 서로 대비한 결과이다. 단적으로 드러나듯이, 계봉우는『조선문학사』의 소설 관련 서술에 관해서는 거의 전적으로 김태준의『증보 조선소설사』에 의거하였다. 거론되는 작품들 또한 거의 동일하며 관련 서술 또한 거의 구별되지 않는다. 추측컨대 근본적으로는 실제 작품들을 이역에서 구하여 읽어보기 어려운 현실적 상황의 결과라 할 수 있겠다.

4.

계봉우가 자신의 문학사 서술에 대해서 가진 불만족에 대해 그 두 번째인 "類別"의 측면에서 살펴보기로 하자. "내용"의 측면에서 보아, 김태준의 저술에 크게 의존하여 거의 전용하다시피 한 부분이 있었다고 해서 계봉우의『조선문학사』전체가 다 그렇다고 속단해서는 안 된다. 계봉우의『조선문학사』는 실제 서술에서 두 개의 부분으로 나뉘어진다. 하나는 "괄론"이라고 명명된 앞부분이고, 다른 하나는 실제 문학사 서술이다. 괄론의 목차가 '설화 · 가요 · 소설 · 연희 · 한문학'으로 구성되어 있음을 통해 알 수 있듯이, 문학의 범위 · 영역 · 형태 등을 공시적으로 다루는 내용이 앞부분이다. 오늘날의 용어로 보면 '국문학개론'에 해당된다. 실제 문학사의 전개 과정을 서술하는 뒷부분은 '국문학사'라고 할 수 있다. 따라서 전체적인 구도에서 보자면 계봉우의 『조선문학사』가 나름의 체계를 갖춘 저작임을 알 수 있다.

이중 괄론의 구성과 체계는 결국 계봉우가 말한 "類別"의 측면과 거의 유사한 함의를 지닌다. 괄론에서 계봉우가 조선문학의 영역을 '설화 · 가요 · 소설 · 연희 · 한문학'의 다섯으로 설정한 것은 김태준의 분류 방식을 따랐다.[8] 김태준의 『증보 조선소설사』에 주로 의지한 소설 부분과 더불어 이러한 분류 방식까지도 따른 것으로 보자면 자칫 계봉우의 『조선문학사』가 김태준의 아류인 듯한 인상을 받기 싶다. 그렇지만 이러한 측면을 제외한다면, 다른 분야들에서는 그런 식의 서술을 확인하기는 어렵다. 연해주 거주 시절부터 계봉우가 깊은 관심을 기울여 온 '가요' 분야는 말할 것도 없고 '연희'도 자신이 직접 관련 사료를 수집한 것으로 보인다. '설화' 또한 김태준이 『증보 조선소설사』에서 소설시대의 전 단계로 설화시대를 설정한 것과는 달리 실제로는 신화의 유형들을 구분하는 데에 대해서 주로 서술하였다. 괄론의 서술 목차를 표로 만들어 제시하면 다음과 같다.

8 계봉우, 『조선문학사』, 286쪽; 김태준, 『증보 조선소설사』, 27쪽.

<table>
<tr><th>번호</th><th>영역</th><th colspan="2">세부 목차</th></tr>
<tr><td rowspan="5">1</td><td rowspan="5">설화</td><td colspan="2">(ㄱ) 天降설</td></tr>
<tr><td colspan="2">(ㄴ) 卵生설</td></tr>
<tr><td colspan="2">(ㄷ) 龍生설</td></tr>
<tr><td colspan="2">(ㄹ) 鷄鳴설</td></tr>
<tr><td colspan="2">(ㅁ) 放溺설</td></tr>
<tr><td rowspan="6">2</td><td rowspan="6">가요</td><td rowspan="2">謠</td><td>동요</td></tr>
<tr><td>민요</td></tr>
<tr><td rowspan="4">歌</td><td>타령</td></tr>
<tr><td>詞</td></tr>
<tr><td>별곡</td></tr>
<tr><td>시조</td></tr>
<tr><td rowspan="4">3</td><td rowspan="4">소설</td><td colspan="2">대립적 소설</td></tr>
<tr><td colspan="2">유불사상의 혼합체</td></tr>
<tr><td colspan="2">소설의 叢書</td></tr>
<tr><td colspan="2">언문소설과 한문소설</td></tr>
<tr><td rowspan="4">4</td><td rowspan="4">연희</td><td colspan="2">외국으로서 수입한 것</td></tr>
<tr><td colspan="2">팔관회와 연희</td></tr>
<tr><td colspan="2">大儺와 演戲</td></tr>
<tr><td colspan="2">연등과 연희</td></tr>
<tr><td rowspan="12">5</td><td rowspan="12">한문학</td><td colspan="2">漢書籍의 수입</td></tr>
<tr><td colspan="2">漢學校의 건립</td></tr>
<tr><td colspan="2">漢土에 유학생 파견</td></tr>
<tr><td colspan="2">科制의 모의</td></tr>
<tr><td rowspan="8">작가의 홍기</td><td>文의 散體와 騈體</td></tr>
<tr><td>詩의 變遷</td></tr>
<tr><td>작가의 神童的 秀才</td></tr>
<tr><td>시에 대한 두 가지 경향</td></tr>
<tr><td>시의 樂府體</td></tr>
<tr><td>시의 聯句體</td></tr>
<tr><td>시의 諷刺體</td></tr>
<tr><td>시의 寫實體</td></tr>
</table>

5.

이제 "內容"·"類別"에 이어 계봉우 『조선문학사』의 "論斷"에 대해 살펴보기로 한다. 문학사 서술과 관련해서 "論斷"이란 기본적으로 문학사적 판단과 평가 혹은 문학사관이라고 바꿔 부를 수도 있겠다. 계봉우의 『조선문학사』가 그 서술 체계에 있어서 다소 난삽하고 잡다해 보이는 자료 나열에 머물고 있다는 인상도 과히 그릇된 것은 아닐 터이지만, 그 난삽과 잡다의 이면에 흐르는 기저 인식마저 존재하지 않는다고 단정해서는 곤란하다. 어쩌면 그러한 기저음을 잘 듣는 일이야말로 계봉우의 『조선문학사』와 조선학의 역사적 의의를 해명하는 데에 관건이 될 것이다.

> ① 여기에까지는 宮廷用의 詞章에 對한 體裁를 略擧하였다. 다음으로는 **宮廷用의 그것과 對立하여 民衆化의 暗流가 넘치고 있는 詞體**를 多少間 들려고 한다.

> ② 別曲이란 그 名稱은 高麗 高宗의 때, 翰林諸儒의 共作이라는 「翰林別曲」으로부터 생기었다. 그런데, 그 名稱은 어떤 意味에서 나왔을까? **拙著 「詞와 別曲의 變遷」에서 別曲은 正曲의 對立으로**, 詳言하면 宮廷用 唐樂의 詞章을 正曲으로 부르는 그것의 反對로 別曲이 새로 생기었다고 말하였다. 그러나 지금에 와서 다시 생각하면 그 曲調만은 그 當時에 처음 생긴 것이 아니요, 閭巷人民의 間에 이미 있었던 것이다.

> ③ 우리가 잘 아는 바 時調는 特權階級에 屬한 것이라면 愁心歌는 純全히 人民層에 屬한 것이니, 밝히 말한다면 特權階級의 壓迫과 搾取에서 갖

은 苦痛을 맛보고 있는 人民層이 그 反抗的 氣分을 노래로써 表現한 것이 곧 愁心歌요, **그래서 그것을 時調와의 對立한 產物로 보게 되며, 그 對立은 反抗**을 意味한 것이다.

위의 세 가지 인용문 특히 밑줄 친 대목에서 잘 드러나듯이, 계봉우의 문학사 인식의 기저에는 "對立"이라는 관점이 잠재되어 있다. ①은 가요의 詞를 서술하는 대목에서 등장하는 언급이고, ②는 가요의 "별곡"이라는 종류가 어떻게 발생했고 그 의미가 무엇인지 파악하는 과정에서의 논의이며, ③은 가요의 "시조"를 설명하면서 「수심가」와 어떻게 구별되는지 설명하는 내용의 일부이다. 이 모두에서 확인되는바 대립적 관계를 기준으로 작품과 장르의 의의를 평가하고 있음을 알 수 있다. ①의 대립은 詞의 문학사 내부에 존재하는 '궁정 : 민중'의 대립이고, ②는 別曲의 곡조와 관련하여 '唐樂 : 민간악'의 대립을 설정한 것이며, ③은 특권계급과 인민층의 대립을 '시조 : 수심가'의 대립으로 전환시키고 있다. 이 셋 모두에서 '민중 · 민간 · 인민' 등이 동일한 계열에 속하는 것으로 이해된다.

이러한 성향에서 계봉우의 문학사 인식을 이해하고자 할 때, 비록 단편적이고 체계적이지 못한 채로 서술된 내용들 속에서 긴밀하게 관련을 이루는 부분들을 추출하는 것은 그리 어려운 일이 아니다. 가령, "가요"의 전반적 특성과 그 분류에 대해 설명하는 자리에서 "地方的 特色을 보이기 爲하여" 지역별 가요를 제시한 사례들 속에서 '대립'의 문학사 인식은 다음과 같이 검출 가능해 진다.

대상 가요	인용 내용	작품 해석
게으른 년	오조밥에 열무김치, 잔뜩 먹고 잠자는 년, 팔을 잘라 홂손하고, 살을 베어 개를 준다	일하지 않는 사람에게는 먹을 권리가 없다

시승노래	달은 벌써 다 졌는데, 닭은 어이 또 우는가? 잔말 많은 시어머니, 이내 잠을 또 깨우네, 진보·청송 긴삼가리, 영해·영덕 관솔가지, 너랑 나랑 웬 정 많아, 아침저녁 따라든다, 새벽 길삼 지기는 년, 사발옷만 입더란다.	길쌈하는 여자들의 困窮
곱은 새	새야새야 곱은 새야, 삼밭에 가 앉지 마라, 염둑씨를 네 먹으면, 내 옷자락 끊어진다.	賦斂의 煩重, 豪强의 攘奪
밀마질할 때의 노래	離虛島러라 離虛島러라, 離虛離虛 離虛島러라, 離虛島 가면 나 눈물난다, 이허말은 말아서 가라, 울며 가면 남이나 웃나, 大路 한길 노래로 가라	搾取에 시달린 人民이 어떤 理想鄕을 夢想하는 것
노처녀가	가난한 좀양반이, 양반인 체 된 체하고 처사가 不敏하여 교만을 일삼으니 다만 한 딸 늙어간다.	父權獨裁와 門閥婚姻에 對한 詛呪
과부가	이 간장 둘 데 없어, 친구 벗을 찾아가니, 이 집도 가장 있고, 저 집도 남편 있네, 금슬을 잊자하고, 削髮爲僧하자 하니, 시집도 양반이오, 내 집도 품관이라, 가문을 헤아리니, 중되기도 어려워라, 아마도 모진 인생, 못 죽어 원수로다.	婦女의 再嫁를 禁하는 不合理의 制度에 對한 哀怨
장타령	왔소! 설이가, 설이가, 설이가 각설이, 얻어먹는 각설이, 죽지 않고 또 왔소, 무슨 타령으로 들어가나, 장타령으로 들어간다, 오르며 내리며 사다리장, 오르내리다 못보고……	搾取制度에서의 産物인 乞人의 慘狀

가요의 경우 이렇게 정리할 수 있다면, 소설에서도 유사한 사례를 볼 수 있다.

> 이렇게 說話를 文章으로써 表現하였다 하여 그 이름을 小說이라 하였는데, 그것이 奇書로 되고 못되는 것은 作家의 才能에 달리었다. 그러나 文章으로서는 제 아무리 名著傑作이라도 **現在 또는 將來의 社會生活에 어떤 好影響을 주지 못하는 것이라면 그것은 아무 價値도 없는 廢物**에 지나지 못한 것이다.

'대립'에 기초한 계봉우의 문학사 인식이 소설에 투사될 때 나타날 수 있는 전형적 표현으로 이해함직하다. 이에 따라 계봉우는, "소설에서 革命性의 流露된 作品"을 고평하면서 「홍길동전」과 「춘향전」이 그 대표적 작품이라고 한다. 「홍길동전」은 "特權階級을 敵對하다가 乃終에는 嫡庶의 差別이 없는 硉島國을 創建하는데에까지 論及"한 작품이고, 「춘향전」은 비록 "『洪吉童傳』과 같이 革命性으로써 一貫된 作品은 아니"지만

"全羅道 五十三州의 머슴들이 南原府使를 膺懲하려고 사발通文을 돌렸다는 것만은 階級으로 보아 그 全篇에서의 特色이"기 때문이다.

연희에 대해서도 마찬가지였다. 왜 "劇" 대신에 "연희"라는 명칭을 선택하는지 그 이유를 설명하면서, 명종 때의 일화를 그린 「都目政事」를 예시한다. "倡優 中의 하나는 兵判이 되고 다른 하나는 吏判이 되어 자리를 定하고 擬注에 着手하"고는, 서로에게 인사 청탁을 하여 자신과 가까운 이들을 아무렇게나 임명하는 장면을 그린 연희였다. 이를 제시하고는, "내가 새삼스럽게 이 演戱를 例擧한 것은 그 本意가 演戱란 그 名稱의 생겨진 端緖를 摘拔하려는 거기에만 있을 뿐 아니라, 또는 封建李朝의 政治가 그렇게 腐敗하였다는 一面影을 表露하려는 거기에만 있을 뿐 아니라, 우리의 戱本은 그 構成의 體裁와 그 表現의 形式이 大槪 이러하다는 것을 보이려는 거기에 더욱 큰 意味가 있다"고 하였다.

한문학에서도 "詩의 寫實體"라는 항목에서 다음과 같이 서술한 내용을 통해 동일한 문학사 인식이 관철되고 있음을 엿볼 수 있다 : "그런 훌륭한 作品을 찾자면 西北의 農民을 基本隊로 하여, 李朝의 王室을 推翻하려던 **洪景來**(홍경래)에게서, 現制度에 對한 不平不滿으로써 昭陽江上에서 竹林七賢의 名義를 假하여 同志를 糾合하던 **朴應犀**(박응서)에게서, 洋倭를 逐滅하고 門閥을 打破하려던 **全琫準**(전봉준)에게서 찾아야 할 터이(다)."

6.

이러한 대립의 문학사 인식은 조선 국내의 상하 관계라는 차원에서도 관철되지만, 조선의 내외 관계에서도 유지된다.

① 新羅의 太宗武烈王이 唐兵과 聯合하여 麗・濟(고구려・백제)를 平定한 後에 사람을 熊津(今의 公州)에 보내서 唐樂을 學하였다는 것이 그 流入의 初期를 說明하는 것이요, 그것이 **鄕樂으로 더불어 完全히 對立**되기는 高麗의 時代라 하노니 徐兢(서긍)의 『高麗圖經』에 이른바 「그 樂은 兩部가 있는데, 左는 唐樂이니 中國의 音이요, 右는 鄕樂이니 夷의 音이라.」한 그것이 這間의 消息을 傳하여 준다.

② 曙宇(서우 전병훈)의 門下에는 그 道를 배우는 漢人이 적지 않았다. 그들의 贍富한 學識으로도 「天符經」의 虛僞를 깨달은 이가 없었던 모양이다. 한마디로 말한다면 「桓國의 하느님이 그 아들 桓雄(환웅)에게 天符印 세 個를 주어 人間에게 보내어……」에서 **天符二字를 取하여 名稱을 만들고서 黃帝의 「陰符經」을 對立**한 것이니, 그래도 慕華의 桎梏에서 벗어나서 우리 朝鮮 사람에게도 黃帝보다 못하지 아니한 오히려 더 神聖한 哲學의 創作者 檀君이 있었다는 것을 자랑삼아 나타낸 그의 自尊心에 對하여는 조금도 허물하지 않는다.

①에서는 유입된 "당악"과 진동직 "향악"의 관계를 "대립"으로 설명하고 있다. 당악의 유입 초기를 지나 '당악 : 향악'의 본격적 대립이 이루어진 것은 고려시대에 이르러서라고 보는 내용이다. 이와는 달리 ②는 이른바 『천부경』의 허위를 확인하는 대목인데 거기서 계봉우는 '천부 : 음부'의 대립 관계를 마련하고, "모화의 질곡"과 "자존심"을 그 대립의 실상으로 대비하고 있다. 이처럼 ①과 ②의 인용문 둘 다에서 내외의 관계에도 "대립"이 적용되는 문학사 인식의 기저 감각을 확인하게 된다.

그런데 "대립"의 함의는 실제 문학사적 현상을 이해하는 시각에 적잖은 변화를 초래할 수 있다. 그 단적인 예가 김시습의 『금오신화』의 발생을 설명하는 대목에서 잘 보여진다. 이것은 한편으로 김태준의 『증보 조선소설사』에서 강하게 표출되는 중국소설의 영향 문제에 대해 계봉우의 비판적 논리이기도 하였다.

> 위에서도 말하였거니와 壬辰倭亂(임진왜란, 1592)의 後에 小說作家가 漸次로 興起하여 肅宗～正祖까지의 時代를 軟文藝의 黃金時代로 이루게 한 것은 明末淸初에 輩出한 小說雜家의 影響을 充分히 받은 까닭이라 하노니, 그래서 **우리에게 模擬作으로 볼만한, 그런 作品도 勿論 있으리라고 推斷하겠지마는**, 차라리 **對立으로 보는 것이 妥當하며 그 實은 對立할 만한 價値가 있다**. 金時習(김시습)의 『金鰲新話』는 瞿佑(구우)의 『剪燈新話』를 對立한 것이요; 許筠(허균)의 『洪吉童傳』은 施耐菴(시내암)의 『水滸傳』을 對立한 것이요; 愼後聃(신후담)의 『續搜神記』는 晋 干寶(간보)의 『搜神記』를 對立한 것이요; 玉蓮子의 『玉樓夢』은 曺雪芹(조설근)의 『紅樓夢』을 對立한 것이요; 『春香傳』·『沈淸傳』은 淸代의 戲曲 즉, 洪昉思(홍방사)의 『長生殿傳奇』와 孔尙任(공상임)의 『桃花扇傳奇』를 對立한 것이요; 朴泰錫(박태석)의 『後唐遺事』는 羅貫中(나관중)氏의 『三國衍義』를 對立한 것이다.

내외의 대립은 문학사 서술에서 주로 영향 관계로 표현되곤 한다. 위의 인용문에 담긴 계봉우의 용어로 바꾸자면 "模擬 : 對立"의 대립 관계로 인식할 필요성이 있다는 말이다. 이 때의 대립은 말 그대로 '마주 선다'는 의미이다. 일방적 영향에 따른 모방과 흉내가 아니라 그 영향 자체에 대응한 결과물로서 조선의 문학이 창출되고, 그렇게 창출된 문학으로 중국문학과 마주선다는 것이다. 김시습의 『금오신화』가 『전등신화』와 마주선 이래 일방적 영향 아래 굴복된 것이 아니라 새롭게 생산된 문학으로 맞서는 과정으로 문학사의 영향 관계를 인식하려는 의지가 담겨있다 하겠다.

7.

그러므로 계봉우의 문학사 인식의 기저를 이러한 '이중의 대립'으로 이해할 수 있다면 이를 계기로 다음과 같은 계봉우의 진술 또한 단순하게 들리지 않게 되는지도 모른다.

> 人類의 行爲를 經濟的 行爲라면 文學은 그 行爲의 産物이다. 다시 말하면 各 時代의 經濟條件에 따라서 進化하는 그 社會의 生活相을 그려낸 것이 곧 文學이다. 그러므로 封建時代에는 封建的 文學이 있게 되고, 資本主義의 時代에는 資本主義的 文學이 있게 되고, 社會主義의 時代에는 社會主義的 文學이 있게 된다. 文學은 언제든지 現 制度의 範圍 안에서 徘徊하나니, 만일 그 範圍의 밖에 超脫한다면 그것은 現 制度에 對한 不滿을 瀉하는, 곧 反逆的 氣分이 濃厚한 作品일 것이다. 그런 것은 그 時代, 하물며 思想自由라는 名詞도 없는 封建社會에서는 法律이 絶對로 許諾하지 않았다. 왜 이렇게 말하느냐 하면 **우리의 過去文學에서는 革命的 色彩를 가진 作品은 찾으려는 생각도 말라는 그것이다.** 그러니까, 내가 提示하는 一般文學은 다만 封建社會의 生活相을 縱으로 또는 橫으로 硏究하는 거기에 그 目的이 있을 따름이다.

'文學이란 어떤 것인가?'라는 질문하에 답변된 『조선문학사』'괄론'의 첫 대목이다. "우리의 過去文學에서는 革命的 色彩를 가진 作品은 찾으려는 생각도 말라"는 계봉우의 진술은 간명한 만큼이나 의문스럽다. 그 결론적 단언이 복화술일수도 있겠다. 무엇보다 위의 주장은 실제 『조선문학사』의 서술 내용과 배치되기 때문이다. 『조선문학사』가 쓰인 1948~1950년은 중앙아시아 고려인들이 이제 겨우 민족어 교육을 다시 시작할 수 있게 된 시기이기도 하다. 1937년의 강제이주와 더불어 곧이어 시행된 민족어 교육 금지 정책에 따라 고려인 사회에서 공식적인 조선어 교육이 사라졌던 기억을 떠올리게 된다.

『조선문학사』의 대상이 되는 "과거문학" 속에서는 "혁명적 색채를 가진 작품"을 찾을 수는 없다는 주장의 배경에 그런 기억이 작용하고 있는 것은 아닌가. '내외의 대립'을 부정하는 대러시아주의 혹은 세계주의로 다시 회귀하는 순간이 올 수 있다고 할 때, '내부에서의 대립'을 문학사적 전통으로 정립함이 '민족적 자긍'의 표출로 귀결되어 자칫 민족 안팎의 대립을 조장하게 되는 우려가 있기 때문이었는지도 모를 일이다. 따라서 두 가지 '대립' 사이의 적절한 균형점을 유지하는 문제로부터 중앙아시아 고려인의 한국(조선)학의 의미를 되물어야 하는 것은 아닌지 궁금해진다.

계봉우의 한국역사 인식과 역사관*

이영호

1. 머리말

北愚 桂奉瑀(1880~1959)는 만주와 러시아 지역에서 활동한 민족운동가이자 국어, 한국사, 민속학 등 한국학의 여러 분야를 연구한 선구자이다. 그는 영흥에서 소학교와 중학교를 다니며 신학문을 접한 이후 계몽운동에 참여하여 교육활동을 전개하였다. 1911년 북간도를 거쳐 1913년 블라디보스토크로 망명한 뒤 이동휘를 따라 상해파 고려공산당에서 활동하였고, 1937년 이후에는 카작스탄에 정착하였다. 그는 함

* 이 글은 『한국학연구』 제25집(인하대 한국학연구소, 2011.11)에 기고한 글을 본 연구총서의 기획에 맞춰 수정한 것이다.

경도, 간도, 연해주, 중앙아시아로 삶의 터전을 옮기면서도 생의 대부분을 한국학연구와 교육에 투여하였다. 그는 일본 제국주의의 침략에 대한 저항정신으로 충만한 삶을 살았고, 교육과 연구의 궁극적인 목표를 민족의 독립・해방에 두었다.[1]

계봉우는 러시아 지역의 대표적 한국학자로 평가받을만하지만 그가 구축한 한국학은 러시아 한국학과의 연계보다는 민족운동의 일환으로서, 민족교육을 수행하는 과정에서 형성되었다는 특징을 지닌다. 중국지역에서 민족운동과 병행하여 한국학 연구를 진행한 신채호, 박은식과 마찬가지로 '해외 한국인의 민족학'이라는 성격을 지닌다. 중국지역에서 민족운동과 한국학연구에 몰두한 신채호, 박은식은 한국근대사학사의 주류를 형성한 데 비하여 계봉우의 한국학은 이제 발굴단계에 있다.

이 글은 계봉우의 한국학이 어떻게 형성되었는지 한국역사 인식을 중심으로 고찰하는 것을 목표로 한다. 계봉우는 한말 애국계몽운동에서 시작하여 간도에서 민족운동을 전개하고 1920년대 이후 사회주의운동에 가담하였다. 민족운동의 고양과 전변 속에서 그의 한국역사 인식은 어떤 특성과 변화를 보여주는지 그것이 해외 한국인의 민족학으로서 어떤 특성을 지닌 것인지 확인하고자 한다. 『조선역사』(1936, 1953),[2] 『동학당폭동』(1932) 등 그가 남긴 역사관련 저작을 분석하기로 한다.

---

1 계봉우의 민족운동과 한국학의 자취는 1990년대 이후 윤병석, 조동걸이 발굴하여 우리 학계에 소개하였다. 윤병석, 「계봉우의 생애와 저술목록」, 『인하사학』 1, 인하역사학회, 1993; 조동걸, 「북우 계봉우의 생애 및 연보와 저술」, 『한국학논총』 19, 국민대 한국학연구소, 1997 참조.

2 『조선역사』는 1910년 식민지가 되기까지의 역사를 1~2권에 담아 1936년 집필을 완료하였고, 1952년 민족해방투쟁사를 3권으로 집필하였다. 그리고 1953년 1~2권을 수정하여 『조선역사』를 완결지었다. 여기서는 1936년 집필한 1~2권을 분석대상으로 삼는다.

2. 『朝鮮歷史』의 편찬경위

계봉우는 1934~1936년 『조선역사』를 집필하기 이전에 교과서로서 1912년 『조선역사』와 1923년 『신찬 주신사』를 편찬한다. 계봉우의 역사관은 그의 거주지가 함경도→간도→연해주→중앙아시아로 옮겨지면서 민족운동에서 사회주의운동으로 전환하게 됨에 따라 변화하여 가지만, 『조선역사』의 집필과 편찬에는 한말 민족운동 시기의 교육과 교과서 편찬의 경험이 축적되어 있을 것으로 생각된다.

계봉우는 1906년부터 함경도의 신식학교에서 조선역사, 조선지리 등을 가르치기 시작한다. 1908년에는 기독교에 입교하고, 1909년 이동휘와 함께 간도로 망명하여 기독교회와 교육사업에 전념한다.[3] 그는 1911년 이후 길동기독학당 중학과와 여자야학과에서 조선역사와 조선지지를 가르쳤다. 그때 가르칠 교안을 그는 『신한독립사』라고 하였다.[4] 새로운 민족국가 '新韓'을 꿈꾸며 일제의 국권침탈에 맞서온 독립투쟁의 역사를 가르친 것으로 판단된다.

계봉우는 1911년 명동학교의 정재면, 와룡동중학교의 남공선과 함께 墾民教育會의 교과서편찬위원으로 활동한다. 이즈음 『조선역사』(1912)를 편찬하게 된다. 『조선역사』(1953) 서언에 의하면 "한일합병을 감행한지 제3년에 나는 東滿지방의 교육에 종사하면서 중등학교용의 조선역사를 만들어 등사판으로 간행"했다고 하였다.[5] 중등학교 역사교재로 편찬한 『조선역사』(1912)는 한말의 독립투쟁을 다룬 『신한독

---

3 조동걸, 앞의 글, 1997, 132~134쪽.

4 계봉우, 김필영 역, 『꿈속의 꿈』(『北愚 桂奉瑀 資料集』 2, 독립기념관 한국독립운동사연구소, 1997), 강남대 출판부, 2009, 101~104쪽.

5 윤병석, 앞의 글, 1993, 7쪽.

립사』와는 달리 역사의 시작에서부터 한말까지, 한국의 역사 전반을 다루었을 것으로 짐작한다. 명동학교에서 조선역사를 가르친 黃義敦이 『大東靑史』(1910)를 교과용 통사로 간행한 것에서 보더라도 교과서 편찬위원인 계봉우가 교과용 통사체계를 수용했을 가능성이 높은 것으로 생각된다.

그런데 1920년 일제의 경찰이 항일단체와 관련되었다는 혐의로 간도 용정의 영신학교 학생들을 체포하고 그들이 소지한 역사교재 『最新東國史』를 압수한 일이 발생하였다. 일제는 교과서의 내용을 검토한 뒤 이를 '排日不穩文書'로 간주하여 관련 교사를 불러 취조하였다. 『최신동국사』의 저자는 '桂奉瑞'로 되어 있는데 그것은 桂奉瑀가 틀림없다고 이해되고 있다. 일제가 보고서에 정리한 '最新東國史의 一節'의 내용은 〈표 1〉과 같다.[6]

〈표 1〉 『**最新東國史**』의 내용

과	제목	내용 요약
13	조선 이태왕의 밀사	네덜란드 헤이그 만국평화회의에 밀사 파견
14	의병의 因果	1895년 이후 의병의 봉기
15	사회와 학교	독립협회·대한협회 등 사회단체의 식산활동, 관립·사립의 교육기관 설립, 매국당 일진회 비판
16	義士의 踵起	장인환·이재명의 賣國賊 공격, 안중근의 伊藤博文 포살
17	합병의 치욕	합병조약의 강제와 조선총독부 설치

일제는 『최신동국사』 제13~17과의 내용을 요약하여 보고하였다. 그것은 1894년 이후 일제 침략에 대한 한국인의 저항을 다룬 것으로 제17과의 마지막 부분에는 "嗚呼 조선 이태왕의 자손인 청년 제군은 이 날(합병조약일)을 잊지 말고 크게 奮勵하여 국치를 快雪해야 할 것이다"라

6 金正明 編, 『朝鮮獨立運動』 III, 原書房, 1968, 285・288~289쪽.

고 하여 민족운동을 고취하고 있다. 이 때문에 배일불온문서로 규정되었을 것이다. 나라 잃은 한민족의 자녀들에게 민족의식을 고취할 중등교육과정의 교재로서, 일정 기간 교육할 수 있는 방식인 課別로 편성되어 있다. 그런데 제13~17과를 『최신동국사』 3권이라고 했는데 그렇다면 1~2권은 무엇을 다루었을까? '最新'의 의미를 최근세사로 이해할 것인지 '최근 새로 간행한'으로 볼 것인지 다르겠지만 후자의 의미를 강조한다면, 『최신동국사』는 가령 단군부터 고려까지의 1권, 조선의 2권, 조선말기의 3권으로 편성되었을 것으로 유추할 수 있다. 『최신동국사』는 하얼빈 普文社에서 1917년 음력 11월 간행되었고 덕흥학교, 영신학교 등 북간도 민족교육기관에서 교재로 사용하였다.[7]

『최신동국사』는 1912년의 『조선역사』를 원본으로 삼아 간행한 것으로 짐작된다. 『조선역사』도 중등교육과정의 교재로 작성되었기 때문에 『최신동국사』와 같이 교육에 편리한 방식으로 편성되었을 것을 짐작할 수 있다. 황의돈의 『대동청사』(1910)는 상고사, 중고사, 근고사로 시대구분하고 민족의 시원을 부여족으로 보고 개국시조 단군 이래 그 연호를 사용하여 민족사의 흥망성쇠를 다루고, 신라와 발해를 남북조로 이해하고 후백제・고려・발해・신라를 四國으로 이해하는 관점을 보였는데,[8] 계봉우가 이러한 저작을 참고하지 않을 수는 없었을 것이다. 그렇지만 儒學을 공부한 황의돈과는 달리 교육을 충분히 받지 못하고 조선역사를 연구한 것도 일천하고 교사의 역할에 충실하고자 했던 계봉우로서는 곧바로 통사체계를 구축할 수는 없었을 것이다. 어디까지나 교과서를 만들어 교재로 사용해야 하는 상황에 놓여 있었다.

---

7 윤병석, 「이동휘와 계봉우의 민족운동」, 『한국학연구』 6・7 합집, 인하대 한국학연구소, 1996, 305쪽.

8 조동걸, 『현대한국사학사』, 나남, 1998, 148~152쪽; 심승구, 「황의돈」, 『한국의 역사가와 역사학』 하, 창작과비평사, 1994.

1912년판 교과서 『조선역사』는 고대사에서 민족의 시원과 성장과정을 다루고 고려와 조선에서 이민족과 투쟁하면서 이를 극복해 나가는 과정, 그리고 한말 일제의 침략과 그에 대한 저항, 국권회복을 위한 민족의식 고취 등으로 구성되었을 것이라고 추정해 본다.

1923년의 『신찬 주신사』는 연해주의 고려인 소학교에서 교과서로 사용하기 위해 편찬되었다. 1953년 『조선역사』 서언은 『신찬 주신사』에 대해 "여긔에는 역사의 변천이 경제기초의 우에서 진행된다는 것을 제시하엿나니 첫 시험의 그것과 다른 점"이라고 지적하였다.[9] '경제기초'는 생산양식을 의미할 것이며 역사의 변천을 생산양식의 변화를 중심으로 사고한다는 것은 유물사관의 수용을 의미할 것이다. '첫 시험의 그것'은 1912년의 교과서를 가리킬 것이다. 1912년의 교과서가 계몽주의적, 민족주의적 관점에서 서술된 것과는 다른 역사책을 구상했다는 것이다. 계봉우는 1919년 평양신학교 입학을 시도할 정도로 1910년대에는 기독교적 사고에 사로잡혀 있었는데 1919년 3・1운동을 겪은 이후 1920년 이동휘의 고려공산당에 입당하고 幸德秋水의 『社會神髓』를 읽는 등 사회주의운동에 투신한다. 고려공산당의 상해파와 이르쿠츠크파의 분열 중 투옥되는 고난을 당한 이후 1923년 연해주 고려인 소학교에서 교편을 잡고 교과서로서 『신찬 주신사』를 편찬한다. 여기에서 처음으로 유물사관의 생산양식론을 수용하기 시작한 것이다.[10] 그러나 '주신'의 개념은 한국의 원류인 肅愼이 여러 시대에 걸쳐 脩蛇, 夙沙, 稷愼, 息愼, 州愼, 肅愼, 朝鮮, 朱里申, 珠申으로 불리던 것이고 이를 우리말로 표준한 것이라는 설명에서 보면,[11] 민족의 유구함,

---

9 조동걸, 앞의 글, 1997, 162쪽.

10 위의 글, 140・162쪽 참조.

11 계봉우, 『朝鮮歷史』, 1936(『北愚 桂奉瑀 資料集』 2, 독립기념관 한국독립운동사연구소, 1997, 33쪽. 이하 『조선역사』의 인용은 이 자료집의 쪽수를 따른다).

단일성, 주체성을 강조하여 한국사를 '주신사'로 붙인 것을 알 수 있다. 유물사관의 보편적 생산양식론을 수용하였다 하더라도 민족적 주체성을 더 강조하였을 것으로 판단되는 소이다. 계봉우의 유물사관은 뒤에 『조선역사』(1936)에서 검토하듯이 결코 기계적인 것은 아니었으므로 『신찬 주신사』의 생산양식론이 유물사관의 정식에 충실했을 것으로 보기는 어렵다.

교과서로 집필한 『조선역사』(1912) 및 『최신동국사』(1917), 그리고 『신찬 주신사』(1923)와 달리, 『조선역사』(1936)는 통사형식을 취하였다. 오랫동안 한국사 교육에 종사하면서 많은 강의안과 교과서를 만들었는데 이를 종합하여 통사를 집필한 것이다. 계몽운동, 민족운동, 사회주의운동을 거치면서 그에 따라 그의 역사관도 변화를 겪는다. 1936년 집필한 『조선역사』는 그의 한국사 체계의 종합이었다.

3. 『朝鮮歷史』의 시대구분과 사회구성

1) 四國시대론과 南北國시대론

『조선역사』는 7편으로 구분되어 있지만 그것을 곧 시대구분으로 단정할 수 없고 편명이 붙어 있지 않아 저자 자신이 시대의 성격을 규정하였다고 할 수도 없다. 내용상 시대구분을 재구성하여 당시 마르크스주의 역사학자 백남운과 이청원의 저작과 비교하면 〈표 2〉와 같다.

〈표 2〉 시대구분 비교

<table>
<tr><th></th><th>계봉우</th><th>백남운</th><th>이청원</th></tr>
<tr><td rowspan="2">제1편</td><td>'역사있기 전의 조선사람'</td><td>원시씨족사회</td><td>조선의 원시사회</td></tr>
<tr><td>단군의 군주제, 부여와 진</td><td>원시부족국가의 제형태
(삼한, 부여, 고구려, 동옥저)</td><td rowspan="4">노예사회의 개시와 발전
(국가의 발생 이후 삼국, 고려까지)</td></tr>
<tr><td>제2편</td><td>'四國'</td><td>노예국가시대
(고구려, 백제, 신라)</td></tr>
<tr><td>제3편</td><td>'南北國'</td><td rowspan="3">집권적 봉건국가</td></tr>
<tr><td>제4편</td><td>'노예소유의 고려'</td></tr>
<tr><td>제5편</td><td>'군주전제의 조선'</td><td>봉건사회로서의 이조</td></tr>
<tr><td>제6편</td><td>'독립위명의 한국시대'
(대원군 집정 이후)</td><td rowspan="2">'이식자본주의시대'</td><td rowspan="2">자본주의의 침입
(개항후 일제시기까지)</td></tr>
<tr><td>제7편</td><td>'반일투쟁'</td></tr>
</table>

* 출전 : 계봉우, 『조선역사』(1936, 1952); 백남운, 『조선사회경제사』(1933), 『조선봉건사회경제사(상)(고려)』(1937); 이청원, 『조선역사독본』(1937)

백남운은 삼국시대를 노예국가, 고려와 조선을 봉건국가로 파악한 반면, 이청원은 고려까지를 노예사회, 조선을 아시아적 봉건사회로 본다. 백남운은 마르크스주의의 보편사관을 한국사에 적용하여 정체성론을 비판하는 입장인 반면, 이청원은 아시아적 생산양식론을 수용하여 한국사의 특수성을 인정하는 입장이다.

이러한 마르크스주의 역사학자들의 시대구분론과 비교할 때 1920년대 이후 사회주의운동에 참여하고 소비에트 국가에서 고려인 민족교육에 종사하면서 『조선역사』를 집필한 계봉우의 인식은 상당히 다른 양상을 보인다. 편명에 시대명을 붙이지 않은 점에서 각 시대의 사회구성에 대한 확고한 정리가 되지 않은 반면에는 유물사관의 기계적 적용을 배제한 측면이 없지 않다. 유물사관에서 공산사회의 원형으로 간주되는 원시사회를 별도의 편으로 구성하지 않은 점이나 식민지시기를 이식자본주의시대로 설명하지 않고 반일투쟁 중심으로 서술한 것도 유물사관과의 거리를 암시한다. 『조선역사』 제1권은 1935년, 제2

권은 1936년 12월 18일에 탈고하였다. 이때는 중국과 일본에서 사회성질논쟁, 아시아적 생산양식 논쟁이 활발하게 전개되다가 1936년 스탈린의 세계사 발전법칙의 정식화에 의해 논쟁이 종식되던 어간의 시기이다. 사회주의권에서 세계사의 기본법칙이 교조적으로 강요되던 시기였다. 그러나 『조선역사』의 시대구분은 그 이후 1953년 수정할 때에도 그 체제가 기본적으로 변하지 않았다. 계봉우는 세계사의 기본법칙을 한국사에 기계적으로 적용하는 것을 회피했다고 평가해야 할 것이다. 오히려 형식상 왕조를 중심으로 시대를 구분한 경향이 농후하다. 고려와 조선은 물론이지만 四國시대와 南北國시대의 명명은 그런 측면을 더욱 두드러지게 한다.

四國시대는 제2편에 편성되어 있다. 계봉우는 삼국에 가야를 포함하여 '四國시대'라는 개념을 제시한다. 삼국과 신라의 통일을 중심으로 구성한 『삼국사기』는 삼국시대론을 정설로 만들면서 가야를 한국사 이해체계에서 배제하였다. 조선후기 실학자인 韓百謙의 『東國地理志』에서 신라의 부록으로 가야를 포함시켰지만[12] 본질적으로 삼국시대론의 범주를 벗어난 것은 아니었다. 임나일본부설을 내세운 식민주의사학에서는 가야의 존재를 부인할 뿐 아니라 이를 식민지 임나로 간주하였다.

어떤 계보를 따르는지 알 수 없지만[13] 계봉우의 『조선역사』는 선명하게 사국시대론을 제시하고 있다. 즉 남방에서는 마한왕의 위세가 쇠미해지자 신라가 먼저 자립하고 이어 백제와 가야가 자립했으며, 북방에서는 북부여에 반발하여 고구려가 형성되었다고 한다.

---

12 김태식, 「四國時代論 – 한국 고대사 三國時代論의 代案」, 『韓國古代史硏究』 46, 한국고대사학회, 2007, 103쪽; 고영진, 「한백겸」, 『한국의 역사가와 역사학』 상, 창작과비평사, 1994, 178쪽.

13 간도지역 명동학교에서 조선역사를 가르친 황의돈의 『대동청사』(1910)에서는 후백제와 고려, 발해, 신라를 四國으로 이해하는 관점을 보였는데, 대상은 다르지만 '사국'의 개념이 등장한다.

> 그래서 우리는 이 시대를 가리켜 사국시대라 하는데 그 전의 역사가들은 가락을 제외하고 그 나머지 삼국만을 거론한 것은 그 의미가 어디에 있는가? 그 논법은 일연의 『삼국유사』와 김부식의 『삼국사기』로부터 비롯한 것이다. 만일 삼한 중에 변한이 그 하나가 된다면 변한 12국을 차지한 가락을 제외할 수가 없는 것이다. 건국의 선후, 영토의 대소, 세력의 강약, 쇠망의 早晩에 있어서는 사국이 서로 같지 아니할망정 가락을 봉건제의 왕국으로 하기는 진한 12국을 차지한 신라, 그 보다도 극히 거대하다는 고구려와도 마치 한가지였다. 그렇다면 그전의 역사가들은 정당함을 얻지 못하였다.[14]

이처럼 계봉우는 김부식과 일연 이후의 삼국시대론을 비판하고 사국시대론을 제시한다. 다만 삼국은 군현제를 기반으로 한 중앙집권체제를 구축하였으나 가야에서는 종래의 분봉제(봉건제)를 답습했다고 보아[15] 삼국과 가야 사이에 사회발전단계의 차이를 인정한다. 계봉우의 사국시대론은 임나일본부설이 팽배하던 식민지시기, 그에 대신한 참신한 비판론이었다고 평가할 수 있다. 식민지주의사학을 거론하지 않았으나 해외로 망명한 역사가의 입장에서 제국주의의 침략과 그 역사관에 대한 비판의식이 상존하였음은 그의 『吾讐不忘』(1912), 『義兵傳』(1920) 등의 저술에서 얼마든지 읽을 수 있다.

제3편은 南北國시대이다. 발해를 한국사의 일환으로 간주하려는 시각은 고려 이후 부분적으로 등장하였으나, 이를 신라와 대비하여 남북국시대로 묶은 것은 柳得恭의 『渤海考』에 의해서였다. 이러한 인식은 한말 민족주의 역사가를 거쳐 1920년대 황의돈, 장도빈, 안확, 권덕규 등에 의해 계승되었다.[16] 발해사를 한국사에서 분리하여 만주사의 핵

14 『조선역사』, 83쪽.
15 『조선역사』, 89쪽.
16 조동걸, 앞의 책, 1998, 182쪽.

심으로 파악하면서 신라의 삼국통일론과 대치시키려 했던 일제 식민주의 역사가들과 대립된다.[17] 마르크스주의 역사학자들이 사회구성체론에 의거하여 역사의 발전단계를 중시하면서 발해사를 배제한 것과도 상이한 경향이다.

계봉우는 남북국시대를 '남국의 新興과 북국의 창건'으로 표현한다.

> 南國은 문무왕이 그 父의 志를 紹述하여 麗濟兩國을 다 평정하고서—大赦文을 중외에 반포하던 그후의 신라를 가르킨 것이오, 北國은 고구려가 망한지 35년에 大祚榮의 光復軍이 奧婁河를 據하여써 새로 건설한 渤海를 가르킨 것이다. 지리상으로 보아 신라는 남방에 있는 까닭에 남국이라 하고 발해는 북방에 있는 까닭에 북국이라 하였다.[18]

역사적 내용은 신라의 고구려・백제 평정과 대조영의 발해 건설인데, 남북국의 개념은 지리상 위치에서 유래한 것으로 설명한다. 조선후기 이래 발해를 한국사의 범주에 포함시킨 남북국시대론을 수용함으로써 식민주의사학의 신라통일론이나 만주사관에 대항하려는 의식이 표출된 것으로 해석할 수 있을 것이나.

2) 早期封建制論

계봉우의 시대구분은 표면적으로는 왕조를 중심으로 하면서 내용적으로 봉건제, 군현제(군주제), 그리고 직접생산자 노예에 대한 착취

17 김종복, 「발해사 인식의 추이—남북국시대론을 중심으로」 『사림』 26, 수선사학회, 2006 참조.

18 『조선역사』, 127쪽.

등 사회구성과 관련된 내용을 다루고 있다. 계봉우는 유물사관의 '노예제사회 → 봉건제사회 → 자본주의사회'의 정식이나, 한국의 마르크스주의 역사학자들이 주장하는 '노예제사회 → 아시아적 봉건사회 → 이식자본주의사회'의 전개를 수용하지 않는다. 계봉우의 한국사 전개에 대한 이해를 무리하게 요약한다면, '노예생산에 기초한 조기봉건제의 지속 → 조선의 군주제와 군현제 → 국권회복을 위한 반일투쟁'으로 정리할 수 있다. '노예생산에 기초한 조기봉건제'를 주장한 점이 가장 특징적이다.

계봉우는 최초의 국가로 등장한 肅愼을 '봉건제도의 濫觴'이라고 명명한다. 계급국가의 최초 모습에서부터 봉건제가 싹트고 있다는 점을 강조한 것이다. 그러므로 봉건영주들의 정복전쟁을 통해 큰 덩어리가 된 단군의 국가도, 봉건제로 본 것은 논리전개상 당연하다. 그는 단군의 군주제를 '봉건적 군주제'로 표현한다.[19]

> 단군의 봉건적 군주제는 지금(1935)부터 4267년 전에 비로소 형성되었다. 그러나 그 제도가 군주독재는 아니다. (…중략…) 아무리 큰 왕국을 형성하였다 하더라도 그 왕국은 계약으로써 관련된 사람들의 무더기와 같이 보아야 한다. 이런 계약의 내용은 어느 때든지 한가지였나니 말할 것 같으면 큰 봉건영주가 작은 봉건영주들에게 대하여 보호와 방위를 맹약하며, 작은 봉건영주들은 큰 것이 부르기만 하면 무장한 노복을 거느리고 자기의 무기를 가지고 나서기를 맹서하는 것이다. 이러한 관계에서 단군의 왕국이 형성하여 다수한 봉건영주들이 그 주위에 모이게 된 것이오, 어떤 역사가들의 말과 같이 인민의 추대로 된 것은 결코 아니다.[20]

19 『조선역사』는 1936년 집필한 초고본에는 '봉건적 군주제', 1953년의 수정본에는 '단군의 군주국가'라고 표현되어 있다(조동걸, 앞의 글, 1997, 163~169쪽).

20 『조선역사』, 46쪽.

단군의 봉건적 군주제는 계약에 의하여 다수의 봉건영주들이 모인 형태라고 한다. 단군신화의 풍백, 우사, 운사, 君長, 上長, 民長을 봉건영주로 간주한다. 부여의 마가, 우가, 저가, 구가, 견사, 대사자, 사자나 사출도, 그리고 호민까지 권력과 규모의 차이는 있지만 봉건영주의 대열로 인정된다.[21] 봉건제와 군주제 개념은 서로 모순될 수 있는데 단군의 봉건적 군주제는 군주독재는 아니라고 강조한다. 전제권이 약한 군주 아래 봉건영주가 편제되어 있는 체제라고 하면 합리적 설명이 될 수 있을까? 봉건제의 본질에 대한 그의 설명을 들어보자.

> 만일 봉건제의 본질은 전체 토지와 거기에 사는 인구가 무장한 노복을 거느린 소수 무사의 권력 하에 매인 것으로 해석된다면 숙신과 진도 그러한 것이오, 단군도 또한 그러한 것이다. 봉건영주들의 끊임없는 전쟁, 그런 전쟁으로 말미암아 어떤 한 개의 큰 덩어리가 형성되어 단군의 국가와 같이 될 수도 있고 그런 것이 다시 분열하여 三夫餘와 三韓으로 될 수도 있다. (…중략…) 이와 같이 되는 원인은 어디에 있는가? 그 시대에는 국내 각 지방의 연락이 약함을 인하여 중앙집권이란 것이 생길 수도 없었으며 또 그 무력에 있어서도 전국가적 군대가 없었고 개인적(국왕 또는 봉주) 무장단이 있었을 뿐이다. 그래서 많지 못한 군대를 가진 국왕은 봉주들의 힘을 믿었으며 각 영지 내의 신민들은 자기의 봉주 밖에 국왕이란 것이 있는지 없는지 또 그가 자기네와의 어떠한 관계가 있는지를 알지 못하였고 또는 알려고도 아니하였다. 여기에서 국왕과 봉주와의 계약상 관계만 친밀하면 친밀할수록 한 덩어리가 되었고 만일 소원하면 소원할수록 더 분열되었다.[22]

---

21 『조선역사』, 54・64쪽.

22 『조선역사』, 36~37쪽.

계봉우의 봉건제는 중앙집권과 반대되는 개념으로 성립된다. 아직 중앙집권을 이룰 정도로 국왕의 권력이 강력하지 못하여 각 지방의 봉주가 분립되어 있는 상황을 의미한다. 중앙집권국가가 출현하기 이전 오늘날 부족연맹체와 같은 단계를 봉건제의 개념으로 설명하는 것같다. 이러한 봉건제는 가야의 경우에는 지속되었으나 삼국의 관등제 및 군현제에 기초한 중앙집권체제가 확립됨에 따라 무너지는 것으로 본다.[23] 말하자면 봉건제는 군현제 및 군주제와 대극에 있는 개념인 것이다.

계봉우의 봉건제 개념은 백남운이 삼국시대를 노예제, 고려와 조선을 봉건제로 이해하고, 이청원이 고려까지 노예제로 본 것과는 상이하다. 주나라의 봉건제와도 다르고 서양 중세의 봉건제와도 다르며[24] 유물사관의 개념과도 같지 않다. 森谷克己의 '조기봉건제론'과[25] 유사하지 않나 생각한다.

森谷克己의 조기봉건제론은 백남운의 삼국시대 노예제사회론을 부정한다. 귀족들이 식읍(고구려), 녹읍(신라), 역분전과 공음전(고려), 공신전(조선) 등을 분여받은 것을 봉건주의의 양상으로, 관료들에게 토지가 아닌 녹봉을 지급한 것을 관료주의의 양상으로 파악한다. 토지를 분여받더라도 영역을 완전히 지배하는 것은 아니고, 토지분배와 녹봉지급 사이의 반복된 전환을 고려한 듯, 고구려의 국가체제를 '미숙한 봉건주의를 혼입한 관료국가'라고 하고, "고려의 국가체제는 전제주의였지

---

23 『조선역사』, 86・89쪽.

24 조동걸은 계봉우가 "단군조선의 봉건적 군주제를 1920년대 문화사학자들이 주나라 방식의 봉건제로 본 것과 달리 서양 중세에서와 같은 봉건국가로 설명하였다"고 하였지만(조동걸, 앞의 책, 1998, 206쪽), 농노제의 설명이 없이 노예를 직접생산자로 보는 점에서 서양의 봉건제와도 다르다고 생각한다.

25 계봉우는 1953년 수정본에는 제1편 3절 '부여의 북천과 한인의 東漸' 아래 다섯째 항목으로 '봉건화의 초기'를 설정하고 있다. 유물사관의 정식에 의하면 노예제사회 이후 봉건화가 시작되지만 한국에서는 국가성립단계부터 봉건화가 시작되었음을 설명하고 있는 것이다.

만 그 급여제에서 보아 미숙한 봉건주의를 혼입한 관료주의"였다고 하며, 조선도 '미숙한 봉건주의를 혼입한 전제적·관료주의'로 규정한다.[26] 국가질서는 군주전제와 관료제를 인정하면서 귀족관료의 토지소유와 지배를 봉건주의적 요소로 간주하여 모순된 양자를 기묘하게 결합하였다. 계봉우는 森谷克己보다 앞서 이와 유사한 견해를 낸 것이다. 그러나 森谷克己가 조선 중기 이후의 정체론을 강조한 것은 계봉우의 역사발전론과는 차이가 있다.

계봉우는 봉건제가 단군국가로부터 사국시대를 거쳐 남북국시대에 이르기까지 지속된 것으로 본다. 문제는 이러한 봉건제의 직접생산자를 전적으로 '노예'로 본 점에 있다. 그에 의하면 노예노동은 남북국시대에 절정을 이루고 고려시대까지 지속된다. 노예는 국가성립 초기에서부터 볼 수 있듯이 전쟁포로나 몰락한 자유농민에서 공급되고, 고구려의 하호, 부곡민도 노예에 포함된다. 남북국시대에는 고구려와 백제의 유민이 더하여져 노예의 수가 더 증가하고 고려시대에도 지속된 것으로 본다. 그래서 삼국 이후 고려에 이르기까지 '노예소유의 시대'라고 규정한 것이다.[27] 노예를 경제적 단위로 보고 국가적 경제가 노예의 노력에 기초하였다고 한다.[28] 그렇다면 유물사관에서처럼 노예제가 봉건제로 이행한 것이 아니라 생산양식의 측면에서는 노예제 생산, 지배체제에 있어서는 봉건제적 지배라고 하는 상하 구조의 기묘한 결합을 상정한 것으로 된다.

조기봉건제는 점차 중앙집권제 및 군현제로 이행해간다. 먼저 노예의 생산을 토대로 함에도 불구하고 국가권력이 봉건제에서 군현제로 넘어가기 시작하였다. 군주의 권력이나 중앙집권의 강도에 의해 지방제도가 분봉제가 아닌 군현제로 된 것이다. 이전의 인민이 봉주에 예

---

26 森谷克己, 「朝鮮社會經濟史概論」, 『東洋的生活圈』, 育生社, 1942, 207~230쪽.
27 『조선역사』, 97·157쪽.
28 『조선역사』, 138~139쪽.

속되었다면 군현제와 중앙집권제 하에서는 군주와 지주(왕족과 사족)에게 예속된다. 이들이 소유한 토지에서는 여전히 노예에 의한 경작이 이루어지고 있지만 고려 이후에는 피지배층에 노예 외에 서민의 존재가 드러나기 시작한다. 이제 權貴인 지주는 노예만을 착취하는 것이 아니라 전호(소작인)도 착취하게 된다.[29]

고려를 '노예소유의 국가'라고 했지만 전호가 등장함으로써 노예노동은 차츰 전호노동에 의해 대체되는 것으로 설명된다. 국가의 형성 이후 봉건제의 초기국가에서 노예에 의한 노동이 생산의 기반을 이루다가 사국시대를 넘어 남북국시대에는 노예의 양적 증가현상을 보이며 정점에 달하고 고려시대도 이를 이었지만, 지주와 전호의 등장으로 양상은 달라지기 시작한다. 조선으로 넘어가면서 전제군주제의 시대로 전환된다. 조선시대의 착취는 군주, 지주, 관리에 의해 이루어졌는데, 고려시대에 비해 훨씬 적어진 노예보다는 법률상 자유민이지만 실제로 半農奴인 소작인이 착취의 대상이 된다. 양반인 지주가 소작제에 의해 소작인을 가혹하게 착취한다는 것이다. 이리하여 조선시대는 '봉건제를 불식한 전제군주제의 시대'라고 규정된다.

4. 농민운동 이해와 『東學黨暴動』

계봉우는 『조선역사』에서 계급운동을 특별히 강조하고 중요시한다. 농민의 존재형태가 불분명했던 부여를 설명하면서 이미 '농민폭동'

29 『조선역사』, 172~179쪽.

의 항목을 설정하여 하호와 농민이 착취계급에 반항했다고 서술하고 있다. 사국시대에도 사료가 없음에도 불구하고 '농민의 動亂'을 항목으로 설정하고, 남북국시대에는 신라에서 일어난 '농민의 반란'을 원인, 봉기, 실패로 세부항목을 나누어 자세히 다루고, 고려시대에는 '노예의 반란'을 큰 항목으로 설정하고, 조선시대에는 '농민폭동의 일반'이라는 항목을 설정하여 조선 초부터 개항 이전까지 지주와 소작인의 모순, 관리와 인민간의 모순에서 발생한 농민폭동을 개괄하고 있다. 이렇게 농민운동을 강조하고 있지만 그것을 역사발전의 원동력으로서 설정하는 계급투쟁론으로 해석한 것은 아니었다.

다만 '동학당의 폭동'에 대한 인식은 남다르다. 그는 『조선역사』를 집필하기 이전에 이미 반일투쟁의 핵심으로 『의병전』을 집필한 바 있고, 1920년대 사회주의운동에 투신한 이후 아래로부터의 저항운동에 대한 관심이 1932년 9월 21일 탈고한 『동학당폭동』에서 절정을 이루었다. 그리고 그 내용은 『조선역사』에 요약적으로 기술되어 있다.

계봉우는 '동학당폭동'의 의의를 다음과 같이 지적한다.

> 우리의 역사를 溯考하면 상하 반만년의 사이에 대소의 농민운동, 실로 봉건제도의 아래에서 각방으로 압박과 착취를 받은 농민대중의 계급투쟁은 어느 시대에든지 없지 아니하였다. 그러나 동학당의 폭동과 같이 그렇게 조직이 튼튼하고, 그렇게 정강이 정대하고, 그렇게 전선의 범위가 거의 전국을 포괄하고 또 그 투쟁목표가 자국 내의 착취계급에게만 한한 것이 아니라, 남의 것이라면 약탈하기를 좋아하는 외국의 세력까지 구축하려는, 그러한 큰 운동은 과거의 조선역사에서 더 찾을 수 없다. 그뿐인가? 그것으로 말미암아 東亞全局의 대변동을 일으킨 청일전쟁이 생겼고, 그것으로 말미암아 자체의 실력으로 되어진 것은 아니로되 그래도 조선의 독립국임을 세계에 공포하였고, 이것으로 말미암아 四民(士農工商)平等, 노예

해방 등의 정치개혁까지 있게 되었다. 유감스럽게 그 폭동이 필경에 실패는 되었지만은, 비록 그렇더라도 그 폭동이 일어난 지 6년 후에 있은, 다만 외세구축을 목적으로 한 중국의 의화단폭동보담 확실히 고상한 가치가 있다는 것을 지적하지 않을 수 없다.[30]

봉건시대의 농민대중에 의한 계급투쟁의 최고봉으로 '동학당폭당'의 위상을 설정한다. 중국의 '의화단폭동'보다 고상한 가치가 있다고 자부한다.

계봉우는 일찍이 동학에 대해 관심을 가지고 자료를 수집하고 있었는데, 1931년 8월 21일부터 10월 9일까지 36회에 걸쳐 『동아일보』에 연재된 김상기의 『동학과 동학란』을 보고 이를 비판적으로 재해석해 보고자 『동학당폭동』을 집필하게 되었다고 한다.[31] 김상기는 1931년 3월에 와세다 대학에 졸업논문으로 제출한 원고를 간추려 동아일보에 『동학과 동학란』이란 제목으로 연재하였다. 김상기는 황의돈, 이돈화의 지도를 받았다고 밝히고, 박은식과 장도빈의 저작을 인용하였고, 1차 사료의 수집을 통해 실증적인 연구성과를 제출하였다.[32]

계봉우도 김상기와 마찬가지로 동학에 대해 실증적인 작업을 진행하였다. 『동학당폭동』에 인용된 문헌을 살펴보면 대체로 〈표 3〉과 같다.

〈표 3〉 『동학당폭동』의 인용문헌

분야	문헌
동학문헌	天道敎書, 東經大全, 侍天敎歷史, 崔容煥의 鷄龍山解剖, 전봉준사형선고문, 장도빈의 동학란과 전봉준, 김상기의 동학과 동학란, 日省錄의 崔濟愚 供案, 開闢 제5호

30 『동학당폭동』(『한국학연구』 5 별집), 인하대 한국학연구소, 1993, 12쪽.

31 「序言」, 『동학당폭동』, 13쪽.

32 이영호, 「동학과 농민전쟁의 원형－김상기의 『동학과 동학란』을 중심으로」, 『동학과 농민전쟁』, 혜안, 2004 참조.

계봉우 저작	朝鮮史稿
한국문헌	東國通鑑, 練藜室記述, 東國史略, 東國略史, 大東紀年, 박은식의 韓國痛史, 徐兢의 高麗圖經, 魚叔權의 稗官雜記, 李瀷의 星湖塞說, 李偰의 상소, 開闢 1922년 7월호 이상재 談
일본문헌	猪谷善一의 朝鮮經濟史, 今村병(革丙)의 朝鮮風俗集, 韓國痛史五十年의 回顧, 日淸戰爭實記, 大庭貫一의 朝鮮論(1896), 玄洋社社史, 近代日支鮮關係의 연구, 韓國總攬, 大日本憲政史, 中東戰紀 朝警記
서양문헌	달레의 기록, 엥겔스의 독일농민전쟁
증언	咸興鄕志談, 송용호의 목격담, 계봉우의 목격

계봉우는 동학당의 4대정강, 전봉준에 대한 선고문을 발굴하여 활용한 것을 자신의 업적으로 강조한다.[33] 김상기의 연구에 자극을 받아 실증적인 연구를 하기 위해 애를 쓴 흔적이 역력하다. 주제의 이념적 선명성과는 대조적으로 계봉우의 저작 가운데 가장 실증적인 연구가 아닐까 생각한다.

『동학당폭동』의 중요한 관점을 소개하면 다음과 같다. 첫째 동학사상과 포접제의 조직이 폭동에 관철되어 있다고 본다. 포접제의 조직이 군현의 범위를 넘어서는 조직의 확산에 기여하고 이러한 조직에 의해 지역적 전국적 폭동이 가능했다는 점은 오늘날 많은 연구가 지적하는 바이다. 반면 동학사상이 폭동을 어떻게 이끌었는지에 대해서는 의견이 일치하지 않고 있는데,[34] 계봉우는 동학사상을 반기독교적 배외사상, 반계급적 평등사상, 다종다문의 신앙을 종합한 특징을 지닌다고 하여 동학사상의 개념을 독창적으로 인식한다. 동학의 종교종합적 성격은 유불선의 원리를 종합한데 그치지 않고 기독교, 샤머니즘, 정감록을 모두 포괄하는 것으로 본다. 계봉우는 『天道教書』에 나오는 최제우 시험을 예수의 세 가지 시험과 대비하고, 천주와 주문을 천주교의 儀式을 取

33 『동학당폭동』, 13쪽.

34 이영호, 『동학과 농민전쟁』, 혜안, 2004, 25쪽.

法한 것으로 보고, 천주라고 칭한 것도 마찬가지라고 본다. 특히 서학에 대비한 동학은 서학의 색채를 加飾한 셈이라고 하여 동학이 "기독교의 儀範을 종합한 것"이라고 한 점은 독특하다.[35] 동학사상의 구조에서 동학당폭동의 필연성이 도출된다는 점을 그는 다음과 같이 설명한다.

> 우리는 이러한 근거에서 동학이라는 그 教體에는 여러 가지의 신앙이 융합된 것을 확실히 이해할 수 있으며 —(교세가 확장한 것도: 필자 주)— 동학의 구조가 민간신앙에 순응된 까닭임을 또한 확실히 이해할 수 있다. 그리고 폭동 당시에 斥洋斥倭의 표어를 산포하며 盡滅權貴 大振紀綱의 정강을 설정한 것이 벌써 입교의 의식에서 맹아된 것임을 확실히 이해할 수 있다.[36]

동학사상의 새로운 개념구성에 의해 동학사상이 본래부터 척양척왜와 진멸권귀의 사회적 문제의 해결로 나아갈 수 있는 사상적 근원이 되었다고 보는 것이다. 그래서 동학사상이 동학당폭동의 이념으로 관철될 수 있다고 볼 수 있었다.

계봉우는 실패의 원인 분석에 큰 관심을 가지고 미신의 이용, 남북양접의 충돌, 외국의 간섭, 민포군의 적대, 책략상 착오를 들고 있는데, 모두 실패의 중요한 원인으로 손색이 없는 문제들이다. 최제우의 보국안민이나 지상신선의 이상을 실현하려고 하면서도 두 개의 노선으로 분화되고 이들의 갈등이 실패의 최대원인 중 하나로 본 점은 김상기의 해석과 유사하다.

실패의 원인 중 책략상의 착오를 지적한 데서 동학당폭동의 역사적

---

35 『동학당폭동』, 37~38쪽. 동학사상과 기독교사상의 친연성에 대해서는 이영호, 「동학과 기독교의 조우」, 『시대와 인물, 그리고 사회의식』, 태학사, 2009; 이영호, 「황해도 동학농민군과 기독교 선교사의 접촉과 소통—매켄지(William. J. McKenzie) 선교사를 중심으로」, 『한국기독교와 역사』 34, 2011 참조.

36 『동학당폭동』, 40~41쪽.

의의와 역할에 대한 계봉우의 생각이 드러난다. 첫째 어떠한 폭동이든지 그 목적을 완전히 달성하자면 국가주권을 쟁탈해야 하는데 전봉준은 국가주권을 쟁탈하려 하지 않고 다만 "권귀를 진멸하고 기강을 大振한다"하여 실패했다고 지적한다. 둘째 훈련도 안 되어 있고 무기도 精利치 못한 오합의 도중인 동학군을 가지고 일본의 군력도 감당하기 어려운데, 遠交近攻의 책을 강구하지 않고 "양왜를 축멸한다" 하여 자기 역량을 살피지 않고 국제적으로 도전한 것을 실책으로 들었다. 각지 두령의 의사를 종합하지 않고 단독타협을 감행하여 도중에 해산한 것은 셋째 실책으로 지적된다. 넷째 실책은 "3천명의 便衣隊를 경성근방에 보내고 그 중에서 백인이 벌써 경성 내에 잠복한 이상 일청의 평양승패를 기다릴 것 없이 내외 상응하여 급속히 경성을 점령하되 6도의 선발대로 동시병진 하였으면 大事를 가히 정할지어늘 전봉준은 이에 반하여 親辛한 군대의 북상에만 주력한 것"이라고 하였다.[37] 실패의 원인 분석과 성공 가능성을 모색한 것은 다른 연구에서는 찾아보기 어려운 일이다.

계봉우의 독창성은 동학당폭동을 엥겔스의 『독일농민전쟁』과 직접 비교한 점에 있다.[38] 독일농민과 조선농민의 비참한 상황을 소개하고, 종교적 정치저 색재를 가진 조직이 등장하고 그 가운데서 혁명자들이 출현한 과정의 유사성을 포착하고, 폭동이 4개 시기로 전개된 것, 외국군에 의해 진압당한 것까지 유사성을 부각하였다.

동학당폭동의 성격을 동학란, 동학혁명, 갑오농민전쟁으로 구분하여 볼 때 계봉우는 일찍이 '농민전쟁'의 입장을 고려하고 있었던 것으로 볼 수 있다. 계봉우의 『동학당폭동』을 발굴하여 학계에 처음 소개한 윤

37 『동학당폭동』, 139~140쪽.
38 『동학당폭동』, 140~155쪽.

병석은, “『동학당폭동』의 연구사적 의의는 박은식, 장도빈, 김상기 등의 연구가 구축해 놓은 실증적 근대 역사연구방법론의 전통 위에 계급투쟁설에 입각한 유물사관을 적용하여 동학농민운동을 체계화시킨데 있다”고 결론 내렸다. 즉 김상기의 『동학과 동학란』의 연구성과와 풍부한 자료를 바탕으로 엥겔스의 저작 『독일농민전쟁』과 비교함으로써 1894년의 동학농민운동을 개념상 ‘농민전쟁’으로 위치지운, 유물사관의 입장에서 이루어낸 최초의 학문적 체계화라고 평가하였다.[39] 계봉우는 1920년 집필한 『의병전』에서 동학농민운동을, “갑오의 과거를 一回顧하건대 逐滅倭夷, 革罷門閥이라 하든 동학당의 혁명적인 선언”, “동학당 전봉준의 갑오개전도 逐滅倭夷라는 구실이 有하였으나 혁파문벌 또는 토지분배설의 遺傳된 것을 본즉 실지상 社會革命의 색채가 포함되었었다”라고 하여[40] 혁명적 성격을 지적한 바 있었다. 계봉우의 동학농민운동의 성격에 대한 평가를, 그 진행과정은 ‘농민전쟁’이고 지향은 ‘사회혁명’이었다고 본 것으로 종합할 수 있지 않을까 생각한다.

5. 계봉우의 역사관

『조선역사』에 나타난 계봉우의 역사관은 다음과 같은 서술에서 볼 수 있다.

39 윤병석, 「『동학당폭동』 해제」, 『한국학연구』 5 별집, 1993; 윤병석, 앞의 글, 1993, 22쪽.
40 뒤바보, 『의병전』, 1920; 한국민족운동사연구회 편, 『의병전쟁연구』 상, 지식산업사, 1990, 40~41쪽.

우리가 과거의 일체 역사는 계급투쟁의 역사라는 맑쓰 엥겔쓰의 선언을 확신한다면 역사라는 것은 계급이 처음에 어떻게 형성하였으며, 그 투쟁의 결과가 과거에는 어찌되었고 현재에는 어찌되고, 장래에는 어찌될 것을 연구하는 일종의 과학임은 더 말할 것도 없는 일이다. 그런즉 이것을 연구함에는 원시대로부터 금일까지의 인류사회가 어떻게 발전된 것을 기초로 하여야 할지니 그의 발전과정은 經理형식의 변천을 의미한 것이다. 어느 때든지 사람은 생존할 가능을 얻기 위하여 더 명확히 말하자면 사람마다 그 자신을 주림과 추위에서 구원하기 위하여 경리에 모름지기 注重하였다면 피착취계급이 착취계급에게 대한 투쟁은 도저히 면할 수 없는 일이다. 그러므로 역사의 근저에는 사람이 그 생존을 위한 자연과의 투쟁, 먹고 입고 거처하고와 또 기타를 위한 투쟁에 놓이어 있음을 잊지 말아야 한다.[41]

계봉우는 마르크스, 엥겔스의 유물사관에 의거하여 『조선역사』(1936)를 집필하였다고 주장한다. 그것은 두 가지 측면을 지닌다. 하나는 원시시대부터 현재까지 인류사회의 발전이 '經理形式의 변천'에 있다고 하는 생산양식론이고, 다른 하나는 발전의 원동력을 '피착취계급의 착취계급에 대한 계급투쟁'에서 구하는 것이다.

계급국가의 발생에 대해서는 다음과 같이 설명한다.

계급이 있는 곳에는 모순이 반드시 있게 되고 모순이 있는 곳에는 투쟁이 반드시 있게 된다. 그렇게 되면 상층계급들은 그 모순을 謀避하고 그 투쟁을 방지 혹은 軟化하기 위하여 어떤 특별한 힘을 세웠나니 그 힘은 곧 國家라는 것이다. 이와 같이 국가가 형성되면 원시적 민주제는 그림자도 볼 수 없게 되고 한 계급이 다른 계급을 압박하는 기계-군사적 독재가 그 위에 있게 된다.[42]

41 「우리는 역사를 어떻게 연구하여야 할가?」, 『조선역사』, 9쪽.

계급의 형성과 계급간의 투쟁은 계급지배를 내용으로 하는 국가의 형성으로 귀결되고 그러한 국가는 군사적 독재의 모습을 띠게 된다는 국가론을 제시하고 있다. 이러한 견해는 그의 독창적인 것이 아니고 마르크스와 함께 유물사관을 구축한 엥겔스의 저작에서 빌려온 것이라고 그는 주장한다.

> 지금 우리는 고고학과 지질학에서 많은 재료를 얻었으며 그것에서 얻지 못한 재료는 현시의 낙후된 민족들에게서도 구하게 되며 또는 고대 서적과 한인의 낡은 기록에서도 찾게 된다. 그리고 그 재료에 대한 옳은 설명은 유물론적 역사관이 가르쳐 준다.[43]

> 계급과 계급에 관한 재료를 옳게 논단하고 바르게 批定하는 것도 어려운 일이거니와 역사 있기 전의 사실은 더욱 어려운 일이었다. 그것에 대하여는 엥겔스의 作인 『가족, 私産 및 국가 기원』과 漢人 정치학교용의 『인류사회발전사』에서 많은 도움을 받았나니 이 공작은 우리의 사학가들이 종래로 한번도 건드려 보지 못했던 실로 나의 첫걸음이었다.[44]

계봉우는 엥겔스의 저작을 활용하여 원시시대와 한국 초기 역사단계에서 계급 및 국가의 발생을 정리할 수 있는 논리적 근거를 얻었다고 한다. 다른 역사학자들이 시도하지 못한 마르크스, 엥겔스의 저작을 활용한 것에 대한 자부심이 묻어난다. 그러나 그의 유물사관 수용은 철저한 것은 아니었다.

계봉우는 엥겔스의 저작을 인용했다고 하지만 어느 부분을 인용했

42 『조선역사』, 32~33쪽.
43 「조선의 역사가들은 어떠하였는가?」, 『조선역사』, 12~13쪽.
44 『조선역사』(1953) 서언. 윤병석, 앞의 글, 1993, 21쪽에서 재인용.

는지 주에도 없고 내용적으로도 확인하기 어렵다. 백남운이 엥겔스 저작을 직접으로 인용한 것과 비교된다. 오히려 계봉우는 한국과 중국의 원자료를 적극 인용하고 있다.

계봉우는 경리형식의 변천을 역사발전과정으로 제시했는데 그 점은 조기봉건제론에서 특징적으로 드러난다. 그렇지만 한국사 각 시대의 성격을 단군의 봉건적군주제, 四國시대, 남북국시대, '노예소유의 고려', '군주전제의 조선'으로 규정한 데서 보듯이 왕조국가별 시대구분의 모습도 보이고 있어서 유물사관의 생산양식론에 대한 체계화가 불철저하다고 평가해야 할 것이다.

그렇다면 종래의 역사가들이 "피착취계급의 끊임없는 반항투쟁을 반역 혹은 소요라 하여 그 眞 사실을 말살한 그 필법"을 비판하면서[45] 강조한 계급투쟁은 어떻게 서술되어 있는가? 한국사 각 시대의 계급투쟁은 각 시대마다 노예와 농민의 반란으로 소개되고, 동학당폭동을 강조하였지만 그것이 역사발전의 계기나 원동력으로 서술된 것은 아니다.

계봉우의 저작을 발굴한 윤병석과 조동걸은 계봉우의 역사학을 달리 평가한다. 윤병석은 계봉우가 말년에 정리한 『조선역사』(1953)를 통해 볼 때 유물사관을 수용하였다고 인정한다. 반면 조동걸은 계봉우의 역사학을 1920년대 황의돈, 안확, 장도빈, 권덕규의 문화사학을 계승하면서 유물사관의 영향도 받은 후기문화사학으로 규정한다. 그러면서 "구한말의 계몽주의자가 식민지시기의 민족주의 단계를 거쳐 유물론 사회에서 살아가는 가운데 그 세 가지 시대적 환경이 역사의식에 동시에 투영된 특수성"을 보인다고 평가한다.[46]

이처럼 평가가 갈리는 것은 계몽운동, 민족운동, 사회주의운동을 거

45 『조선역사』, 10쪽.

46 조동걸, 앞의 책, 1998, 206쪽.

치면서 그의 지적 편력이 확장됨에 따라 역사관도 변화해 갔기 때문일 것이다. 계봉우는 오랫동안 한국사 교육에 종사하면서 『조선역사』(1912) 및 『최신동국사』(1917), 『신찬 주신사』(1923), 『조선역사』(1936) 등 많은 강의안과 교과서를 만들었다. 그 과정에서 한국역사에 대한 기본줄기를 세우고 이를 유지하면서도 시대상황에 따라 역사인식은 변하였을 것이다. 계봉우는 표면적으로는 (왕조)국가별 구분을 취하면서 내면적으로 사회구성이나 계급갈등을 취급하여 한국사를 체계화하였다. 지배체제는 조기봉건제에서 군현제, 나아가 전제군주제로 진전된 것으로 정리하고, 생산양식의 측면에서는 초기국가에서부터 고려시대까지 노예생산이 주류를 이루지만 조선시대에는 지주제를 형성한 것으로 정리하였다. 유물사관을 기계적으로 수용한 것은 아니고 조기봉건제를 주장한 점이 특징이다.

6. 맺음말

계봉우의 한국역사 인식은 민족주의사관이나 유물사관에 일방적으로 경도된 것은 아니다. 그는 시대구분에서 유물사관을 적용하지 않았다. 고구려, 백제, 신라에 가야를 포함한 四國시대론은 임나일본부설이 팽배하던 식민지시기, 反식민사학의 태도를 견지한 것으로 평가할 수 있다. 남북국시대를 설정한 것도 식민주의사학의 신라통일론이나 만주사관에 대항한 다른 민족주의 역사가들과 동일한 보조를 취한 것이다. 그렇지만 유물사관을 한국역사에 적용해보려는 시도를 전혀 안 한 것은 아니다. 유물사관의 봉건제론과는 다르지만 조기봉건제론을 주장한 것은 매우 독창적이다. 또한 각 시대마다 농민운동을 빼놓지 않고 서술하고 또 별도로 『동학당폭동』을 저술하고 있는 점에서 계급투쟁론을 의식하고 있음을 알 수 있다. 계봉우가 『조선역사』의 첫머리에 모든 역사는 계급투쟁의 역사이고 인류사회의 발전은 經理형식(생산양식)의 변천을 의미한다고 선언하였지만, 구체적인 한국역사 서술에서는 유물사관이 철저하게 관철된 것은 아니었다.

계봉우는 한말 계몽운동으로부터 시작하여 1910년대 민족운동, 1920년대 이후 사회주의운동에 투신하였다. 민족운동에서 사회주의운동으로 전환하고 그의 지적 편력이 확장됨에 따라 역사관도 변화하여 가는 경향을 보이지만, 그 최종판인 『조선역사』(1936)에는 한말 민족운동 시기부터의 역사교육과 교과서 편찬의 경험이 축적되어 있다. 교육과 운동의 목표를 민족의 국권회복에 두었고, 사상적으로 마르크스주의를 수용하고 있었지만 전근대의 역사구성은 아직 유물사관의 기계적 적용을 주저하였다. 식민지시기를 다룬 『조선역사』 3권(1952)에서 좀 더 유물사관에 접근하지만 경도된 것은 아니었다.

계봉우의 한국학은 '해외 한국인의 민족학'이지만 '러시아 한국학'과 전혀 관계가 없는 것은 아니었다. 러시아 한국학의 형성에 결정적 기여를 한 미하일 박이 모스크바대학 대학원생으로 세계사 강사를 하면서 한국사에 대한 연구열을 불태우고 있을 때인 1941년, 한국사에 관한 여러 원고를 집필한 계봉우를 만나 불과 3개월에 불과했지만 상당한 영향을 받았다.

미하일 박은 1956년 소련에서 발간된 『사학제문제』에 신라의 사회경제적 구성에 관한 논문을 발표했는데 이것이 북한 사학계에 노예제문제에 대한 격렬한 토론을 촉발하였다고 한다.[47] 당시 백남운 추종자

47 박 미하일 니콜라예비치, 「신라의 사회경제적 성격에 관하여(3~6세기)」, 『사학제

는 삼국시대를 고대노예제사회로 보고, 김광진의 신진파는 봉건적 사회관계의 형성기로 보는 입장이었다. 미하일 박은 김광진의 견해에 접근하여 삼국시기를 '초기 봉건제'로 보았다.[48] 계봉우의 조기봉건제론과의 관련성을 엿보게 된다.

또 계봉우의 영향으로 미하일 박은 '19세기 후반 조선정치사'를 박사학위 주제로 잡았고 계봉우의 원고를 수집하여 소련과학원에 보관함으로써 러시아 지역 한국인의 민족학이 부활할 수 있는 계기를 만들었다.[49] 러시아에서의 한국학은 동방학이라는 전략적 지역학을 통해 한국의 역사와 문화, 국제관계 속의 한국의 위상, 정치 경제에 대한 조사와 연구를 중심으로 진행되었고, 연구의 경향은 1917년 러시아 혁명 이전, 소련 시기, 1990년 이후 러시아 시기로 구분하여 살필 수 있다.[50] 계봉우와 미하일 박의 조우는 러시아 지역 '한국인의 민족학'과 '러시아 한국학' 두 계보의 연계 가능성을 보여준다.

문제』 7, 1956. 이외에 다음의 논문들은 계봉우의 봉건제론과 비교 연구할 필요가 있다. 박 미하일 니콜라예비치, 『삼국시대 사회경제구조에 관한 한국사학사』, 모스크바, 1960; 「조선에서 봉건주의의 출현과 확립에 관하여」 『동방국가들의 역사학』, 모스크바, 1969; 『한국사학사 개요』, 모스크바, 1987; 『한국의 역사와 사학사』, 모스크바, 2003 참조.

48 박노자, 「러시아 한국학의 개척자－미하일 박 교수」, 292쪽; 박 미하일 니콜라예비치, 「신라의 사회경제적 성격에 관하여(3~6세기)」, 『사학제문제』 7, 1956; 김광진 · 도유호, 『삼국시기 사회경제구성에 관한 토론집』, 과학원역사연구소, 1957(일송정 재간행, 1989), 서문.

49 박노자, 「러시아 한국학의 개척자－미하일 박 교수」, 『정신문화연구』 88, 한국학중앙연구원, 2002 가을, 289쪽.

50 짜가이 갈리나 다브이도브나, 「러시아에서 한국학의 탄생」, 『한국독립운동사연구』 9, 독립기념관 한국독립운동사연구소, 1995; 와닌 유리 와실리비치, 「현대 러시아 한국학(1945 ~1995)」, 『한국독립운동사연구』 9; 박노자, 「러시아 한국학 연구의 과거와 현황」, 『정신문화연구』 76, 1999 가을; 신형식, 「러시아에 있어서 한국학연구의 현황과 과제」, 『白山學報』 53, 백산학회, 1999; 김현택, 「러시아에서 한국학 연구의 역사와 현재 상황」, 『러시아지역연구』 3, 한국외대 외국학종합연구센터 러시아연구소, 1999.

〈부록〉『朝鮮歷史』(1936)의 목차

제1편

I. 역사있기 전의 조선사람

1. 우리는 역사를 어떻게 연구하여야 할가?
2. 조선의 역사가들은 어떠하엿는가?
3. 조선의 첫사람들
4. 목축업과 농업의 발생
5. 계급의 형성
6. 계급적 국가의 발생
7. 종교와 마술의 발생

II. 봉건적 군주제의 성립

1. 단군의 군주제는 어떻게 되엇는가?
2. 봉건적 계제
3. 신권정치의 표현

III. 부여의 북천과 한인의 동점

1. 부여의 북천
2. 계급의 조직체
3. 노예에 대한 착취형식
4. 농민운동
5. 한인의 동점

IV. 부여와 진의 분열

V. 문화의 정도는 어떠하엿는가?

제2편

I. 사국의 성립

1. 그 성립의 원인
2. 계급의 체제
3. 군현제의 創施
4. 토지소유의 형식
5. 착취의 형식
6. 노예소유의 제도
7. 귀족정치의 발단

II. 사국의 전쟁과 그 흥망

1. 사국의 대외정세
2. 선비족과의 전쟁
3. 한족과의 전쟁
4. 왜인과의 전쟁
5. 농민의 동란

III. 사국의 문명

1. 동서문명의 조화
2. 건축
3. 鑄造
4. 회화
5. 조각
6. 음악
7. 문학
8. 종교들의 계급성
9. 상업의 쇠퇴

제3편

I. 남북국의 대립

1. 남국의 신흥과 북국의 창건
2. 북국과 나당과의 관계
3. 남국과 당과의 관계
4. 행정구역의 조직
5. 계급의 조직체와 그 차별

II. 노예소유자의 착취상태

1. 노예의 종별
2. 노예의 고역

III. 농민의 반란

1. 반란의 원인
2. 반란의 봉기
3. 반란의 실패

IV. 남북국의 문명

1. 미술
2. 음악
3. 문학
4. 문자

제4편

I. 노예소유의 고려

1. 왕건의 건국과 그 음모
2. 계급조직과 그 차별
3. 행정구역의 제도
4. 토지분배의 상태

II. 귀족정치의 실현

1. 康兆의 專權
2. 이자겸의 전권
3. 정중부의 전권

III. 노예소유자들의 착취형식

1. 국왕의 착취형식
2. 지주들의 착취형식

IV. 유불의 세력투쟁

1. 제1차의 투쟁
2. 제2차의 투쟁
3. 제3차의 투쟁

V. 노예의 반란

VI. 외교상의 예속적 관계

1. 거란과의 관계
2. 금국과의 관계
3. 몽고와의 관계
4. 명국과의 관계

VII. 고려의 쇄망

VIII. 고려의 문명

1. 문학
2. 음악
3. 미술

제5편

I. 군주전제의 조선

1. 이성계의 건국과 그 음모
2. 계급의 조직과 그 차별
3. 왕족간의 位權 쟁탈
4. 토지소유의 형성
5. 봉건식의 착취상태
6. 사화와 당쟁
   1) 사화
   2) 당쟁
7. 외교상의 굴욕적 정책
   ㄱ. 명국과의 외교관계
   ㄴ. 일본과의 외교관계
   ㄷ. 청국과의 외교관계
8. 혁명운동의 경과
   ㄱ. 이시애의 혁명
   ㄴ. 이괄의 혁명
   ㄷ. 홍경래의 혁명
9. 농민폭동의 일반

10. 조선의 문명

1) 문학; 산문, 운문, 가곡
2) 음악
3) 수공업
4) 미술
5) 상업

제6편

I. 獨立爲名의 韓國시대

1. 대원군의 집정기

1) 그의 대내정책

ㄱ. 경복궁의 중건
ㄴ. 서원의 철폐

2) 그의 대외정책

ㄱ. 서교도의 대학살
ㄴ. 法美 양군과의 전쟁
ㄷ. 극단의 배일론
ㄹ. 대원군의 실정

2. 閔后의 전권기

ㄱ. 대원군과 민후의 관계
ㄴ. 일본과의 수호통상
ㄷ. 임오군란
ㄹ. 갑신정변

3. 동학당의 폭동

1) 폭동직전의 동학당
2) 신원운동과 폭동관계
3) 제1회의 폭동
4) 제2회의 폭동
5) 제3회의 폭동
6) 동학군의 실패한 원인

4. 한국의 독립과 俄日의 충돌

1) 독립포고
2) 아관에의 파천

5. 5조약과 한국정세

1) 5조약의 勒成
2) 7조약의 늑성
3) 의병의 봉기
4) 합병조약의 늑성

| 참고문헌 |

계봉우, 『朝鮮歷史』, 1936.

______, 『東學黨暴動』, 1932.

______, 『北愚 桂奉瑀 資料集』 2, 독립기념관 한국독립운동사연구소, 1997.

뒤바보, 『의병전』, 1920.

______, 한국민족운동사연구회 편, 『의병전쟁연구』 상, 지식산업사, 1990.

金正明編, 『朝鮮獨立運動』 III, 原書房, 1968.

김종복, 「발해사 인식의 추이－남북국시대론을 중심으로」, 『사림』 26, 수선사학회, 2006.

김태식, 「四國時代論－한국 고대사 三國時代論의 代案」, 『韓國古代史硏究』 46, 한국고대사학회, 2007.

박 미하일 니콜라예비치, 「신라의 사회경제적 성격에 관하여(3～6세기)」, 『사학제문제』 7, 1956.

박노자, 「러시아 한국학의 개척자－미하일 박 교수」, 『정신문화연구』 88, 한국학중앙연구원, 2002 가을.

윤병석, 「계봉우의 생애와 저술목록」, 『인하사학』 1, 인하역사학회, 1993.

______, 「『동학당폭동』 해제」, 『한국학연구』 5 별집, 1993.

______, 「이동휘와 계봉우의 민족운동」, 『한국학연구』 6·7 합집, 인하대 한국학연구소, 1996.

이영호, 『동학과 농민전쟁』, 혜안, 2004.

조동걸, 「북우 계봉우의 생애 및 연보와 저술」, 『한국학논총』 19, 국민대 한국학연구소, 1997.

______, 『현대한국사학사』, 나남, 1998.

계봉우, 김필영 역, 『꿈속의 꿈』, 강남대 출판부, 2009.

森谷克己, 「朝鮮社會經濟史槪論」, 『東洋的生活圈』, 育生社, 1942.

계봉우의 사회주의사상과 역사서술 체계*

독립운동사 서술체계를 중심으로

이현주

1. 머리말

한국 근대역사학의 성립을 논의할 때 흔히 박은식과 신채호, 또는 백남운과 이청원을 이야기한다. 널리 알려진 대로 전자는 한국 근대사학사에서 민족주의 역사학을, 후자는 마르크스주의 역사학(사회경제사학)을 성립, 발전시킨 선구자로 평가된다. 그러나 양자는 역사가로서 추구하는 이념이 다르고 그 차이가 접점을 찾기 어려울 만큼 대립적이다. 이와 같은 역사인식은 일제 식민지하의 민족해방운동사 서술에서

* 이 글은 『한국학연구』 제25집(인하대 한국학연구소, 2011.11)에 기고한 글을 본 연구총서의 기획에 맞춰 수정한 것이다.

민족주의 운동과 사회주의 운동을 분리시키는 결과를 낳았다.

이런 점에서 한국학자 계봉우(1880~1959)의 활동과 연구업적이 주목된다. 그는 한말에 한학을 수학한 후 근대 계몽주의자가 되어 기독교를 수용하고, 민족운동에 투신한 뒤에는 다시 사회주의를 받아들여 중국 만주와 러시아 연해주 등지를 무대로 정력적으로 민족혁명운동에 참여하였다. 뿐만 아니라 한국학자로서 국어와 국사, 종교 등의 분야에서 경이로울 정도의 많은 연구 성과를 생산했다. 특히 한반도로부터 수만 킬로미터나 떨어진 중앙아시아 카자흐스탄 공화국의 크즐오르다로 이주한 뒤에는 죽을 때까지 한국사, 특히 민족해방운동사를 정리하고 이것을 학문적으로 체계화하는데 심혈을 기울였다.

이 단계에서 계봉우는 조선인이면서도 소련의 일부가 된 국가의 사회주의자라는 입장에서 민족과 계급의 대립을 지양하고 양자를 결합시키면서 한국민족해방운동사를 체계화하려 했다. 그의 이러한 시도는 1952년 크즐오르다 자택에서 탈고하여 생애 마지막 저작이 된 『조선역사』(권3)에 반영되었다.

계봉우의 한국학 저작들은 10여 년 전 독립기념관 한국독립운동사연구소에서 일부가 영인 간행됨으로써 비로소 세상에 알려졌다.[1] 그러나 여전히 여러 자료와 저작은 아직 미간행 원고본의 형태로 남아있으며 목록 정리와 해제, 간단한 소개 정도만 되어 있는 실정이다.[2] 역

1 『북우 계봉우 자료집』 1~2, 독립기념관 한국독립운동사연구소, 1996~1997. 『꿈속의 꿈』, 『조선문학사』, 『조선역사』 1~2, 『동학당폭동』이 영인, 수록되었다. 영인되지는 않았으나 계봉우의 미간행 원고본 『과학의 원수』(1930)가 김학민 선생에 의해 현대어 주해본이 나왔다(계봉우, 김학민 주해, 『과학의 원수』, 학민사, 1999). 한편 독립기념관에서 영인, 간행된 계봉우의 저작 가운데 자서전 『꿈속의 꿈』이 최근에 김필영 교수에 의해 현대어로 탈초, 재간행되었는 데(김필영 역, 『고려인 민족운동가 계봉우 자서전 꿈속의 꿈』, 강남대 출판부, 2009), 여기서는 현대어 탈초본을 영인본과 대조해 사용했다.

2 고송무, 『쏘련의 한인들－고려사람』, 이론과실천사, 1990, 윤병석, 「계봉우의 '아령실기'와 '동학당폭동', '조선역사'」, 『역사비평』, 1993 봄; 「계봉우의 생애와 저술목록」,

사관련 저술과 관련해서도 계봉우의『조선역사』전체에 대해 개괄적으로 언급되었을 뿐 그의 역사서술의 백미라 할 독립운동사의 인식과 서술에 대해 본격적으로 분석한 연구는 전혀 없다.[3]

그러므로 본고에서는『오수불망(吾讐不忘)』(1912)에서『조선역사』권3(1952)에 이르는 그의 민족해방운동사 인식의 흐름을 살펴보고, 그의 민족해방운동사 서술의 특징과 성격을 규명하고자 한다.[4] 특히 그의 한국민족해방운동사 서술의 결정판이라 할『조선역사』권3을 중심으로 분석하였다.

『인하사학』1, 인하역사학회, 1993;「계봉우의 민족운동과 한국학」,『한국학연구』22, 인하대 한국학연구소, 2010; 조동걸,「해제」,『북우계봉우자료집』1, 독립기념관 한국독립운동사연구소, 1996;「북우 계봉우의 생애 및 연보와 저술」,『한국학논총』19, 국민대 한국학연구소, 1997;『현대한국사학사』, 나남, 1998;「민족국가 건설운동기의 역사인식」,『한국의 역사가와 역사학』(하), 창작과비평사, 1994.

3 1996년까지 알려진 저작을 전체적으로 검토한 바 있는 조동걸 교수는 계봉우 역사학의 성격 규명은『조선역사』1~3 등 서술의 내용을 엄밀하게 분석한 연후에 가능하다는 유보적인 태도를 취하면서도, 계봉우가 소련에 살면서 역사를 서술하다보니 유물사관을 적용할 수밖에 없기는 했지만 계몽주의자의 체질을 탈피하지 못하고 문화사학자로의 잔영이 짙었던 것으로 판단하였다(조동걸, 위의 글, 1996).

4 사용된 용어와 관련하여, 보편적으로는 '민족운동'이란 용어를 주로 사용하였다. 그러나 사회주의운동이 강조되는 시기나 내용을 설명할 경우 '민족해방운동'을 사용하였다. 본고의 제목(부제)에서 사용된 '독립운동사' 는 현재의 한국사 교육체계(교과서)를 염두에 둔 표현임을 밝혀둔다. 그러나 정작 계봉우 자신은 '반일투쟁'이라고 썼다. 따라서 이러한 용어들의 사용은 계봉우의 역사서술의 시기별, 내용별 차이와 특성을 드러내기 위한 것이며 본질적인 차이는 크지 않다고 본다.

2. 사회주의사상의 수용과 역사서술

1) 사회주의사상의 수용과정상의 특징

1936년 1월 18일에 작성된 계봉우의 친필 이력서가 남아있다. 이력서를 작성한 분명한 이유는 알 수 없지만, 시점으로 보아 소련 연해주에서 중앙아시아로 강제 이주되기 직전에 작성된 것이다. 좀 더 구체적으로 살펴보면 '인적사항' 란의 '사회열'(출신성분)에 '빈농민'이라고 기재하였고, '학력'과 '교육사업', '저작사업'과 '민족혁명사업' 등의 용어로 항목을 구분하여 작성하였다.

전체적으로는 교육사업과 저작사업 항목의 내용이 많은 편이고 '민족혁명사업'은 분량이 적고 서술 기간도 1907년부터 1920년까지로 제한되어 있다. 이것은 계봉우 자신이 민족혁명가로서보다는 교육자나 저술가로 자처하고 싶었음을 보여주는 것으로 짐작되는데, 이로 미루어보면 대학 등 교육기관에 취업하기 위해 작성한 것인지도 모르겠다. 또한 이후의 혁명사업이 없지 않았는데도 불구하고 1920년까지의 내용만 간단하게 적은 것은 이후의 내용을 생각하고 싶지 않거나 적을 수 없는 어떤 사정이 있었던 것으로 추측할 수 있다. 아마도 1920년 이후 초기 한국공산주의운동의 헤게모니를 놓고 격화되었던 상해파와 이르쿠츠크파 공산당의 파벌투쟁과 관련이 있을 것이다.

그가 이력서에 기재한 '민족혁명사업'의 내용은 아래와 같다.

1907년에 조선 전국을 망라한 민족적 비밀단체인 신민회에 가입함
1910년에 한일합병을 인하여 중령 북간도에 나와서 혁명운동에 전력함
1913년에 조선과 원동에 있는 조선인민족혁명자로 조직한 '대한광복군

정부'의 책임비서로 됨

1916년에 중령 북간도에서 일본경찰에게 잡히어 조선 경기도 '영종도'라는 섬중에 1년 동안 정배살이를 하고 또는 출생지인 영흥군에 3년 안치를 당함

1919년 3월 1일 독립운동에 참가하였다가 동년 8월에 국외로 망명하여 중령 북간도의 독립운동 단체인 '국민회'의 파견을 받아 상해의 조선인 임시정부에서 소집하는 대의사회에 참여함

1920년 3월에 상해에서 공산당에 가입하고 모스크바에 유학차로 외몽고를 경유하여 베르흐네우진스크에 들어왔다가 그냥 체류하게 됨[5]

그런데 계봉우가 쓴 이력은 1916년 12월 일제 관헌(간도총영사관)이 연길에서 그를 체포, 재류금지 조치를 취하면서 파악한 내용과 완전히 동일하다. 특히 일제가 이 시기 그의 민족교육 활동을 실력양성론과는 다르게 파악하고 있음이 주목된다.[6] 그의 민족교육 활동은 1910년대

5 계봉우, 「리력서」, 1936.1.18.

6 위 자(계봉우)는 1909년 당 지방에 이주한 후 약 4년간 연길현 소영자에 거주하며 그곳 배일조선인들이 설립한 길동기독학당 및 광성중학교에서 교편을 잡았는데, 그 동안 그는 역사, 지리, 수신, 한문 등을 담당하여 가르치면서 「最新東國史」라는 역사교과서를 편찬하고 우리의 삼한정복 이후 왜적의 침입을 주장하고 한일 강제병합의 굴욕 등을 기술하여 학생들에게 적개심을 불러일으키는 데 뜻을 기울이고, 한편으로는 배일 기관잡지 『大震』의 기자로서 안중근의 전설을 기고하며, 혹은 시문을 지어 위험사상을 고취하는 데 노력하고 그 밖에도 배일단체인 大東協會, 同濟會, 墾民會 등에 간여하며 언제나 배일행동을 보이고, 그 후에 왕청현 하마탕으로 옮겨 『안중근전』의 편찬에 전념하여 그 일부는 1914년 6월 블라디보스토크 『권업신문』에 기재하며 미리부터 이것의 출판을 기획한 혐의가 있으며 또한 누차 집회를 개최하여 배일연설을 하는 등 과격한 언동을 감행할 뿐 아니라, 그가 소유한 서적은 하나같이 배일적인 것으로 특히 軍事에 관한 것이 많은 것을 보아도 보통의 배일자류와는 그 취지를 달리하는 대단히 위험한 사상을 품고 있는 자라고 미루어 짐작하고 이대로 방임한다면 금후 어떠한 행동에 나설지 헤아리기 어려우며 해당 지방의 안녕을 방해할 우려가 있다고 판단되어 '명치 29년 법률 제80호 청국급조선국재류제국신민취체법 제1조'에 의거하여 지난달 28일부터 향후 3년간 중국에 재류하는 것을 금지하고 신병을 바로 그날 회령으로 압송하여 그곳 헌병 분대에 인도함(재간도총영사관 대리영사→외무대신, 「재류금지명령 집행 보고의 건－계봉우」(1916.12.2), 『만주지역 本邦人在

해외 독립운동의 주된 노선이었던 독립전쟁론을 연상시킨다.[7]

친필의 자서전 『꿈속의 꿈』에 따르면 민족운동에 종사하던 계봉우가 상해에서 한인사회당에 입당하면서 사회주의운동에 '공식적으로' 투신한 것은 1920년 4월이었다. 그러나 그 이전에 모색의 과정이 있었음이 주목된다.

> 상해에서 체류한 지 만 일개년이 되는 그 동안에 나의 사상이 크게 변동된 거기에 대하여는 누구에게던지 고마운 치하를 올려야 할 것이다. 첫째로 성재(이동휘)의 소개로 『救國日報』의 주필 — 중국사람 장게민(黃介民, 즉 黃覺인듯)을 만나보고 '국가평등, 인종평등, 세계평등'을 목적한 大同團에 참여한 일이니

계봉우는 북간도 국민회에서 임시정부 의정원 의원으로 선출되어 1919년 11월에 상해에 도착하자마자 이동휘의 권유로 대동단에 참여하였다.

대동단은 1916년 일본에서 조선과 중국, 대만, 베트남 출신 유학생들이 모여 결성한 비밀결사인 '新亞同盟團(黨)'의 중국지부로서 황개민이 단장을 맡고 있었다. 아시아 여러 민족의 해방과 민족·국제평등을 실현한다는 취지로 결성된 초기 사회주의단체였다. 대동단은 "중국 국민당과 연락하여 신강 서역까지 활동범위를 넓혔으며", 학생들과 연대하여 『구국일보』를 구심점으로 배일운동을 전개했다.[8]

1921년 황개민을 비롯한 대동단 단원들은 朱的典 등과 상해에서 '중

留禁止關係雜件』(海外의 韓國獨立運動史料 34), 國家報勳處, 2009, 78~79·255쪽).

7 이것은 독립전쟁 준비론이라 할 수 있는 것으로서, 1910년대 해외 독립운동 진영의 주류적 전략인 독립전쟁론과 상통하는 것인데, 뒤에 계봉우도 참여하는 상해파(고려공산당)의 구성원들의 의식을 대변한다.

8 『붉은군사』 제2호, 1921.12.24.

국공산당'을 결성하는 등 중국의 초기 공산주의운동을 선도하였다.[9] 또한 신아동맹단의 조선지부는 3·1운동을 겪고 이듬해 6월 서울에서 '사회혁명당'으로 개편되었는데, 뒤에 이 조직은 상해파 고려공산당의 국내지부가 되었다.[10]

그러나 3·1운동을 경험하고 새로운 의식으로 충만된 계봉우에게 대동단은 곧 실망스러운 존재가 되고 말았다. "거기(대동단)에는 그 목적을 완성할만한 학설의 근거가 없을 뿐만 아니라, 그 단원들을 결속할 만한 규율조차 없었기 때문"[11]이다.

이때 동지 김립이 일본의 무정부 사회주의자 幸德秋水가 지었다는 『社會神髓』라는 책을 건네면서 읽어볼 것을 권했다고 한다. 그는 이 책을 애독한 후 신중한 고려 끝에 한인사회당에 입당했다.

> 내가 사회주의서적을 처음으로 보는 것 만침, 그것을 애독하는 중에서 이런 각오가 있게 되었다. 조선민족이 일본의 기만에서 해방되어 만일 완전한 독립을 얻자면, 만일 진정한 자유를 누리자면, 그러고서 또 자손만대에 가장 안전한 생존권을 전하자면 사회주의적 혁명의 밖에는 다른 길이 더 없다는 그것이 입당의 동기로 되었다.[12]

김립이 계봉우에게 반드시 읽어볼 것을 권한 책의 정확한 제목은 『社會主義神髓』였다. 1903년 7월 일본 朝報社에서 처음 간행된 뒤 1905년에 7판을 낼 정도로 널리 보급되어 사회주의를 공부하는 데 기본서로 간주되었으며, 1907년에는 중국어본이 나왔다.[13]

---

9 남만춘, 「코민테른 집행위원회 극동국 보이찐스키 동지에게」, 『韓國獨立運動史』 자료 35(러시아편 2), 국사편찬위원회, 1997.

10 이현주, 『한국사회주의세력의 형성－1919~1923』, 일조각, 2003, 154~161쪽.

11 계봉우, 『꿈속의 꿈』, 178쪽.

12 계봉우, 『꿈속의 꿈』, 173쪽.

계봉우가 접하기 전부터 이 책은 조선의 청년 지식인들에게 큰 영향을 끼쳤다. 일본 유학 중 동경에서 아시아 유학생들과 함께 신아동맹당을 조직하고, 귀국하여 최초의 사회주의 정당인 사회혁명당을 조직했던 김철수와 그의 동지들은 1910년대 후반 일본에서 『사회주의신수』를 탐독하고 사회주의 사상을 받아들였다.[14]

幸德秋水는 한국의 사회주의 사상 수용의 역사에서 빼놓을 수 없는 인물이다. 그는 片山潛과 더불어 명치 사회주의를 대표하는 인물로 평가된다. 일찍이 '일본의 루소'라는 中江兆民의 제자로 자유민권운동의 세례를 받았으며 이후 사회주의사상을 수용하면서 초기 일본사회주의사상 연구의 중심 단체였던 사회주의연구회와 그 후신인 사회주의협회에 참여했다. 1901년 일본 최초의 사회주의정당인 사회민주당의 발기인 6인 가운데 일원으로 참가하였으며 러일전쟁기에는 堺利彦과 함께 『平民新聞』을 통해 '非戰論'를 설파하여 국제적인 주목을 받았다. 1904년 11월 『평민신문』 1주년 기념호에 堺利彦과 함께 동아시아 최초로 마르크스와 엥겔스의 「공산당 선언」을 번역, 발표하였다.[15]

『사회주의신수』는 일본에서 초기 사회주의자가 된 사람들에게 가상 광범위하게 읽힌 책이었다. 그러나 이 책은 재산의 사유를 용인하고 "고상한 품성과 위대한 사업은 결코 사회 빈부의 양 극단에 존재하지 않고 중간계급에서 나온다"[16]거나, '의로운 지사'로 표현된 지식인들을 향해 사회주의의 보급과 실행에 매진하라고[17] 외치는 등 혁명의

---

13 고토쿠 슈스이, 임경화 역, 『나는 사회주의자다—동아시아사회주의의 기원 고토쿠 슈스이 선집』, 교양인, 2011, 244쪽. 이 선집에 「사회주의 신수」가 완역, 수록되어 있다.

14 한국정신문화연구원 현대사연구소 편, 『지운 김철수』, 한국정신문화연구원, 1999, 192쪽. 김철수는 뒤에 한인사회당(상해파)에 가담함으로써 계봉우의 동지가 되었다.

15 石坂浩一, 『近代日本の社會主義と朝鮮』, 社會評論社, 1993, 14~38쪽; 박종린, 『일제하 社會主義思想의 수용에 관한 硏究』, 연세대 박사논문, 2006, 15~22쪽 참조.

16 고토쿠 슈스이, 임경화 역, 「사회주의 신수」, 『나는 사회주의자다』, 287쪽.

17 위의 글, 304~305쪽.

주도세력을 노동자계급이 아닌 도덕적 지식인으로 설정했다는 점에서 본격적인 사회주의혁명 이론서로 보기는 어렵다. 더욱이 이 책 속의 어디에도 식민지의 민족문제 해결을 위한 서술은 보이지 않는다. 그럼에도 계봉우가 이 책을 특별히 언급하고 있는 이유는 독립의 목표가 되는 '완전한 자유'와 '안전한 생존'의 방법으로 사회주의를 제시하고 있기 때문일 것이다.

물론 계봉우가 幸德秋水의 저작만을 읽고 사회주의 사상을 수용하지는 않았을 것이다. 이 무렵 손두환은 상해 『독립신문』에 총 5회에 걸쳐 사회주의를 소개하는 글을 연재하였다.[18] 이 글은 일본인 사회주의자 河上肇의 『近世經濟思想史論』 중 「제3강 카알 마르크스」의 「제1단 사회주의경제학의 성립」과 「제2단 유물사관」을 초역한 것이었다. 연재물 속에는 마르크스의 「정치경제학 비판을 위하여」의 일본어본을 한글로 번역한 것도 수록되었다.[19] 이 때 계봉우는 대한민국임시정부 의정원 의원으로 활동하면서 『독립신문』에 여러 글을 기고하고 있었으므로 당연히 손두환과도 교유하고 사회주의사상에 관한 자료를 얻고 글도 읽었을 것이다.

'민족혁명사업'의 경험과 대동단 가입과 시행착오, 한인사회당 입당, 사회주의 이론에 대한 독서와 성찰을 통해 계봉우는 한국민족해방운동은 사회주의사상에 의해 지도되어야 한다는 노선에 전적으로 공감했다. 그는 조선인의 입장에서 "민족주의운동으로부터 사회주의적 운동으로 그 방향을 전환한다는 것은 역사적 진화의 계단으로 보던지, 시대적 사조의 합류로 보던지, 제국주의적 일본의 속박을 해탈하려는 방편으로 보던지 피할 수 없는 필연"이라고 인식하였다.

---

18 孫斗煥, 「社會主義硏究(1~5)」, 『독립신문』, 1920.5.29 · 6.1 · 6.5 · 6.10 · 6.17.
19 小野容照, 「1920~1921년 조선 내 합법 출판물의 일본문헌을 통한 맑스주의 학설 소개」, 고려대 석사논문, 2007, 58쪽.

한인사회당은 김립과 계봉우를 당의 이론가로 키우기로 했다. 두 사람을 모스크바에 유학을 보내 "맑쓰-레닌의 혁명적 전략과 전술을 배우지 않으면 안 된다는, 러시아 소비에트의 건설 방략을 배우지 않으면 안 된다는, 백전백승한 레닌 스딸린당의 강철같은 규율을 배우지 않으면 안 된다"는 것이었다. 40세가 넘은 나이에도 불구하고 그렇게 결정된 것은 아마도 오랜 동안 국내(함남 영흥)와 북간도, 노령에서 민족교육에 종사하면서 국어와 국사 등 여러 저술을 남긴 경력을 평가했기 때문이었다. 이후 그는 한인사회당의 요청에 따라 당 기관지 『自由鐘』의 주필로, 또한 치타 조선인청년회(극동공화국 한인부) 기관지 『새사람』의 주필로도 활동하였다.[20]

그러나 상해파의 이르쿠츠크 북방 독립군기지 건설계획이 현지의 고려공산당(이르쿠츠크파)과 격화된 내분사태로 와해되고, 베르흐네우진스크 고려공산당 통합대회 실패 후 그는 상해파와 이르쿠츠크파의 군권다툼의 와중에서 박애와 장도정, 김진 등 극동공화국 한인부의 동료 위원들과 함께 코민테른 동양비서부의 후원을 받는 이르쿠츠크파에 의해 체포되어 군사법정에서 유죄판결을 받았다.[21]

레닌의 후원을 받던 상해파 고려공산당의 영수 이동휘는 1921년 초 상해를 떠나 모스크바를 거쳐 12월에 이르쿠츠크에 도착하였다. 계봉우도 이때 모스크바의 지시로 풀려났으나, 직접적인 사회주의운동과는 인연을 끊었다. 그 자신의 표현에 따르면 동지들에 의해 투옥되어 옥살이를 했고, 동포들 간의 살육전(자유시 사변, 1921.6)을 겪었을 뿐만

---

20 그러나 현재 이 잡지들이 발견되지 않아 이론적 수준을 정확하게 알 수 없다.

21 임경석, 『한국사회주의의 기원』, 역사비평사, 2003, 343쪽. 이 일로 계봉우는 모스크바 유학 계획이 중단되어 마르크스-레닌주의를 체계적으로 공부할 수 있는 기회를 놓치고 말았다. 그러나 그가 김립과 함께 당을 이론적으로 지도할 재목으로 지목되고 『자유종』과 『새사람』 등 당 기관지의 주필을 맡았던 점을 고려하면 적어도 사회주의에 대한 이론적 기초는 어느 정도 확립되었을 것이다.

아니라, 자신을 사회주의운동으로 이끌었던 동지 김립이 이듬해 2월 6일 상해에서 김구 세력에 의해 암살당한 충격이 너무 컸기 때문이다.

실천운동을 포기한 이유의 하나로 김립의 죽음을 거론하고 있는 것은 주목할 필요가 있다. 실천의 포기는 좌·우 세력을 막론하고 권력에의 탐욕 때문에 동족상잔이 빚어진 데 대한 환멸에서 비롯된 것이기 때문이다. 때마침 1921년 말 1922년 초 조선공산주의운동은 그 중심이 해외로부터 국내로, 운동의 형태도 무장투쟁에서 대중투쟁으로 전환되고 있었다.[22] 혁명의 정세가 바야흐로 퇴조기에 접어든 것이다. 이로부터 그는 한국학의 저술에 전념하였다

2) 역사인식의 변화 서술상의 특성

계봉우의 한국사, 민족운동사 서술은 망명 직후 길동기독학관의 역사교재 『新韓獨立史』의 편찬에서 비롯되었다. 이것을 시작으로 1912년 북간도에서 민족주의 교육에 전념하면서 중등학교 교과서로 『조선역사』와 초등학교 수신교과서로 『吾讐不忘』을 등사판으로 간행하여 보급하였다.

이 가운데 『오수불망』은 고대 신라시대 이래 조선의 대일관계와 일본이 조선을 침략한 내력을 역사적으로 고찰하였다. 때문에 일제 관헌은 이 책에 대해 "우리(일본)의 三韓征服 이후 왜적의 침입을 주장하고 한일 강제병합의 굴욕 등을 기술하여 학생들에게 적개심을 불러일으키는 데 뜻을 기울였다"고 관찰했다. 『오수불망』의 저술은 계봉우가

22 임경석, 『한국 사회주의의 기원』, 546쪽. 연해주 참변(1920.4), 경신참변(1920.10), 워싱턴회의(1921.11.11~1922.2.6)의 소득 없는 종결, 자유시사변(1921.6) 등 한국민족운동 진영의 내부적 타격도 컸다.

뒤에 민족해방운동사를 서술할 때 일제의 식민정책을 설명하는 뼈대가 되었다.[23]

계봉우는 1914년 6~8월에 걸쳐 노령 블라디보스토크에서 권업회가 간행하던 『권업신문』에 「만고의ᄉᆞ 안중근전」을 연재했다. 독립운동가 개인의 약전을 쓴 것은 이것이 처음으로 그는 안중근의 사적을 활동의 정신적 덕목을 중시하는 분류방식으로 기술하였다.[24] 충과 효라는 전통적인 윤리에 기초하여 서술한 것이다.

그러나 전통적 윤리와 규범에 기초한 계봉우의 민족운동사 서술은 1919년을 전후로 하여 완전히 달라진다. 그 때까지의 역사 서술은 한일관계를 중심으로 한다고 해도 한국사의 전체에 걸쳐 있었다. 이것은 그가 주로 민족학교에서 국사를 가르치던 사정과도 관계가 있을 것이다.

> 3・1운동 체험은 모든 것을 바꾸어놓았다. 그는 인천 앞바다 영종도의 유배지에서 고향 영흥으로 돌아온 뒤, 서울에서 공부하던 고향동무를 만나러 갔다가 전국적인 독립만세운동 계획을 사전에 알게 되었다. 이때 계봉우는 3・1운동 학생대표 중 한 사람인 보성전문학교 생도 강기덕으로부터 「독립선언서」를 기초해달라는 부탁을 받고 남대문 앞 세브란스병원 밀실에서 선언서를 기초하였던 것이다.[25]

---

23 『오수불망』의 주요 목차는 다음과 같다. 신라시의 讐敵 日本, 백제시의 수적 일본, 고려시의 수적 일본, 대조선시의 수적 일본, 大韓時의 수적 일본(제 조약의 체결), 조약체결 후의 역사적 奇花, 조약체결 후 황성신문사장 장지연은 체약전말을 게재하였는데, 그 제목은 「시일야방성대곡」, 합병 후의 왜인정책.

24 목차는 다음과 같다. 1. 尙武家의 안중근, 2. 宗教家의 안중근, 3. 教育家의 안중근, 4. 大詩家의 안중근, 5. 旅行家의 안중근, 6. 事君以忠의 안중근, 7. 事親以孝의 안중근, 8. 交友以信의 안중근, 9. 臨戰無退의 안중근.

25 『꿈속의 꿈』, 152~153・161쪽. 그는 3월 3일까지만 서울에 체류했다고 한다. 따라서 자신이 기초한 「독립선언서」가 만세시위 현장에서 사용되었는지에 대해서는 알지 못하고 있다.

그가 사회주의 사상을 수용하고 한인사회당에 입당한 것도 3·1운동 직후였다. 민족해방운동의 이념으로 사회주의를 수용하면서 역사연구의 필요성은 더욱 절박해졌고 그 관심은 이전과는 달리 민족해방운동사의 영역으로 집중되었다. 3·1운동을 통하여 그는 민족을 새롭게 인식하고 민중을 발견하였으며, 독립만세운동을 이끌었던 민족부르주아지의 허약함도 목격했다.

이 때문에 3·1운동 직후 그가 대한민국임시정부 의정원 의원으로 중국 상해에 체류했던 기간이 주목된다. 자서전에서 그는 1년여의 길지 않은 상해시절에 대해 "그래서 나는 입당하는 동시에 혁명적 원리를 또한 배우려 하였나니 사상변동의 방면으로 보아 상해는 나와의 인연이 깊은 곳"[26]이라는 기록을 남겼다.

그러면서 "상해에 왔다가 남기고 간 자취"로서 "독립신문사 사장 이광수의 청탁으로 중국령 북간도와 노령 원동에 이주한 우리 민족의 경과한 사실, 보호조약 이후로 악전고투를 그냥 계속하던 의병운동의 연혁, 노령에 이주한 우리 민족 그 중에서도 여자로서 볼세비즘을 위하여 생명을 희생한 김알렉산드라 소전 그 몇 종의 기사를 신문에 게재한 것"을 특별히 추억하였다. 상해『독립신문』에 그의 이름으로 기고된 글들은 다음과 같다.

---

26 "상해에서 체류한 지 만 일개년이 되는 그 동안에 나의 사상이 크게 변동된 거기에 대하여는 누구에게던지 고마운 치하를 올려야 할 것이다. 첫째로는 성재(이동휘)의 소개로『救國日報』의 주필 — 중국사람 장게민(황개민, 황각)을 만나보고 '국가평등, 인종평등, 세계평등'을 목적한 大同團에 참가한 일이니, 거기에는 그 목적을 완성할만한 학설의 근거가 없을뿐 아니라, 그 단원들을 결속할만한 규율조차 없는 것이 나에게 불만을 주었다. 둘째로는 일세(김립)의 선전으로, 제삼 국제공산당에 가입한 일이니, 거기에 맑스 학설에 근거한 러시아의 십월혁명, 말하자면 그 혁명에서 맑스 학설을 실천한 레닌선생의 전략과 전술은 우리와 같은 식민지 민족의 장래 혁명에 유일한 지침이었다. 그래서 나는 입당하는 동시에 혁명적 원리를 또한 배우려 하였나니, 사상변동의 방면으로 보아 상해는 나와의 인연이 깊은 곳이었다."(『꿈속의 꿈』)

「북간도 그 과거와 현재」(1920.1.1~1.22, 4회); 「아령실기」(1920.2.26~4.8, 12회); 「김알렉산드리아 소전」(1920.4.17~4.22, 3회); 「의병전」(1920.4.27~5.27, 10회); 「弔 해암정창빈군」(1920.4.10~); 「경성노동회에 대하여」(1920.5.27)

이 가운데 「김알렉산드리아 소전」은 조선인 최초의 여성 공산주의 혁명가인 김알렉산드라 페트로브나(스탄케비치)에 대한 간단한 전기인데, 러시아혁명을 전후하여 연해주 한인사회의 정치적 변화에 주목하려는 의도를 담고 있다는 점을 지적할 필요가 있다.[27] 또한 「경성노동회에 대하여」는 서울에서 사회주의단체로 출범한 '경성노동회'의 간부들이 개량주의 성향의 민족부르주아지들이라는 데에 우려를 표명하고 그의 개선을 촉구하고 있다.[28] 이제 막 사회주의 사상을 수용한 계봉우의 면모를 엿볼 수 있다.

다른 글도 이러한 경향과 무관하지 않다. 「북간도 그 과거와 현재」와 「아령실기」에서는 조선시대 봉건왕조 말기의 수탈과 일제의 침략에 의해 중국령과 노령에 대규모 한인사회가 형성되고 이들이 강력한 항일투쟁의 기반이 되었음을 강조하고 있다. 「의병전」도 조선 국내를 비롯하여 북간도와 연해주에서 활동한 의병까지 망라하였고 이러한 경향은 뒤에 그가 민족해방운동사를 국외 중심으로 체계화하는 것으로 계승된다.

27 김알렉산드라의 생애와 활동에 대해서는 반병률, 「김알렉산드라 페트로브나(스탄케비치)의 생애와 활동」, 『윤병석교수화갑기념 한국 근대사논총』, 지식산업사, 1990 참조.

28 계봉우가 '경성노동회'라고 쓴 것은 사실은 '京城勞動大會'일 것이다. 경성노동대회는 1920년 2월 16일 서울에서 金光濟 등 민족주의자들이 중심이 되어 조직한 단체로, 노동자의 상호부조와 인격 향상을 목적으로 하는 노자협조단체로 발기되었으며(김윤정, 「경성노동대회」, 『한국독립운동사사전』 3, 독립기념관 한국독립운동사연구소, 2004, 168~169쪽), 1925년 3월 경성노동회로 계승되었다.

상해에서의 저술 활동이 사회주의 수용과 한인사회당 입당을 전후한 시기에 집중적으로 이루어지고 있음은 주목할 만하다. 그 이유는 무엇보다도 자료의 수집이 상대적으로 수월했다는 점이다. 그는 임시의정원 의원직 외에 대한민국임시정부 산하 독립운동사편찬위원회의 사료수집원으로서 박은식, 김두봉 등과 함께 독립운동사 자료를 수집하였는데, 이것이 그의 저술활동에 많은 도움이 되었다. 다음으로 3·1운동에 직접 참여하고 나서 그때까지의 민족해방운동을 하나하나 정리할 필요를 느꼈기 때문이다. 이러한 과정에서 상해 『독립신문』은 중요한 매개체가 되었다. 끝으로 그는 사회주의 사상의 수용을 통해 한국역사에서 민족과는 다른 범주인 '계급'을 발견하면서 이제까지와는 다른 사관을 정립하였다. 이에 따른 한국사의 체계화와 서술은 그의 평생의 과제가 되었다.

이후 계봉우는 노령 연해주에서 『과학의 원수』(1930), 『동학당폭동』(1932), 『조선역사』(1~2, 1936) 등 마르크스레닌주의에 입각한 굵직굵직한 한국사 저술들을 내놓았다. 그는 연해주의 내전과 제국주의 열강의 간섭이 종결되어 소비에트 주권이 확립되고 사회주의체제가 안정되어가는 데 만족하였고,[29] 이러한 여건 속에서 작업도 가능했다.

『과학의 원수』는 1928년 연해주에서 無神同盟의 일원으로 함께 활동했던 오성묵의 권유로 집필하였다. 자료 부족으로 착수하지 못하다가 이듬해 7월에 집필을 시작하여 1930년 2월 초에 탈고하였다. 이 책을 쓴 이유는 "우리 조선의 반만년 미신을 폭로"함으로써, "제3 전선에 당면한 투사에게 敵의 정형을 알게 하는 재료"로 활용되고자 해서였다. 종교는 민중의 아편이라는 유물사관의 관점에서 본격적인 사회주의체제 건설에 접어든 노령 한인사회 반종교투쟁의 지침서로 집필한

29 『조선역사』 권3, 138쪽.

것임을 알 수 있다. 그럼에도 기독교와 불교는 물론 샤머니즘에 이르기까지 조선의 종교와 민속에 걸친 방대한 내용은 오히려 이 책을 조선종교학의 입문서로 착각하게 만든다.[30]

다음으로 『동학당폭동』은 창건기의 동학당(1장), 폭동기의 동학당(2장), 동학군의 실패원인(3장), 덕국(독일)농민폭동과의 비교연구 등 4장으로 구성하였는데, 김상기가 지은 『동학과 동학란』(1931)의 내용을 토대로 해외에서 '동학란'을 유물사관에 의해 재해석한 저술이다. 특히 4장에서 엥겔스의 『독일농민전쟁연구』를 인용하면서 동학농민전쟁과 독일농민전쟁을 비교하고 있는데, 이것은 그가 '동학란'을 민란이 아닌 '농민전쟁'으로 규정하고 있음을 보여준다.[31]

그는 한국의 전근대사를 유물사관으로 재해석하여 『조선역사』(1~2)로 체계화했다. 선사시대부터 시작하여 '한일합방'까지를 총 6편으로 편제한 이 저작에 대해 서문에서 그는 종래의 '조선사' 개설서와는 다른 저작임을 강조하고, 각고의 노력 끝에 저술한 유물사관에 입각한 지작임을 천명하였다.

> 3년의 積年으로 조선역사 제1, 제2의 양권을 완성하였다. 그 내용 대개를 들어 말하면 역사 있기 전으로부터 한일합병에 이르기까지의 사실을 두 권에 나누어 기입하였다.
>
> 그런데 계급과 계급에 관한 재료를 옳게 논단하고 바르게 批正하는 것도 어려운 일이거니와 역사 있기 전의 사실은 더욱 어려운 일이었다. 그것에

30 샤머니즘(1장), 조상숭배(2장), 유교(3장), 불교(4장), 정감록에 대한 미신(5장), 도교(6장), 음양술수(7장), 예수교(8장), 구력과 절일에 대한 미신(9장), 통속적 미신(10장) 등의 항목으로 구성되어 있다.

31 윤병석, 「동학당폭동 해제」, 『한국학연구』 5 별집, 인하대 한국학연구소, 1993. 김상기의 저작에 대해서는 이영호, 「동학과 농민전쟁 연구의 원형–"동학과 동학란"(김상기, 동아일보, 1931)」, 『역사와 현실』 11, 역사비평사, 1994 참조.

대하여는 엥겔스의 作인 『家族, 私産 및 國家起原』(가족 사유재산 및 국가의 기원)과 한인정치학교용의 『인류사회발전사』에서 많은 도움을 받았나니 이 工作은 사학가들이 종래로 한번도 건드려보지 못했던 실로 나의 첫 걸음이었다.[32]

여기서 『조선역사』 권2의 제6편은 한국 근대사 서술로서, 편명을 "獨立僞名의 韓國時代"라고 붙이면서 ① 대원군 집정기, ② 閔后의 전권기, ③ 동학당폭동, ④ 한국의 독립과 아일의 충돌, ⑤ 五條約과 한국 정세 등 5개의 장으로 구성하였다. 4년 전에 써놓은 『동학당폭동』을 독립된 장으로 설정하였는데, 이것은 한국 근대사에서 민중, 계급을 발견한 점과 무관하지 않을 것이다.

---

32 엥겔스는 1884년 여러 자료, 특히 모오간(L. H. Morgan)의 『고대사회』(1877)에 기초하여 가족, 사유재산, 국가의 기원에 대해 설파했다. 이에 따르면 생산에 따른 경제적 진보가 결혼과 가족의 형태에 어떤 영향을 주었으며, 어떻게 그것들을 변화시켰는가를 보여주면서 여러 민족을 예로 들어 씨족제도의 붕괴과정을 설명하였다. 가족은 인류의 발전단계(야만, 미개, 문명)에 따라 진화하였으며, 사유재산과 국가는 경제적 발전(생산력 증대와 교환경제의 발달)의 일정 단계에서 나타났고, 특정(착취) 계급이 장악하고 있는 국가는 항상 그들의 이익을 옹호하기 위한 억압장치에 지나지 않으며, 계급발생이 필연적이었던 만큼 그 소멸도 마찬가지라는 것이다(프리드리히엥겔스, 최인호 역, 「가족, 사적소유 및 국가의 기원」, 『칼 맑스 프리드리히 엥겔스 저작선집』 6, 박종철출판사, 1991 참조). 계봉우는 엥겔스의 국가론에 따라 전근대의 한국사를 재구성하려 했다.

3. 민족운동에 대한 역사서술

1) 민족운동에 대한 인식 체계

1952년 2월 11일 계봉우는 중앙아시아 카자흐스탄 크즐오르다의 자택에서 『조선역사』 권3을 탈고했다. 1950년 6월 조국에서 전쟁이 발발하자 그해 가을에 '반일투쟁사' 집필에 착수하여 1년 반 만에 작업을 끝낸 것이다. 책의 서문에서 그는 6・25전쟁을 미 제국주의의 침략으로 규정하였다. 반일투쟁의 정신으로 미제국주의도 물리쳐야 한다는 의도였다.

> 재작년 가을에 조선역사 제7편 즉 반일투쟁사를 쓰기 시작하였다. 이때는 미구(米寇)가 청천강의 좌안(左岸)에까지 침입하엿던 때이엇다. 일면적으로 그것을 본다면 조선은 어려운 처지에 있는 듯하엿다. 그러나 최후승리는 우리에게 있다는 자부심이 나로 하여금 사필(史筆)을 잡게 하엿다.
> 미구는 일본제국주의의 엎드러진 전철을 신통히 밟고 나간다. 일본제국주의가 조선을 강점하고서 저의 패권을 전 세계에, 먼저 아시아에 붙엄 수립하려는 환상 중에서 덤베다가 그만 패망하고 말앗다. 온흘에 미구가 남선(南鮮)으로붙어 북선까지 강점하기 위하여, 그러고서 태평양 연안의 패권을 전취하기 위하여 고금에 유례 없는 비행을 조선에서 범하고 있다. 패권 갈망자의 패망은 우리 시대에 잦우 보는 바이다. 제1차 전쟁에서는 게르마니야 웰리암의 패망을 보앗다. 제2차 전쟁에서는 게르마니야 ○○○○와 일본제국주의의 패망을 보앗다. 제3차— 조선전쟁에서는 미제국주의의 패망을 보게 될 것이다. 이것이 곧 역사의 실증이며 예언이다.
> 나는 그런 신념에 의해 패권을 몽상하던 일본제국주의가 조선을 강점한

> 지 36년 동안에 어떠한 죄행을 범한 것과 조선 애국자들의 반항투쟁이 어떻게 계속되었던 것을 쓰게 되엇나니, 만일 기회가 허락한다면 영웅적 조선인의 반미투쟁사도 또한 쓰려고 생각하노라.[33]

계봉우는 35년간 일본제국주의의 조선통치를 "우리 조선이 강도적 일본제국주의의 압정을 겪어온 반일투쟁으로써 일관된 역사"[34]라고 규정했다. 이러한 투쟁이 이념적으로 어느 시기에는 민족주의적 운동으로, 다른 한 시기에는 공산주의적 운동으로 진행되었다. 운동의 주체별로는 노동자가 동맹파업, 빈농이 소작쟁의, 학생이 동맹휴학, 무장대가 유격전의 방식으로 일본제국주의를 구축하기 위해 싸웠다는 것이다.

그는 반일투쟁의 제1기(1부), 반일투쟁의 제2기(2부), 반일투쟁의 3기(3부)의 세 부분으로 나누어 일제 식민지하의 한국민족해방운동사를 체계화하였다. 대학노트에 펜으로 눌러쓴 원고본은 서문과 목차 외에 본문만 188쪽에 이른다. '개론'에서 그는 제1기(1910~1920)를 '민족주의적 운동의 시기'로, 제2기(1921~1930)를 '공산주의적 운동의 시기'로, 제3기(1931~1945)를 '공산주의자 무장운동의 시기'로 규정하였다(표의 목차 참조).

이 가운데 1910년대의 반일투쟁을 서술한 제1기 부분의 서술 분량(89쪽)이 거의 절반에 이른다. 이것은 계봉우가 유례균과 함께 1919년 말부터 상해에서 대한민국임시정부 의정원의 북간도 대표 의원으로 활동하던 중 박은식, 김두봉 등과 더불어 임시정부 산하 독립운동사편

---

33 『조선역사』 권3의 서문. 그는 『조선역사』 권3을 집필한 뒤 앞서 연해주에서 저술한 권 1~2도 수정, 보완하여 『조선역사』 권3을 완성하였다. 『조선역사』 권3의 탈고와 함께 그의 오랜 한국학 저술의 여정도 끝난다.

34 『조선역사』 권3의 서문.

〈표〉『조선역사』 권3 목차(요약)

구분	I. 반일투쟁의 제1기	II. 반일투쟁의 제2기	III. 반일투쟁의 제3기
내용	1. 총독정치의 전면	1. 총독의 소위 문화정치	첫 계단에서의 투쟁
	ㄱ. 총독의 권한	2. 공산주의적 투쟁의 진전	1. 일본제국주의의 만주 강점
	ㄴ. 중앙행정기관	ㄱ. 공산당의 창건	2. 극도의 빈궁화한 농민의 형편
	ㄷ. 지방행정과 조선인 관리	ㄴ. 치안유지법의 실시	3. 실업 노동자의 격증
	2. 사법과 토지	ㄴ. 신간운동	4. 일홈 좋은 구제책
	ㄱ. 재판제도	ㄹ. 대검거의 連出	첫째 농촌 匡救策
	ㄴ. 적용법령과 재판정책	3. 농촌의 파멸상태	둘째 중소 상공업자 구제책
	ㄷ. 감옥제도	ㄱ. 파멸의 원인	셋째 빈민구제공사
	ㄹ. 헌병경찰제도	ㄴ. 파멸의 결과	5. 공산주의자의 투쟁 방식
	ㅁ. 교육정책	4. 노동운동	一 만주에서의 무장운동
	ㅂ. 종교에 대한 압박책	1) 공업의 발전과정과 노동자의 증가율	1) 진압기한에 대한 오산
	ㅅ. 토지의 점탈	2) 파업투쟁의 昂進	2) 진압적 방침에 대한 망상
	ㅇ. 노동자의 형편	5. 재외 조선인의 공산주의적 운동	二 국내에서의 지하운동
	ㅈ. 조선인 사유재산의 감시	1) 북간도에서의 공산주의적 운동	둘째 계단에서의 투쟁
	3. 재외 조선인의 반일운동	2) 아령 원동에서의 공산주의적 운동	셋째 계단에서의 투쟁
	ㄱ. 중령 북간도에서의 반일운동		1) 극단의 동화책
	ㄴ. 아령 원동에서의 반일운동		2) 군사적 경제책
	4. 3·1운동의 시말		3) 항일진출의 강화
	ㄱ. 운동의 起因		4) 일제통치권의 말로
	ㄴ. 그 운동의 발전상태		
	ㄷ. 임시정부의 성립		
	ㄹ. 독립운동에 놀란 놈들의 대발광		
	ㅁ. 금전에 대한 강도적 행위		
	ㅂ. 여성에 대한 놈들의 만행		
	ㅅ. 그 운동의 시말		
	ㅇ. 재외 조선인의 무장운동		
분량	89쪽	49쪽	50쪽

찬위원회 사료수집원으로서 수집한 풍부한 자료가 뒷받침되었기 때문이다. 1910년대 중국 만주와 노령에서 직접 민족해방운동에 참여하고 3·1운동에도 관여했던 체험의 영향도 있을 것이다. 그 외에 3부 전체를 관통하는 일제의 식민지 지배체제에 대한 서술이 제1기에 포함된 사정도 감안해야 할 것이다.

각 부분은 공통적으로 해당 시기별로 일제의 식민지 지배정책, 민족해방운동에 대한 대책을 먼저 서술하고, 이에 대응하여 민족운동 세력이 전개한 투쟁을 서술하고 있다. 식민지 통치기구 설치와 헌병경찰제도의 시행, 토지점탈과 이에 대한 전 민족적 저항, 3·1운동에 놀란 일제가 기만적인 문화정치를 시행하자 이에 맞서 투쟁의 동력을 상실한 민족주의세력 대신 새로운 사상을 수용한 세력이 민족해방운동의 전면에 나서 전개한 공산주의운동, 1931년 만주침략과 함께 일제의 파쇼통치가 강화되자 만주지역을 중심으로 국제연대의 기치 하에 공산주의세력에 의한 무장투쟁의 양상을 설명하고 있다.

이러한 시기구분과 서술범위는 기본적으로 박은식이 닦아 놓은 한국 근대 민족주의 역사학의 학문적 전통을 계승한 것이라고도 할 수 있다.[35] 또한 오늘날 한국사학계에서 통용되는 내용과도 별반 다르지 않

---

35 박은식이 1920년에 그때까지의 한국독립운동사를 집대성한 『한국독립운동지혈사』의 목차는 다음과 같다. 서언 제1장 민족의 약력 2장 갑신독립당의 혁명실패, 3장 갑오동학당의 대풍운, 4장 일본인의 민비시해와 유림의 의거 5장 독립협회의 활약 6장 일본인이 이권을 침탈하고 억지로 의정 6조를 체결하다 7장 보호늑약에 국민이 크게 통곡하다 8장 만국평화회의의 밀사 9장 伊藤이 황제를 핍박하여 선위케 하고 7조 협약을 강제로 체결하다 10장 이등이 군대를 다 해산시키고 참령 박승환이 자살하다 11장 각지 의병의 약력 12장 이등이 육군·사법 양부를 폐지하다 13장 세계를 진동시킨 의협의 聲聞 14장 나라가 합병된 후에 순절한 여러 사람 및 志士團 15장 120명의 謀殺寺內案 16장 총독의 탐욕포악한 행정 17장 사법제도의 불법 18장 憲警기관의 확대 19장 헌경의 야만·불법적인 포학 20장 각 관서의 한국인 배척 21장 동양척식회사 22장 한국인의 기업을 억압하다 23장 한국인의 사유재산을 감시하다 24장 교육의 동화정책(이상 상편), 제1장 氷炭같은 한일국민성, 2장 우리의 독립운동을 촉진시킨 세계개조의 신문화 3장 경성의 독립운동본부와 내외의 학생단체 4장 독립운동에 희생된

다. 그러나 3·1운동 이후 민족해방운동을 노동자·농민운동과 사회·공산주의운동을 중심에 놓고 서술하고 있는 점은 확연히 다르다.

중요하게는 1920~30년대의 공산주의운동은 물론 1910년대의 민족주의운동조차 이것을 그대로 서술하기보다 계봉우 자신이 수용한 마르크스레닌주의의 입장에서 바라보고 해석하려는 노력이 반영되었다는 사실이다.

2) 민족운동사 서술상의 특성

『조선역사』 권3은 계봉우가 중앙아시아의 카자흐스탄공화국 크즐오르다에 이주 정착한 지 15년이나 지난 후에 집필되었다. 생활은 상대적으로 안정되었지만 엄연한 조선인의 중앙아시아 강제 이주에 대해, 일본제국주의의 침략 위협에 따른 소련당국의 당연한 정책의 결과로만 쓸 수밖에 없을 정도로 소련의 정책에 대한 객관적 평가와 비판은 전혀 꿈꿀 수 없는 상황에서 작성되었다.[36] 여기서 각고 끝에 탈고

태황제 5장 재외 한국인의 활동 6장 중앙의 독립시위운동 7장 독립운동 일람표 8장 의주·평양·진주의 운동 상황 9장 미국 선교사의 수난 10장 재외동포의 독립선포 11장 상해 임시정부의 의정원과 각 기관 12장 일본인의 야만, 잔학한 살육 13장 일본인의 만행 14장 간교한 술책 15장 우리 대표들이 파리강화회의에 청원서를 제출하다 16장 각 방면에서의 호소 17장 각국인의 동요 18장 부녀와 아동의 애국열 19장 姜老俠이 伊藤에게 투탄하다 20장 의친왕과 대동단 21장 북한의병단의 활동 22장 여운형의 도일선전 23장 일병의 노령 한국교포 학살 24장 연통제의 대의안 25장 대한광복군의 과감한 행동 26장 徐相漢·金榮哲·朴在赫 삼열사 27장 미 의원단이 내한했을 때의 광경 28장 일본이 비적 토벌의 구실로 군대를 파견·강점하다 제29장 우리 의병들의 四戰四捷의 뛰어난 공적 30장 왜적이 우리 양민을 대거 학살한 참극을 빚다 31장 서양신문들의 한일전쟁 및 일병의 죄악에 대한 논평 결론(이상 하편). 박은식의 한국독립운동사 관련 저작에 대해서는 신용하, 「해제－韓國痛史·韓國獨立運動之血史」, 『白巖朴殷植全集』 제2권, 동방미디어, 2002, 5~21쪽 참조.

36 『조선역사』 권3, 179쪽. 탈고를 하고도 오랫동안 간행되지 못한 것도 이와 무관하지

된 『조선역사』 권3의 특징을 요약 정리하면 다음과 같다.

첫째, 민족주의운동을 중시하고 있다. 그 이유는 민족주의운동이 민족해방운동의 출발일 뿐만 아니라, 공산주의운동 前史로서의 의미를 갖기 때문이다. 그러나 민족주의운동의 주도층에 대해서는 평가가 엇갈린다. 예를 들어 3・1운동 부분의 서술에서 농민과 노동자층의 참여를 높게 평가하고 있지만 종교계와 지식인 등 민족부르주아지의 역할에 대해서는 1910년대의 서술단계에서도 별로 평가하고 있지 않다. 「선언문」전체를 싣는 등 3・1운동 이상으로 2・8독립선언의 의미를 높게 본 것도 그것이 일본 유학생들에 의해 러시아혁명을 예찬하고 비타협적인 강령을 내걸었기 때문이다.

계봉우가 민족주의운동을 중시하고 여기에 참여한 세력들을 정밀하게 평가한 이유는 민족주의운동을 항일투쟁의 시작이자 기초이며 공산주의운동의 토대라고 생각했기 때문이다. 이것은 한인사회당의 임시정부 참여, 신간회 결성, 1936년에 결성된 재만한인조국광복회에 대해 높은 평가를 내리고 있는 것에서도 알 수 있다. 그러나 투쟁이 방향을 잃거나 타협으로 기울면 민족통일전선은 언제든 파기대상이 될 수밖에 없었다. 한인사회당이 조직적으로 참여했던 대한민국임시정부도 예외는 아니었다.

> 1920년 1월인데 상해임시정부의 각원이던 한인사회당원 즉 이동휘, 김립이 그 직임을 사면하고 공산당이란 새 이름을 세상에 나타내면서 사업진행에 착수하였다. 왜 각원의 직임을 사면하였던가? 임시정부의 기타 각원들은 2천만 원의 공채권을 발행하느니, 연통제를 실시하느니, 적십자사를 조직하느니 또는 일화배척, 납세거절 등에 대한 통유문을 傳布하느니

않을 것이다.

> 그렇게 실지없는 문자에만 몰두하고 중아 양령에서 봉기하는 빨치산운동에 있어서는 하등의 고려가 없었다. 5월 12일에 제출한 김규식의 독립청원서가 강화회의 휴지통에 들어간 이때, 오직 혈전으로서만 국가광복을 計圖할 이때 실상인즉 빨치산운동을 능히 촉진하고, 능히 통일하고, 능히 지휘할 만한 실권이 임시정부에 없었다. 그런 까닭에 공산당은 자체의 사업에 注重하게 되었나.[37]

이미 '반동'이 되어 버린 민족주의세력은 당연히 타도의 대상이었다. 계봉우는 1920년대 후반 북간도에서 이른바 간도공산당 사건으로 공산주의세력이 크게 위축되자 함께 민족통일전선을 형성하고 있었던 재만 한인사회의 유력한 민족주의 기관인 정의부(동만주)와 한족연합회(북만주)에 대해 "민족운동자의 가면을 쓰고서 진정한 애국자를 적에게 팔아먹었다"[38]고 비난하였다.

일제의 만주침공 이후 개량화한 민족주의자들은 민족해방운동에 큰 위협이었다. 국내에서 노동자·농민운동이 격화되고 중국 국민혁명이 진전되자 조선의 민족주의자들은 대거 일본제국주의에로 투항하였다. 계봉우에 따르면 "그들의 기관지 동아일보가 허수아비 만주국을 축하하며, 만주국 내에서 조선인의 자치권 획득을 선전하며 또는 일반적으로 일본제국주의를 반대하는 혁명운동에 참가하지 말라고 권고"하였다. 민족부르주아가 사실상 일본제국주의에 대한 노동자·농민의 혁명운동을 타살하려는 것이었다.[39] 일제의 만주침공으로 이득을 챙기려는 민족부르주아지의 속내는 동아일보가 주최한 중소 상공업 구제책과 관련한 '좌담회'에서 논의된 의제에서 분명히 드러난

---

37 『조선역사』 권3, 88~89쪽.
38 『조선역사』 권3, 124쪽.
39 『조선역사』 권3, 141쪽.

다.[40] 이것을 계봉우는 듣기에만 좋은 횡설수설로서 근로대중을 무마하려는 기만책에 지나지 않는다고 질타했다.

둘째, 조선 국내에서 사회주의사상이 수용되는 배경도 민족주의운동의 절정인 3・1운동의 한계에서 찾고 있다. 3・1운동의 지도층은 종교적, 소부르주아 출신의 지식분자들이기 때문에 운동이 무저항주의로 흘렀으며 파리강화회의가 종료됨에 따라 실망의 동요성이 발로되었다는 것이다. 때문에 운동의 목적이 관철된다 해도 노동자와 빈농의 요구를 만족시킬 수는 없었고 "혁명적 근로대중은 낡은 지도층의 불철저, 무능력함을 절실히 느끼면서 방향전환의 새 길을 찾게 되었다"[41]는 것이다.

국내의 마르크스레닌주의 보급에는 1921년 5월 사회혁명당을 토대로 결성된 고려공산당(상해파) 내지부의 역할이 컸다. 내지부는 조선청년회연합회와 동아일보, 신생활사 등 '3개 블록'의 거점을 확보하고 사회주의문헌의 보급과 계몽 등을 통해 국내의 조직기반을 확충하였다.[42] 고려공산당은 또한 코민테른에 가입하고 선전원을 중국에도 파견하여 사회주의 사상을 전파하였다. 계봉우는 1925년 4월 서울의 조선공산당 창건도 이러한 활동의 결과로 서술하였다.

셋째, 중국 만주와 노령 등 국외의 민족해방운동을 중시하고 비중있게 서술하고 있다. 이들 지역의 한인사회는 1860년대부터 이주가 시

40 ① 조선에 약 3천만 원의 중소 상공업자 구제금이 온다고 작정하고 조선인 업자의 대부분이 차에 균점할 방책 여하? ② 이자휴일제를 겸한 3개년간의 債務 지불유예 요구, ③ 기존 은행의 중소 상공에 대한 대출 완화, ④ 조선 내에 공업진흥계획의 수립, ⑤ 이입세를 신철하여 혹은 기존 세의 세율을 높여서 조선 내의 공업 발전을 가능 촉진하게 할 것, ⑥ 중소 상공・금융을 목적으로 한 신 은행의 설립 등이다(『조선역사』 권3, 149~150쪽).

41 『조선역사』 권3, 92쪽.

42 이현주, 「사회혁명당과 상해파 내지부에 관한 연구」, 『한국학연구』 11, 인하대 한국학연구소, 2000 참조.

작되어 1910년 조선강점 이후에는 토지조사사업 등에 의한 일제의 토지점탈로 토지를 상실한 농민들이 서북간도와 노령 연해주로 대거 이주하면서 형성되기 시작하였다.[43] 계봉우 자신이 교육구국과 독립운동에 뜻을 품고 북간도를 거쳐 연해주로 건너간 당사자였다. 1920년대에 이미 20만을 넘어선 만주와 노령 연해주의 한인사회는 이후 대중적 공산주의운동과 항일무장투쟁의 근거지가 되었다.

반면에 만주·노령과 달리 국외의 다른 지역에서 이루어진 민족운동에 대한 서술은 빈약하다. 중국 관내지역은 본인이 참가했던 특정시기의 임시정부에 대해서만 제한적으로 설명하고 있고, 재일 조선인사회의 민족운동에 대한 서술도 소략하다. 재미 한인사회의 민족운동에 대한 서술은 전혀 보이지 않는다. 이것은 아마도 6·25전쟁 직후라는 집필 시점으로 보아 미주지역의 민족해방운동이 이승만으로 상징되는 분단정권의 수립으로 귀결되었다는 인식 때문인지도 모른다. 그러나 민족해방운동사 서술 대상지역의 이러한 불균형은 국내외에 걸쳐 유기적인 관계 속에서 전개된 한국민족운동사를 통일적으로 파악하는 데 장애가 될 수 있다.

넷째, 자신이 몸담았던 고려공산당(상해파) 노선의 정당성을 적극적으로 대변하는 입장에서 민족해방운동과 공산주의운동을 정리하고 있는 것도 중요한 특징이다. 계봉우의 민족해방운동사 서술은 상해파 입장의 당파적 민족해방운동사로서의 성격을 갖는다.

더욱이 이러한 서술은 상해파 고려공산당이 형성되는 시점 이전부터 적용되고 있다. 이 중 대한광복군정부에 대한 서술이 주목된다. 이것은 1914년 노령 한인 이주 50주년을 맞아 중국과 러시아 지역의 동포들로 해항에 연합대표회를 소집하여 일종의 망명정부로 설립되었

---

43 『조선역사』 권3, 36~38쪽.

다. 유사시 군사 행동을 위해 제1군구(노령), 제2군구(북간도), 제3군구(서간도)로 편제하였으며 이에 대한 통제권은 정도령인 이상설이 맡았다. 그러나 1914년 7월 돌연 러시아와 일본이 동맹을 맺고 독일에 선전을 포고하면서 대한광복군정부의 모태가 된 권업회는 해산을 당하고 관련자 36명도 48시간 이내 퇴거명령을 받아 형성 중이던 정부도 자연 해체되고 말았다.[44] 부도령 이동휘와 함께 대한광복군정부의 비서로 일했던 계봉우는 조직 안에서 기호파와 북도파, 서도파 등 출신지역간 알력과 갈등으로 적지 않은 고통을 겪었는데,[45] 이것은 뒤에 한인사회당이 임시정부와 결합하면서 겪는 경험의 축소판이라 할 만했다.

국내에서 전개된 임시정부 수립운동에 대한 인식과 서술도 마찬가지다. 그는 3·1운동 직후 국내를 중심으로 분출한 여럿의 임시정부 수립운동을 비교적 자세하게 설명하면서, 그 중에서도 특히 이동휘를 '집정관'으로 발표했던 이른바 신한민국 정부를 중심으로 서술하였다.[46]

이처럼 『조선역사』 권3에 보이는 한국민족해방운동사에 대한 '당파적' 인식은 상해파의 경쟁의 대상이었던 이르쿠츠크파에 대해 자신이 속했던 조직의 기원과 정체성을 확인하는 데에서 출발하고 있다. 이에 따라 1918년에 이르러 노령의 조선민족운동은 러시아 2월혁명 후에 조직된 한족회와 10월 혁명 후에 조직된 한인사회당 두 개의 조류로 분립되었다. 전자는 멘셰비키의 영향을 받은 민족주의파로, 자신이 몸담았던 후자는 볼셰비키의 영향을 받은 사회주의파로 규정하였다.[47]

상해파와 이르쿠츠크파는 공정한 경쟁을 통하여 조선공산주의운동의 투쟁을 선명하게 하고 그것을 혁명적으로 촉진시킬 수도 있었을 것

44 『조선역사』 권3, 47~48쪽.
45 『꿈속의 꿈』, 113~115쪽.
46 『조선역사』 권3, 67~68쪽.
47 『조선역사』 권3, 48쪽.

이다. 그러나 넘어야 할 현실의 벽은 높았다. 서로가 기반을 둔 상이한 계급적 토대와 경험한 민족해방운동의 차이, 러시아혁명에 대한 서로 다른 인식 등 어느 것 하나 양자의 거리를 좁히는 일은 쉽지 않았다. 마침내 두 세력의 경쟁은 조선혁명의 주도권을 둘러싼 유혈의 적대적 투쟁으로 변질되어 참혹한 결과를 빚었다.

> (자유시 사변의) 그 결과는 어떠하였는가? 36(구)의 묻음(무덤)을 보게 되었고 投江한 人數에 있어서는 제야강에 물어야 할 터인데, 제야강은 말없이 밤낮에 흐를 뿐이다. 합동민족군대는 의용군 측의 대소 장교 20여 인을 포로로 하여 가지고 이르쿠츠크로 회환하였다.[48]

상해파와 이르크추츠크파가 파국을 맞이한 이유가 파벌투쟁에만 있는 것은 아니었다. 두 세력은 조선혁명의 성격에 대해서도 상이한 인식을 갖고 있었다. 계봉우에 따르면 상해파가 "식민지의 해방운동에는 당의 소식과 아울러 민족당 기관을 반드시 결성해야 한다"고 주장한 데 비해 이르쿠츠크파는 사회주의혁명에 앞서 민족혁명을 달성해야 한다는 상해파의 주장에 동의하지 않았다고 한다.[49] 나아가 계봉우는 1921년 5월 이르쿠추크에서 결성된 전한공산당을 독립된 당이 아닌, 러시아 공산당의 하나의 세포로 간주했다.[50] 당원들의 출신이 한인일 뿐 전한공산당은 엄연히 러시아 볼세비키당에 소속되어 있다는 이유에서였다.

그러나 계봉우가 자신의 조직에 무한정 관대하기만 한 것은 아니었다. 그는 국내의 공산주의운동을 서술하면서 '서울 · 상해합동파 조선

---

48 『조선역사』 권3, 133~134쪽.
49 『조선역사』 권3, 136~137쪽.
50 『조선역사』 권3, 131쪽.

공산당'(춘경원당)의 결성을 신랄하게 비판하였다. 1927년 12월 서울파는 ML파 중심의 제3차 조선공산당에 대항하여 별도의 새로운 공산당을 조직하고 코민테른 가입을 시도하였는데, 여기에 이동휘와 홍도, 이증림 등 계봉우의 상해파 동지들이 포함되었다. 이에 대해 그는 "언제든 각 그룹의 중견분자를 결합하되 프롤레타리아의 토대 위에서 견실한 당을 조직하지 않으면 안 된다"고 주장하면서 춘경원당의 결성을 파벌행동에 불과하다고 비판하였다.[51]

다섯째, 민족해방운동의 대미를 장식한 1930년대 이후 만주에서의 '공산주의자 무장운동'을 김일성부대의 활약에 적지 않은 비중을 두고 서술하였다. 이를 위해 당시 혁명적 조직체로서 공산당의 지도하에 공산청년단, 반제동맹, 혁명상조회, 농민협회, 농민자위대, 아동단, 부녀단 등의 대중적 반일단체의 활동을 열거했다. 만주사변과 공황으로 야기된 미가폭락으로 만주 거주 조선농민의 생활이 극도의 궁핍에 빠지고 일제의 강압적 군사정책에 1931~32년에 폭동(춘황폭동 · 추수폭동)이 일어났다.[52]

김일성부대는 이러한 배경에서 출현하였다.

> 이러한 요인에 의하여 1933년에 동만공청의 비서인 김일성이 반일무장대를 조직한 것이다. 맑스-레닌주의로 물들인 붉은 간도에서, 농민대중의 피로써 물들인 붉은 간도에서, 의병역사에 오랜 기록을 가진 혁명적 간도에서 공산주의적 부대라는 영예의 지칭을 받는 조선인의 독립적 의병대가 조직된 것에 대해서 아모라도 우연한 일로 보지 못할 것이다.[53]

51 『조선역사』 권3, 137쪽.
52 『조선역사』 권3, 155쪽.
53 『조선역사』 권3, 158쪽.

계봉우는 혜산진전투 등 김일성부대가 수행한 유격전을 자세하게 소개하였고, 김일성이 회장을 맡았다고 하는 재만한인조국광복회의 활동과 강령을 전재하고 있다. 1935년 만주에서 무장세력의 통일운동이 제기되고 동북인민혁명군에 이어 동북항일연군이 조직되는 과정을 설명하면서 항일연군에서 2군 6사 사장을 맡았던 김일성과 그가 이끈 부대의 역할을 부각시켰나. 이 부분을 서술하기 위해 그는 북한에서 간행된 자료를 수집하여 활용하였다.[54]

이것은 개인적으로 보면 말년에 계봉우가 해방된 조국에 돌아가 고향(함남 영흥)에 묻히고 싶었던 간절한 소망과도 관계가 있을 것으로 보인다.[55] 1950년 가을 '美寇'가 침략하여 청천강까지 이르는 위기에 처했을 때 민족해방운동사 서술에 착수한 것도,[56] 자신이 돌아가야 할 조국(북한)을 김일성이 지키고 있다는 인식 때문이었다.

계봉우는 민족해방운동에 참여하고 사회주의를 수용하면서 자신의 저작 속에서 민족과 계급의 결합을 추구하였다. 그가 생각하는 이상적인 결합은 "조선인의 민족적 형식에 사회주의적 내용"을 담는 것으로서, 레닌의 민족정책과 부합하는 것이라고 하였다. 이런 점에서 제국주의 열강의 간섭 종결로 소련의 내전이 종식되고 소비에트 주권이 확립되어 소수민족도 함께 사회주의체제 건설에 매진하던 1923년부터 중앙아시아 강제이주 전까지의 노령 연해주의 한인사회는 하나의 모

54 『조선역사』 권3에는 ① 최창익, 「조선민족해방운동과 김일성장군」, ② 림춘추, 「일본제국주의와 국민당 군벌 및 봉건적 지주를 반대하여 일어난 동만 조선인민들의 혁명적 폭동」(근로자, 1950.4) 등의 자료가 인용되고 있다.

55 「이인섭이 김경인에게 보낸 편지」(1959.6.4). 물론 이것은 개인적인 하나의 측면에 불과하다. 일찍이 계봉우가 민족해방의 전략으로 독립전쟁론을 중시하던 입장에서 보면, 사실상 항일투쟁이 사라져버린 일제 말기 중국 만주에서의 김일성부대의 활동은 주목받기에 충분하다. 『조선역사』 권3을 집필하던 시점이 김일성이 이끄는 북한과 미국(제국주의)이 싸우고 있던 6·25전쟁의 와중이었다는 상황도 고려될 필요가 있다.

56 『조선역사』 권3, 서문.

델이었다. 『조선역사』 권3을 제외한 그의 중요한 많은 저작이 쏟아져 나온 것도 이 시기였다.

때문에 계봉우는 자신의 한국학 저술의 황금기였던 이 시기가 갖는 의미에 대해, 뒷날 중앙아시아로 강제 이주된 뒤 카자흐스탄 크즐오르다에서 집필한 『조선역사』 권3의 후반부에서 다음과 같이 각별한 의미를 부여하였다.

> 1923년에 소비에트 주권이 연해주에까지 영구히 수립됨을 따라서 조선인은 민족적 형식에 사회주의적 내용인 새 문화를 받게 되었다. 이것은 레닌의 민족정책이니, 조선사람도 자기의 언어와 문자로서 사회주의적 문화를 學受한다는 말이다. 의무교육제의 실시로 말미암아 單一勞力學校가 각처에 星羅碁布한 것은 더 말할 것도 없거니와 성년남녀의 문맹퇴치소가 窮村僻里에까지 다 있었다. 내지에 있는 조선인에게는 일본놈의 강압으로 동화적 노예교육이 실시되었는데, 다만 소베트 주권 하에서 뿐 볼 수 있는 조선인의 교육망이 해를 따라 급속도로 진전하여 중등교육으로는 海港의 노동학원(아라파끄), 송왕령(보로실노프市)와 사범전문학교, 육성의 농촌청년학원, 문화기관으로는 선봉신문사, 고려도서관, 구락부(이상은 海港에)가 있었다.[57]

57 『조선역사』 권3, 138쪽.

4. 맺음말

한국학자 계봉우의 본격적인 역사서술, 민족운동사 서술은 망명 직후인 1912년에 등사판으로 나온 『오수불망』에서 비롯되었다. 이 책은 고대 이래 조선의 대일관계와 일본의 조선침략 내력을 고찰한 것으로, 후일 그가 민족해방운동사를 서술할 때 일제의 식민정책을 설명하는 뼈대가 되었다. 이 밖에도 안중근 전기 등 민족의식 고취를 위한 글을 다수 집필하였다.

그러나 3 · 1운동 참여와 체험은 그의 모든 것을 바꾸어 놓았다. 전통적 윤리와 규범에 기초한 역사서술은 질적인 변화를 겪었다. 사회주의를 수용하고 한인사회당에 입당한 것도 3 · 1운동 직후였다. 역사연구의 관심도 한국사 전체에서 민족해방운동에 집중되었다. 특히 대한민국임시정부 의정원 의원으로 1년 남짓 상해에 체류하면서 그는 여러 편의 민족운동 관련 글들을 『독립신문』에 기고하였다. 그는 1923년부터 1936년까지 연해주 내전이 종결되어 소비에트 주권이 확립되고 사회주의 체제가 건설되던 시기에 주목할 만한 한국학 저작들을 다수 남겼다. 이 저작들에 대해 그는 이제까지 나온 저작과는 다른 유물사관에 입각한 자신의 독자적인 성과임을 천명하였다.

1950년 조국에서 6 · 25전쟁이 발발하자 계봉우는 카자흐스탄의 크즐오르다 자택에서 '반일투쟁사'의 저술에 착수하여 1952년 2월 『조선역사』 권3을 탈고했다. 대학노트 190여 쪽에 가지런하고 빼곡하게 눌러쓴 이 원고는 그가 비록 '반미투쟁사'의 집필을 스스로에게 부여하긴 했지만 현실에서는 오랜 역사서술의 완결판이 되었다.

첫째, 민족주의운동을 중시하였는데 그 이유는 민족주의운동이 민족해방운동의 출발일 뿐만 아니라 공산주의운동의 前史로서의 의미를 갖기 때문이다. 이런 인식에서 민족주의세력과의 통일전선을 중시하였으나, 민족개량주의의 준동은 경계하였다. 둘째, 국내 사회주의사상의 배경을 3·1운동에서 찾고 있다. 이것은 바로 민족주의운동의 한계 속에서 공산주의운동이 필연적으로 등장할 수밖에 없다는 논리였다. 셋째, 국내보다는 중국 만주와 노령 연해주 등 국외지역을 민족해방운동의 무대로 비중 있게 다루었다. 이것은 항일무장투쟁의 근거지 역할을 한 만주·노령의 민족해방운동에 대한 평가인 동시에 자신의 체험과도 관계가 있다. 넷째, 고려공산당(상해파)의 활동과 노선의 정당성을 적극적으로 대변하는 입장에서 민족해방운동사를 정리하였다. 끝으로, 1930년대 이후 만주의 항일무장투쟁을 김일성부대의 활약에 초점을 맞추어 서술하고 있는데 이것은 계봉우 개인의 인생의 유전이라는 측면에서 보면 인생의 황혼에 조국에 돌아가고 싶은 간절한 염원과도 관계가 있는 것 같다.

이렇게 볼 때 계봉우의 역사서술은 그 이론적 수준을 떠나 사회주의 유물사관에 입각해 있음은 분명한 것으로 보인다. 그렇지만 시종일관 민족과 계급의 통합을 강조했고 그것이 가능하다고 믿었으며 이를 자신의 저술 속에서 반영하고자 했다. 중국 만주와 노령 연해주, 중앙아시아 한인(고려인)사회의 한국학을 일구고 이를 대표하는 학자로서 평생의 화두가 된 민족과 계급의 이상적인 결합에 대해 그는 조선인이라는 '민족적 형식'에 '사회주의적 내용'을 담는 것이라는 말로 답변을 대신하면서 이것이 레닌의 민족정책과도 부합하는 것이라고 했다.

그러나 식민지의 민족문제를 정면에서 다루어본 역사가라면 누구라도 짐작할 수 있듯이 해외에서 스스로 늘 조선인임을 자각하며 살아갈 수밖에 없는 이산(離散)된 그들에게 있어서 민족적 정체성이 '형식' 이상의 역사적 힘을 갖는다는 것은 두말할 필요가 없다. 민족해방운동사 서술의 바탕에 깔린 계봉우의 사상과 역사관을 명쾌한 한마디로 규정하기 어려운 이유이다.

| 참고문헌 |

『붉은 군사』 제2호(1921.12.24).

『만주지역 本邦人在留禁止關係雜件』(海外의 韓國獨立運動史料 34), 國家報勳處, 2009.

『북우 계봉우 자료집』 1~2, 독립기념관 한국독립운동사연구소, 1996~1997.

북우 계봉우, 『조선역사』 권3(미간행 원고본), 카자흐스탄 크즐오르다, 1952.

孫斗煥, 「社會主義硏究(1~5)」, 『독립신문』, 1920.5.29·6.1·6.5·6.10·6.17.

고송무, 『쏘련의 한인들－고려사람』, 이론과실천사, 1990.

고토큐 슈스이, 임경화 역, 『나는 사회주의자다－동아시아 사회주의의 기원 고토쿠 슈스이 선집』, 교양인, 2011.

계봉우, 김필영 역, 『고려인 민족운동가 계봉우 자서전 꿈속의 꿈』, 강남대 출판부, 2009.

반병률, 「김알렉산드라 페트로브나(스탄케비치)의 생애와 활동」, 『윤병석교수화갑기념 한국 근대사논총』, 지식산업사, 1990.

石坂浩一, 『近代日本の社會主義と朝鮮』, 社會評論社, 1993.

小野容照, 「1920~1921년 조선 내 합법 출판물의 일본문헌을 통한 맑스주의 학설 소개」, 고려대 석사논문, 2007.

윤병석, 「계봉우의 생애와 저술목록」, 『인하사학』 1, 인하역사학회, 1993.

_____, 「계봉우의 민족운동과 한국학」, 『한국학연구』 22, 인하대 한국학연구소, 2010.

조동걸, 「해제」, 『북우계봉우자료집』 1, 독립기념관 한국독립운동사연구소, 1996.

_____, 『현대한국사학사』, 나남, 1998.

이영호, 「동학과 농민전쟁 연구의 원형－"동학과 동학란"(김상기, 동아일보, 1931)」, 『역사와 현실』 11, 1994.

이현주, 「사회혁명당과 상해파 내지부에 관한 연구」, 『한국학연구』 11, 인하대 한국학연구소, 2000.

_____, 『한국 사회주의세력의 형성－1919~1923』, 일조각, 2003.

임경석, 『한국 사회주의의 기원』, 역사비평사, 2003.

박종린, 『일제하 한국 사회주의사상의 수용에 관한 연구』, 연세대 박사논문, 2006.

프리드리히 엥겔스, 최인호 역, 「가족, 사적소유 및 국가의 기원」, 『칼 맑스 프리드리히 엥겔스 저작선집』 6, 박종철출판사, 1991.

한국정신문화연구원 현대사연구소 편, 『지운 김철수』, 한국정신문화연구원, 1999.

계봉우의 한국사회사 인식

『朝鮮歷史』의 階級 및 奴隸 관련 서술을 중심으로

임학성

1. 머리말

북우(北愚) 계봉우(桂奉瑀, 1880~1959)는 일제강점기에 해외로 망명하여 조국의 독립운동을 위해 헌신한 운동가 중에서는 성재(誠齋) 이동휘(李東輝, 1873~1928)·여천(汝千) 홍범도(洪範圖, 1868~1943) 등과, 그리고 해외 한국학(특히 한국사) 연구자 중에서는 백암(白巖) 박은식(朴殷植, 1859~1925)·단재(丹齋) 신채호(申采浩, 1880~1936) 등과 병칭(竝稱) 논평될 수 있는 인물로 평가받고 있다.[1]

1 趙東杰, 「北愚 桂奉瑀의 생애 및 연보와 著述」, 『韓國學論叢』 19, 국민대 한국학연구소, 1997, 127~128쪽; 윤병석, 「계봉우의 민족운동과 한국학」, 『한국학연구』 22, 인하대 한국학연구소, 2010, 421쪽.

계봉우는 한국사뿐 아니라 한국어, 한국문학, 한국민속, 한국사회경제 등의 제 분야에 걸쳐 30여 종에 달하는 저작을 남겼으며,[2] 연구 저술 및 교육 활동을 주로 수행한 지역이 러시아이므로 그를 '러시아의 한국학 개창자'로 자리매김하고 있기도 하다.

한편, 계봉우가 통사류(通史類)로 저술한 『조선역사(朝鮮歷史)』를 분석하여 그의 한국사 인식을 고찰한 연구에 따르면, 그가 유물사관(唯物史觀)을 수용하여 한국사를 계급투쟁의 역사로 서술하면서도 유물사관의 기계적인 적용을 배제한 측면이 없지 않았던 것으로 평가된다.[3]

특히 『조선역사』의 서술 내용이 '노예(奴隷)'[4]계급의 발생 배경 및 생산 주체로의 성격에 주목한 점은 주목할 만하다. 따라서 『조선역사』(1936년 탈고본)의 서술 내용을 통하여 계봉우의 계급 및 노예 인식이 어떠했는지를 살펴보는 것은 유의미한 작업이 되겠다. 이에 더하여 계봉우가 『조선역사』를 서술하면서 참고한 문헌 자료들에 대해서도 비교 검토하는 작업도 무의미하지 않다고 본다.[5]

이에 앞서 계봉우의 생장(生長)에 대해 일별(一瞥)할 필요가 있을 것 같다. 그가 한국 역사를 서술하는 관점에 계급과 노예를 주된 인식틀로 삼았던 데에는 적어도 그의 생장 환경이 적잖게 작용했을 것으로 이해되기 때문이다.

계봉우의 자서전 『꿈속의 꿈』에 의하면 그는 1880년 함경남도 영흥

---

2 尹炳奭, 「桂奉瑀의 生涯와 著述目錄」, 『仁荷史學』 1, 인하역사학회, 1993; 조동걸, 위의 글.

3 이영호, 「계봉우의 한국역사 인식과 역사관」, 『한국학연구』 25, 2011.

4 현재 한국사에서 정형화된 '奴婢'라는 용어 대신 계봉우가 『朝鮮歷史』에서 '奴隷'라는 용어를 주로 사용하고 있는 점은 유물사관에서 말하는 '奴隷制生産樣式'을 의식한 것이 아닌가 보인다. 이는 1930년대 白南雲과 李淸源 등의 한국사 서술에서도 마찬가지이다.

5 또한 계봉우가 『조선역사』를 집필하면서 참고했던 논저들도 비교 검토할 필요가 있는데, 특히 후술하려는 韓長庚의 「朝鮮農民의 經濟生活史」가 그러하다. 이 글은 한장경이 『東亞日報』에 1931년 8월 1일부터 8월 8일까지 7회에 걸쳐 연재한 자료인데, 계봉우가 抄錄하여 소지하고 있었다.

군(永興郡)[6]에서 관아의 잔심부름을 하는 미천한 신분인 사령(使令)의 아들로 태어났다. 숙부는 향교에 속한 교노(校奴) 신분이었다.[7] 그가 태어난 19세기 말이 비록 신분제 사회질서가 이완・해체되는 시기였다고는 하나, 계봉우에게는 천민집안의 출신이라는 강박관념이 일생 동안 남아 있었을 것으로 보인다.

한편, 그가 11세 때 부친이 사망했고,[8] 부친이 남긴 빚 때문에 집과 모든 재산을 잃게 되어 모친이 남의 집 빨래와 바느질과 허드렛일을 하면서 생계를 이어나갔다고 하니, 어린 시절에 경제적 어려움이 매우 컸음을 알 수 있다.[9] 그런데 집과 재산을 잃게 된 사건은 어린 계봉우에게 부자(富者)에 대한 적개심을 키우게 했던 것 같다. 왜냐하면 부친 사망 1년 후(1892) 여름에 갑자기 '의사군'이 집으로 들이닥쳐 집과 살림살이 등을 빼앗았는데, 이 의사군에게 돈을 받고 계봉우 가족의 집과 재산에 대한 소유권을 넘긴 채권자가 '한 첨지'라는 부자였기 때문이다.[10] 계봉우의 자서전에 한 첨지는 돈밖에 모르는 인정사정없고, 양심 없는 부자놈으로 묘사되고 있었던 것이다.[11]

그렇지만 어려운 가정형편에도 불구하고 계봉우는 학업을 지속하였다고 한다. 13세 때에 생장하던 읍내를 떠나 산촌(山村) 서재(書齋)에 들어가 3년 동안 『맹자(孟子)』, 『시전(詩傳)』, 『예기(禮記)』, 『공자가어(孔子家語)』, 『백미고사(白眉古事)』, 『한사(漢史)』, 『삼국지(三國志)』, 『홍사(鴻史)』, 『송

---

6 1977년 金野郡으로 개명함.

7 계봉우, 김필영 역, 『꿈속의 꿈』, 강남대 출판부, 2009, 67쪽.

8 위의 책, 43쪽.

9 계봉우의 제4남 계학림이 저술한 아버지에 대한 회고록 『삶속의 삶(원제 : Жизнь после жизни)』, '부모님의 품안에서' 부문 참조. 이 회고록은 역주하여 본 책의 부록으로 수록하였다.

10 계봉우, 앞의 책, 47쪽. 한편, 원문에 적힌 '의사군'은 어떠한 직종(또는 성격)의 사람을 일컫는 용어인지 알 수 없다.

11 위의 책, 48쪽.

신록(宋臣錄)』 등을 모두 열람하였을 뿐 아니라,[12] 19세 때에는 2년 동안 『육도(六韜)』, 『삼략(三略)』, 『손무자(孫武子)』, 『사마직해(司馬直解)』, 『위요자(尉繚子)』, 『장감박의(將鑑博義)』, 『병학지남(兵學指南)』 등의 여러 兵書를 전문적으로 연구하였다.[13] 이후 23세 때인 1903년부터 1906년 기간에는 한국사와 중국사 공부에 열중한 다음, 고향인 영흥의 홍명학교에서 교편생활을 시작하였다고 한다.[14]

이상, 계봉우의 출생부터 수학(修學), 교편생활 시작까지의 역정을 간략히 살펴보았다. 계봉우는 천민 집안의 출신이었으나, 학문에 대한 열망이 높았음을 살필 수 있었다. 특히 20대 초반까지 양반 집안의 출신들과 마찬가지로 유서(儒書) 및 사서(史書), 병서(兵書)류를 수학하였다. 그렇지만 이러한 수학 과정은 학문으로서의 관심과 접근으로만 그쳤을 뿐, 유학자(성리학자)로서의 사고·처세까지는 습인하지는 못했다고 본다. 이러한 추측은 그가 『조선역사』의 서술을 통해 지배계급에 의한 노예의 착취에 대해 강하게 거부감을 비치고 있었는데, 만약 그가 수학을 통해 유학자적 사고를 지녔었다면 노예(노비)의 존재(즉, 착취) 및 신분·계급구조는 필요했다고 인식했을 것이고 이러한 인식은 『조선역사』를 서술하는 과정에서 분명하게 반영되었을 것이기 때문이다.

결국, 『조선역사』에서 계봉우가 계급사관에 입각하여 한국사를 서술한 까닭은 그가 천민 집안의 출신이었을 뿐 아니라, 12세 때 졸지에 집과 재산을 잃게 만든 부자에 대한 분노가 각인된 때문이 아닌가 보여 진다. 이러한 점은 『조선역사』에서 계봉우의 한국사회사 인식을 고찰하는 데 주요 전제로 자리 잡는다. 그러면 계봉우가 『조선역사』에서 서술한 계급 및 노예 인식을 살펴보도록 하자.

---

12 위의 책, 53·61쪽.

13 위의 책, 69쪽.

14 위의 책, 84~86쪽; 계학림, 『삶속의 삶』, '교사와 투사' 부문 참조.

2. 계급 및 국가의 발생 원인

계봉우는 1953년에 수정한 『조선역사』 제1권 敍言에서

> 三年의 積年으로 朝鮮歷史 제1, 제2의 兩卷을 完成하였다. 그 內容 大概를 들어 말하면 歷史있기 전으로부터 韓日合併에 이르기까지의 事實을 두 권에 나누어 記入하였다. 그런데 **階級과 階級에 관한 材料를 옳게 論斷하고 바르게 批定하는 것도 어려운 일이거니와 歷史 있기 전의 事實은 더욱 어려운 일이었다. 그것에 대하여는 엥겔스의 作인 『家族, 私產 및 國家 起原』과 韓人政治學校用의 『人類社會發展史』에서 많은 도움을 받았나니 이 工作은 史學家들이 從來로 한 번도 건드려 보지 못했던 實로 나의 첫걸음이었다.**[15]

라고 하여 그가 계급사관에 입각하여 『조선역사』를 서술했음을 밝히고 있다. 이러한 역사 서술 방침은 1936년에 탈고한 『조선역사』 제1권 제1편 제1장('歷史있기前의 朝鮮사람') 제2절('朝鮮歷史家들은 어떠하엿는가?')에서도 분명히 하고 있다.

> **그前의 歷史家들은 君主와 그에게 屬한 階級을 讚揚하는 忠僕이엇섯다.** 그런 忠僕이 아니면 史筆을 잡을수도 없엇고 또는 잡지도 아니하엿다. 여긔로붙어 **歷史의 全部가 그 한階級의 利害를 爲하여 놀애한 것이 아니면 痛哭한 그것의 밖에는 아모것도 찾을수 없이 되엇다.** 그런 까닭에 階級的 關係에 對한 그들의 解說을 들을것 같으면 (…중략…) 여긔에 니른바 君子와 다스리는者는 支配階級

15 尹炳奭, 「解題: 北愚 桂奉瑀의 韓國史 著述」, 『北愚 桂奉瑀 資料集』 2, 독립기념관 한국독립운동사연구소, 1997, 5쪽에서 재인용.

을 가르친 것이오, 野人과 다스리우는者는 被支配階級을 가르친것이니 **支配階級은 依例히 搾取하여야 되고, 被支配階級은 依例히 搾取를 받아야 된다는 것이 그들의 唯一한 眞理이엇다.** (…중략…) 지금 우리는 考古學과 地質學에서 많은 材料를 얻엇으며 그것에서 얻지 못한 材料는 現時의 落後된 民族들에게서도 求하게 되며 또는 古代書籍과 漢人의 낡은 記錄에서도 찾게된다. 그러고 **그 材料에 對한 옳은 說明은 唯物論的 歷史觀이 가르치어 준다.**[16]

즉, 전근대 역사가들은 군주(君主)와 그에 속한 (지배)계급을 찬양하는 충복이었기에 오직 역사를 지배계급의 이해만을 위해 서술했으며, 이는 그들이 지배계급과 피지배계급은 착취와 피착취 관계에 놓이는 것을 진리라고 인식했기 때문이라고 본 것이다.

따라서 이러한 잘못된 역사 인식 및 서술을 고치려면, 역사 재료를 올바르게 설명할 수 있는 사관(史觀)이 필요한데, 그것은 바로 유물사관(唯物史觀)이라고 하였다. 이는 '지배계급을 위한 역사'가 아닌 '피지배계급을 위한 역사'를 서술하겠다는 의지를 계봉우가 역설적으로 밝힌 것이라 하겠다.

또한, 계봉우는 인간의 역사를 유물사관에 입각한 '계급투쟁의 역사'로 인식하였다. 이러한 인식은 『조선역사』 제1편 제1장("歷史있기前의 朝鮮사람")의 제1절 "우리는 歷史를 어떻게 硏究하여야할가?"에서 명확히 서술하고 있다.

우리가 **過去의 一切歷史는 階級鬪爭의 歷史라는 맑쓰—엥겔쓰의 宣言을 確信한다면 歷史라는 것은 階級이 처음에 어떻게 形成하였으며, 그 鬪爭의 結果가 過**

16 계봉우, 『조선역사』, 10쪽: 본 글에서 인용하는 『조선역사』의 쪽수는 독립기념관 한국독립운동사연구소에서 영인한 『북우 계봉우 자료집 2—『조선역사』·『동학당폭동』』(1997)에 의거함.

去에는 어찌되엇고, 現在에는 어찌되고, 將來에는 어찌될것을 硏究하는 一種의 科學임은 더 말할것도 없는 일이다. 그런즉 이것을 硏究함에는 原始時代로붙어 今日까지의 人類社會가 어떻게 發展된 것을 基礎로 하여야 할지니 그의 發展過程은 經理形式의 變遷을 意味한것이다. 어느때던지 사람은 生存할 可能을 얻기 爲하여, 더 明確히 말하자면 사람마다 그 自身을 주림과 칩음에서 救援하기 爲하여 經理에 모름직이 注重하엿다면 被搾取階級이 搾取階級에게 對한 鬪爭은 到底히 免할수 없는 일이다. 그러므로 歷史의 根柢에는 사람이 그 生存을 爲한 自然과의 鬪爭, 먹고 닙고 居處하고와 또 그他를 爲한 鬪爭이 놓이어 있음을 닞지 말아야 한다.[17]

위 인용문에서 보듯이 역사(학)는 과학성을 지닐 수밖에 없는데, 그 이유는 계급의 형성 원인, 계급투쟁의 과거와 현재는 물론 미래까지를 연구 대상으로 하고 있기 때문이라고 밝히고 있다. 또한 인간은 생존을 위해 경리(經理)에 특히 중점을 두기에 착취계급에 대한 피착취계급의 투쟁을 피할 수 없다고 하였다. 결국 이러한 계봉우의 계급투쟁 사관은 『조선역사』를 서술하면서 줄곧 발현되었음을 살필 수 있다.

먼저, 『조선역사』 제1편 제I장의 제5절 "階級의 形成"에서 계봉우는 계급의 발생 배경 및 과정에 대해 다음과 같이 설명하고 있다.

自然 — 風土, 土味, 氣候의 關係로 北方에서는 農作을 안치 오란 그後에까지 오직 黍를 먹엇고 그 一方에 牧畜業은 오히려 高度로 向上하엿으며, 南方에서는 農業이 漸漸 더 進步하여 蠶桑까지 또한 알게 되고 그 一方에 金屬의 採取法이 새로 發明되엇다. 여긔로붙어 階級이 發生되엇는데 그것의 發生에 對하여도 南北의 差異가 있다. 北方에서는 家畜을 많이 가진者를 富라 하고 그렇

17 위의 책, 9쪽.

> 지 못한者를 貧이라 하엿나니 그런 富者들은 馬家, 牛家, 猪家, 狗家, 犬家의 稱號를 들ㅅ다가, 邦國을 成立한 뒤에는 다 上層階級으로 되엇다. (…중략…) 南方에서는 金屬(金屬을 가진者에게는 穀物도 또한 豊足하엿다.)을 많이 가진者를 富라 하고 그렇지 못한者를 貧이라 하엿나니 그런 富者들은 金入宅의 稱號를 들ㅅ다가, 邦國을 成立한 뒤에는 다 上層階級으로 되엇다.[18]

즉, 목축업의 향상과 금속 채취법의 발명이 빈부의 격차를 가져왔고 이러한 빈부의 격차가 결국 계급분화를 야기했다고 설명하고 있다. 특히 이를 지리적 자연 환경에 따라 구분하여 북방지역의 경우 가축 소유의 차이(빈부), 남방지역의 경우 금속 소유의 차이가 계급 발생의 주요 기준이 되었다고 간주하고 있다.

그런데 계급의 발생(분화)이 잉여생산물의 발생과 분배로 인한 빈부의 격차에서 기인했고, 계급의 형성 결과 지배계급이 금속물(보통 청동기를 말함)을 거의 전유(專有)하면서 자신들의 계급성을 상징화하기 시작했다고 보는 것이 일반적 통설이다. 그런 점에서 계봉우가 계급 발생의 원인으로 (물론 그가 남방지역의 경우 농업의 발달과 그로 인한 곡물의 풍족을 배제하지는 않았으나) 목축업의 향상과 금속 채취법의 발명, 그리고 이의 결과물(즉, 분배)인 가축과 금속물 소유의 빈부 격차를 계급 발생의 계제로 인식하고 있는 점은 특이하다 하겠다.

한편, 계봉우는 제1편 제I장의 제6절 "階級的 國家의 發生" 항목에서 국가의 발생 원인을 상층계급의 기득권 지속·강화에서 찾고 있다.

> 階級이 있는 곧에는 矛盾이 반듯이 있게 되고 矛盾이 있는 곧에는 鬪爭이 반듯이 있게 된다. 그렇게 되면 上層階級들은 그 矛盾을 諱避하고 그 鬪爭

18 위의 책, 24~25쪽.

을 防止 或은 軟化하기 爲하여 어떤 「힘」을 세우엇나니 그 「힘」은 곧 國家(비록 原始的이나마)라는 것이다.[19]

즉, 계급 형성은 필연적으로 모순과 투쟁을 발생시키며, 이에 상층 계급은 그 모순을 모피(謀避)하고 투쟁을 방지하거나 수그러뜨리기 위해 국가(國家)를 형성시킨다는 법칙적 인식을 엿볼 수 있다. 특히 국가를 상층계급이 자신들의 이익을 실현시키는 '힘'으로 본 점은 주목할 만하다. 아울러 그는

이와 같이 國家가 形成되면 原始的 民主制는 그 그림자도 볼수 없게 되고 한階級이 다른 階級을 壓迫하는 機械 — 軍事的 獨裁가 그 우에 있게 된다.[20]

고 하여, 국가의 형성은 필연적으로 원시공산제(공동체) 사회가 지녔던 민주제(民主制)를 철저히 파괴하고 특정 계급이 다른 계급을 군사적으로 압박하는 독재를 야기(惹起)하는 것으로 보았다.

반면, 계봉우는 제4편 제V장 '奴隷의 叛亂' 부문에서

高麗는 奴隷의 叛亂으로 말미암아 衰退도 되엇고 또는 喪亡도 되엇다. 우리가 高麗의 新興한 原因이 確實히 奴隷를 土台로한 거긔에 있다고 認定한다면 그 衰退와 喪亡의 結果가 奴隷의 叛亂에서 出來하엿다는것을 닞지 말아야 한다.[21]

고 하여, 국가 흥망의 주요 원인이 노예의 반란(叛亂)에 있다고 인식하였다. 이 대목은 노예에 대한 착취는 필연적으로 이를 견디지 못한 노

19 위의 책, 32쪽.
20 위의 책, 32~33쪽.
21 위의 책, 191쪽.

예의 반란을 유발시키며 결국 국가의 멸망으로 귀결된다는 일종의 역사 발전 법칙의 확인 내지 그러한 사회(또는 착취계급)에 대한 경종·선언이었다고 볼 수 있다.

3. 노예(奴隸, 奴婢) 출현의 원인 및 과정

계봉우는 노예 출현의 원인에 대해 먼저, 제1편 제I장의 제5절에서 가족의 발생을 들고 있다.

> 어떠한 原始사람에게던지 그 經理가 牧畜業이나, 農業(적어도 가닥이 農作)으로 넘어가는 그 때에는 族屬의 內部에서 分裂作用이 必然으로 생기어 여러個의 大家族으로 되나니 그것은 全族屬의 經理를 그 前과 같이 合同的으로 經營할 可能이 없게된 까닭이다. 여긔로붙어 族屬自體의 안에 貧富가 對立하게 되엇으나, 族屬 — 家長的 組織體는 各自의 利害關係로 因하여 오히려 더욱 鞏固하여지고 그 中에 族長이 있어 모든 일을 處理하엿으며 또 一步를 進하여 여러族屬들의 聯合으로써 種族的 同盟이 形成되엇는데, 그 안에는 酋長이 있게되고 그 밖에 또 臨時的 必要에 依하여 軍事的 責任者 — 首領이 있게 되엇다. (…중략…) 各個種族의 軍事的 首領들은 腕力과 智慧와 財産이 남보담 優越한者가 아니면 될수가 없엇다. 그들의 腕力과 智慧는 外來의 掠奪을 防禦, 或은 對敵함에만 有益한것이 아니오 다른 種族의 것을 掠奪함에 더욱 有益하엿다. 그런데 掠奪의 手段은 한갓 財産에만 局限되지 아니하고 畢竟에는 사람(흔히는 奴婢를 만들기 爲하여) — 女子를 掠奪하는 대에까지 니르렀다. (…중략…) 그러한 掠奪戰이 軍事首領과 同一한 階級에 屬한者들, 奴隸를 많이 所有하게 되는 「한것」(上典에

대한 吏讀 표기인 '韓物' — 계봉우가 註에서 밝힌 것을 인용자가 옮김)**에게 있어는 生產의 剩餘로하여 더욱 富하게 되고 그와 反對되는 勞力階級에게 있어는 그런 分配(奴隸 또 財產)에만 參加하지 못할뿐 아니라, 돌이혀 破產을 當하게 된다.** 그래서 勞力者들은 富者에게 向하여 賃牛를 얻게 되며, 食粮과 種穀도 또한 꾸게 된다.[22]

원시(공동체) 사회에서 하나의 공동 경리를 영위하던 족속(族屬)이 목축업과 농업을 시작하면서 그 경리를 합동적으로 운영할 수 없게 됨에 따라 족속이 여러 개의 대가족(大家族)으로 분열되었으며, 이들 대가족 간에는 경리 양상의 변화에 따라 우선 빈부의 격차 및 대립이 발생했다는 것이다. 이에 연(連)하여 가장적(家長的) 조직체는 각자의 이해관계에 따라 더욱 공고해져 족장(族長)이 생성되었으며, 더 나아가 이익을 위해 종족 간 동맹을 결성하면서 추장(酋長) 및 군사책임자인 수령(首領)을 탄생시켰다고 한다. 그런데 이들 군사적 수령들은 남들보다 재산이 우월해야만 했기에 약탈전쟁을 감행하여 재산 및 노예를 얻었다는 것이다.

결국, 이런 연유로 수령과 동일한 계급에 속한 자들은 약탈로 얻은

---

22 위의 책, 27～29쪽. 한편, 계봉우가 『조선역사』에서 최하층 계급을 지칭한 용어는 줄곧 '奴隸'였다. 그렇지만 이 인용문에서는 특이하게 '奴婢'라는 용어를 사용하고 있다. 이밖에 『조선역사』에서의 '奴婢' 용례는 제3편 제II장('奴隸所有者의 搾取狀態') 제1절('奴隸의 種別') "이 時代에 오아서는 四國의 時代보담 奴隸의 數가 더 많이 增加되엇다. 渤海로 말하면 部曲에 氏姓이 없는 奴婢가 다 王을 從하엿다 하고……"(138쪽)과 제III장('農民의 叛亂') 제2절('叛亂의 蜂起') "셋재는 奴隸의 解放이니 이것은 王建의 創業初에 奴婢가 있는 群臣의 勳功을 是慮하여 그 便宜를 從하엿다는 崔承老의 上書에서 表示되엇다"(146쪽), 그리고 제2권 제5편 제I장('君主專制의 朝鮮') 제2절('階級의 組織과 그 差別') "賤民에는 公賤, 私賤의 區別이 있는데 衙前(吏), 伶優, 娼妓, 奴婢, 僧尼, 白丁, 巫覡 等七般賤役이 곧 그것이다"(231쪽) 등에서만 발견된다. 이들 인용문으로 볼 때 계봉우는 奴婢를 奴隸와 용어만 다를 뿐 그 성격은 동일한 것으로 보았음을 알 수 있다.

다수의 노예를 분배·소유하여 더 많은 잉여생산물을 얻는 부자가 된 반면, 그 반대에 속한 노동계급은 그러한 분배에 참여하지 못하여 파산(破産)에 이르게 되었다고 보았다. 즉, 계봉우는 초기 노예의 출현 원인을 원시 공동 경리체제의 붕괴와 그로 인한 약탈전쟁에서 찾고 있었던 것이다.

또한 계봉우는 『조선역사』 제2편 첫 장(1. 四國의 成立), "6. 奴隷所有의 制度"에서도 국내에서의 고리대금업(高利貸金業)과 국외에서의 전쟁이 노예 출현의 주된 계제였음을 거론하고 있다.

> 地主마다 牛馬의 力을 더 많이 利用하며 人力을 더 많이 獲得하는대에 그 낮을 專혀 돌리게 되엇다. 그러자면 **自由農民에게 빚을 주엇다가 그것을 갚지 못하는 때**, 土地를 빼앗고 或은 牛馬까지 빼앗은 후에 그를 小作人으로 만드는 것도 有利하고 **아모 빼앗을 것도 없는 빚■은 붙들어다가 奴隷로 使役**하는 것이 더 有利하엿다. **그러나 그런 것만으로는 그들의 慾望을 充足시키지 못하엿다. 그래서 그들은 國內에 있어 한갓 高利貸金業者로 되는 것보담 國外에 있어 戰鬪(?)者로 되기를 마으 깃뻐하엿다.** 웨 그러냐 하면 貸金業에서 얻는 그것은 많지 못하고 戰爭에서 얻는 그것은 甚히 많고도 榮譽스럽은 까닭이다. 戰爭에서 한 번 勝利하게 되면 君主는 被征服者의 土地와 또 거긔에 主着한 人民과 牛馬等 財産까지 다 自己의 所有로 宣言하고 戰功의 大小를 모아서 各사람에게 分與하며 **만일 土地를 掠奪하지 못하고 捕擄한 것만 있다면 그것을 奴隷로 하여**, 또한 그리한다(戰功의 大小를 모아서 各사람에게 分與한다 — 인용자 註). 이런 것으로 말미암아 地主들은 田地를 더 얻게 되고 그 田地에 使用할 奴隷와 牛馬를 많이 所有하게 된다.[23] (■ 표시는 인용자가 판독하지 못한 字임. 이하, 모든 인용문에서 같음)

---

23 위의 책, 95~97쪽.

물론, 전쟁이나 고리대금업만이 노예 발생의 원인은 아니나, 각국간에 영토전쟁이 활발히 벌어지던 시대(계봉우의 경우 '4국시대(四國時代)')에는 노예가 대규모로 발생하게 되는 주된 원인이자 과정임에 분명하다. 이런 까닭에 계봉우는 4국시대를 '전국시대(戰國時代)', 또는 '노예소유의 시대'라고 명명(命名)하고 있기도 하다.[24]

4. 노예의 종류

'南北國時代'편(제3편)에서 계봉우는 4국시대보다 노예의 수가 더 많이 증가하여 국가적 경제가 노예의 노력(勞力)에 기초하였다고 하면서 이전시기에 비해 증가·변화된 노예의 종류를 다음과 같이 5가지로 열거하고 있다.[25]

① 곡물(穀物)을 대차(貸借)했다가 보상(報償)하지 못한 자

② 자매(自賣)한 자

③ 죄(罪)를 범(犯)하여 몰입(沒入)된 자

④ 과거의 전쟁(戰爭)에서 포로(捕擄)로 된 자

⑤ 피정복(被征服)된 고구려와 백제의 유민(遺民)

이들 5종의 노예는 크게 경제형편이 어려워 노예로 전락한 경우(①과

---

24 위의 책, 97쪽.

25 위의 책, 138쪽.

②)와 범죄자(③), 그리고 전쟁 포로(④와 ⑤)로 구분된다. 이중 가장 다수를 점한 노예는 ⑤종이라 하고 있다. 그런데 노예 발생의 가장 큰 원인이었던 세습(世襲)에 의한 노예를 그 종류로 설정하고 있지 않고 있는 점은 의외이다.

이에 반해 백남운의 경우, '노예국가시대'(삼국시대)의 노예 공급의 원인을 포로, 형벌, 채무관계, 인신매매, 귀화(歸化) 등과 함께 노예의 출생 즉, 세습도 포함시키고 있어[26] 역사 사실에 대한 이해의 차이를 보게 한다.

5. 조선시대의 신분 구성 – '4신분설'

『조선역사』 제2권 제5편 – I章의 "2. 階級의 組織과 그 差別" 항목에서 계봉우는 조선시대의 신분(계급) 구성을 양반(兩班) · 중인(中人) · 상민(常民) · 천민(賤民)의 4신분으로 설정하면서 각 신분의 유래와 조직 성분에 대해 다음과 같이 설명하고 있다.[27]

• 양반 : 고려시대의 문반(文班), 무반(武班)의 명칭이 습용(襲用)된 것임. 그 조직 성분은 국왕의 친척인 의친(懿親)과 종친(宗親), 유자(儒者)의 가성(家聲)을 가진 유림(儒林), 대관(大官)에 임명되는 환족(宦族), 훈공(勳功)이 있는 사람의 훈족(勳族), 충신(忠臣)의 숙명(宿名)을 띤 후예(後裔) 등

---

26 백남운, 『조선사회경제사』, 1933(윤한택 역, 이성과현실, 1989), 175~183 · 229~232 · 288~294쪽.

27 위의 책, 230~232쪽. 그런데 『조선역사』(1 · 2권)를 영인한 『북우 계봉우 자료집(2)』은 자료를 잘못 배열하였음이 발견된다. 229쪽→232쪽, 230쪽→229쪽, 231쪽→230쪽, 232쪽→231쪽 등으로 각기 그 쪽수를 정정해야 한다.

으로 형성됨. 그런데 그들 중에도 문벌(門閥)을 서로 숭상(崇尙)하여 가성(家聲)이 고원(古遠)하고 수대(數代) 중에 고관(高官) 또는 충신의사(忠臣義士)와 학덕(學德)이 높은 사람이 자주 출생하는 계통을 가장 중시함.

• 중인 : 고려시대에 없던 것인데, 조선시대에 와서 고려의 유신(遺臣)을 대우하기 위해 조성한 것임. 그들은 경성(京城) 수표교(水標橋)의 연방일대(沿傍一帶)에 거주하며 그 관직은 역관(譯官) · 계사(計司) · 측후관(測候官) · 사자관(寫字官) · 검률관(檢律官) · 도화사(圖畵師) · 검루관(檢漏官) · 내의(內醫) 등의 기술적 사무관, 즉 정(正) 4, 5품(品)에 한(限)함.

• 상민: 농(農) · 공(工) · 상(商)의 생산자로서 사회의 대부분을 구성한 자들임.

• 천민 : 공천(公賤)과 사천(私賤)의 구별이 있으며, 아전(衙前 : 吏) · 영우(伶優) · 창기(娼妓) · 노비(奴婢) · 승니(僧尼) · 백정(白丁) · 무격(巫覡) 등의 '칠반천역(七般賤役)'이 바로 그들임.

이러한 서술은 이전 시기의 서술에 비해 신분 · 계급적 구성을 좀 더 세분화했다는 점, 그리고 정형화했다는 점에서 차이가 발견된다. 다만 위 신분구성 중 양반과 중인에서의 카테고리를 매우 한정적으로 좁혔다는 점은 시비를 걸만 하다. 특히 중인에 양반의 서자(庶子)를 포함시키지 않은 점이 그러하다.

또한 양반의 특권을 설명하는 부문에서도 오류가 발견된다.

그런데 兩班에게는 登科, 代刑, 免刑, 科刑의 特權이 있고 兵役, 納稅의 義務까지도 免除를 받앗다. 그러므로 **兩班에게는 戶籍이 없나니** 여긔로 붙어 戶籍은 主로 兵役과 納稅의 目的으로 되잇다는 說明이 흘르어 나오게 된다.[28]

---

28 위의 책, 232(231)쪽.

즉, 양반의 제반 특권 및 호구(戶口)조사・호적(戶籍)작성의 목적에 대한 계봉우의 설명(이해)은 큰 무리가 없으나, 양반에게 호적이 없다는 설명은 잘못인 것이다. 조선시대 양반에게 있어서 호적은 자신의 '특권적' 신분을 증빙하는 주요 공문서였기 때문이다.

한편, 계봉우는 조선시대의 신분계급적 차별에 대해서도 서술하고 있는데, 먼저 양반과 상민의 차별에 대해

> 그러니까 兩班과 常民의 間그에는 雲泥의 差가 있을 것이 아닌가? **常民에게는 단만 服從하는 義務뿐이었었고 權利라고는 아모 것도 없었다.** 그들에게(兩班) 敬語를 쓰면서 命令하는대로 順從하여야 하며 그들의 앞에서 煙을 喫하지 못하고 眼鏡을 쓰지 못하며 途中에서 그들을 맞나거나 또는 그들의 門前을 지나는대, 馬나 轎를 乘하엿던 者는 거기에서 나리어서 徒步하고 徒步하던 者는 路를 讓하여 避하지 않으면 안 되었다. 그리고 嶺下에 居하는 者는 그가 乘한 轎子를 擔하여 嶺을 넘우어야 하며 川邊에 居하는 者는 그를 업어서 越川하여야 하며 路邊에 居하는 者는 그의 夜行에 炬火를 들어야 한다. 여기에 또 添付할 것은 常民들은 그 家屋에 蓋草하려면 먼저 村內의 兩班들에게 這這히 通告하여 蓋草日의 認可를 받는 그것이다. 만일 許可가 없이 任意로 蓋草하다가는 出入하는 그들에게 嚴刑을 받게 된다. 어째 그런가 하면 常民이 屋上에 높이 居하고 兩班이 그 下에 通行함은 큰 傷辱이 된다고 함이엇다. 그들이 蓋草日을 許可하엿다면 그날에는 一齊히 門을 닫고 出入을 아주 끊는다.[29]

고 하여, 상민은 권리는 단 하나도 없고 오직 복종(服從)의 의무만이 있을 뿐이라고 하였다. 그 사례를 세세하게 언급하고 있는데, 상민은 양

29 위의 책, 233~234쪽.

반에게 경어(敬語)를 써야 하며 명령에 순종해야 한다. 상민은 양반 앞에서 담배를 피지 못할 뿐 아니라 안경(眼鏡)도 쓰지 못한다. 길거리에서 양반을 만나거나 양반 문(門) 앞을 지날 때 말이나 가마에 탔으면 내려 도보해야 하며, 도보하다 양반을 만나면 길을 비켜줘야 한다. 이 밖에 고개 아래에 거주하는 상민은 양반이 탄 가마를 짊어지고 고개를 넘어야 하며, 천변(川邊)에 거주하는 상민은 양반을 업어서 천을 건너야 하며, 노변(路邊)에 거주하는 상민은 양반의 야행(夜行)에 횃불을 들어야 한다. 심지어 지붕에 짚을 얹을 때도 양반에게 통고하여 그 날짜를 허락받아야 했다고 하였다.

다음, 백정에 대한 차별은 더욱 심하였음을 다음과 같이 밝히고 있다.

常民들에게까지 下待를 받는 賤民 그中에도 特殊部落의 生活을 맛보는 白丁이야 더 말할 것도 없는 것이다. 白丁以外의 賤民들은 그 服務하는 職業에 딸아서 高下이 別이 있고 그 職業을 止하는 때에는 常民으로 能히 되는데 白丁은 그 獨占的職業인 屠獸, 細柳工等의 職業을 止하더라도 常民으로 될 수 없었다. 李朝五百年間에 그들이 社會的으로 蒙受한 虐待의 一端을 擧한다면:

1. 居住에 있어 普通人民과 雜居를 許ㅎ지 아니하고 (特別)이 地域을 劃定하여 그들을 居住하게 하엿다.

2. 衣服에 있어 一切純白類의 着用의 ■■을 許ㅎ지 않앗으며 冠에 있어서는 平涼子 — 패랭이를 許하엿으되 그 紐에는 布片을 禁하고 稻藁 或은 紙類繩을 매게 하엿으며 葬式에 있어서는 喪服, 喪笠, 喪杖을 許ㅎ지 아니하엿다.

3. 體刑에 있어서는 普通 犯人에게는 笞刑을 加할 때 臺板의 上에 伏置하되 白丁에게 限하어는 그것을 用ㅎ지 않고 地上에 伏置하엿다.

4. 葬式에 있어 어떠한 人民이던지 喪輿를 쓰는 것이 常例이나 白丁에게는 그것을 許ㅎ지 않앗다.

5. 婚禮에 있어 어떠한 人民이던지 男子는 馬를 乘하고, 女子는 輿를 乘

하되 白丁에게 限하어는 男子는 馬의 代에 牛를 乘하고 女子는 輿의 代에 板臺를 乘하고 그 結髮은 子息을 産한 後에 許하엿다.

6. 姓名에 있어 그 名字를 制限하여 말하자면 '仁' 或은 '義' 等의 文字는 그들에게 僭越한 것이라하여 一切 許하지 아니하엿다.

7. 白丁은 人類로 看做하지 않앗으므로 兵役과 納稅의 義務도 許하지 않앗고 그 까닭에 戶籍도 없엇다.[30]

즉, 백정은 천민들 중에서도 가장 천대받는 계급이었는데, 이는 다른 천민들은 그 직업(職業)을 그치면 상민이 되는 게 가능했으나, 백정은 도수(屠獸), 세류공(細柳工) 등의 독점적 직업 때문에 그 직업을 그치더라도 상민으로 될 수 없었다는 설명이다. 이러한 인식 또한 일부 수정이 필요하기는 하나 백정에게 가한 학대, 예를 들어 관아에서 태형(笞刑)을 가할 때 보통 범인은 대판(臺板) 위에 엎드리게 했던 것과 달리 백정은 땅 위에 엎드리게 했다는 점, 혼례 때 모든 사람들은 남자는 말을 타고 여자는 가마를 타는 것을 허용하는 반면 백정은 말과 가마 대신 소와 판대(版臺)를 탔다는 점, 이름을 지을 때도 '인(仁)'과 '의(義)' 자는 백정에게 분수에 넘치는 것이라 하여 사용치 못하게 한 점 등까지 열거한 점은 당시로서는 매우 상세한 백정 생활사를 이해하고 있었음을 보여 준다. 즉, 계봉우는 조선시대 '민중사' 또는 '천민사' 분야에 탁견을 지니고 있었다고 하겠다. 그렇지만 마지막에서 백정은 병역과 납세의 의무도 허락하지 않았기에 호적(戶籍)도 없었다(즉, 등재되지 않았다)는 설명은 잘못이다.

여하튼 계봉우가 조선시대의 신분·계급을 서술하면서 계급들 간의 차별을 상세하게 나열하고 있었던 점은 신분·계급의 비인간적, 반동적 차별을 타파하여야 한다는 본인의 의식을 강하게 표출한 것이라 하겠다.

30 위의 책, 234~236쪽.

6. 宗敎의 계급성

계봉우는 『조선역사』에서 종교(宗敎)의 계급성에 대해서도 언급하고 있다. 먼저 제1권 제1편 제I장 제7절 '宗敎와 魔術의 發生'에서, 마술사와 제사장의 직능을 겸비한 샤만(즉, 무당)이 나타났으며, 구복(求福)과 척악(斥惡)을 샤만을 통해서만 가능하기에 군사적(軍事的) 수령(首領)이 될 자격을 지니게 되었을 뿐 아니라 국가가 성립된 이후로는 군주(君主)로 등장하기도 하였다고 서술하고 있다.

> 族長의 時代에 오아서는 (…중략…) **그 崇拜에 對하여도 그 前에 없던 專門家가 비롯오 생기엇나니, 그것은 곧 「샤만」이엇다.** 그들은 남보담 稍優한 智力과 經驗을 가진者로서 自己의 同族들과 알지 못하는 「힘」과의 사이에 仲裁者로 되어 水旱, 風雷, 疾病, 死亡, 怨讎 等의 禍害를 能히 避하게 한다는 魔術師와 祭司長의 職能을 兼한者이오, 모든 사람들은 그에게 依賴하지 않고는 福을 얻을수도 없고 惡을 물리칠 수도 없는 것으로 믿엇다. 이 때붙어 우리에게 있어는 **샤만(지금의 우리말로는 무당)이 아니면 누구던지 軍事的 首領으로 될만한(샤만이라고 다 그런것이 아니다) 資格이 없엇고, 軍事的 首領은 반듯이 샤만의 術法을 알고야 可能하엿다. 그들은 國家가 成立되던 그 때로붙어 四國(고구려, 백제, 신라, 가야를 말함 — 인용자 註)의 初葉에까지 最高主權者 즉 님검으로 되엇나니** 그 大槪를 들면 神人으로 太白山에 降하엿다는 檀君도, 낮이면 政事를 行하고 밤이면 한울에 올라가앗다는 解慕漱도, 猉■馬를 타고 한우님에게 朝하엿다는 高朱蒙도, 水旱을 미리 알앗다는 次次雄도 다 그러한 巫君이엇다.[31]

---

31 위의 책, 44~45쪽.

위 인용문에 이어 계봉우는 샤만이 군주(君主) 및 부자(富者)들과 함께 상부상조하는 지배계급이 되어 노력계급(勞力階級)을 착취하였다고 보았다.

> 君巫의 밖에 師巫 — 關北에서는 最近까지 巫覡을 '스승'이라고 불렀다 — 도 또한 많앗섯는데, 그들의 사이에는 密接한 關係가 있엇다. 그들은 그 職業으로 보아서도 勿論 그러하려니와 그런 職業에 屬하지 아니한 **君主들과 富者들도 샤만을 援助하고 샤만은 君主들과 富者들을 또한 擁護하엿나니 그것은 勞力階級을 搾取하는 그 利害가 서로 同一한 까닭이다.** (…중략…) **어떠한 宗教輩던지 勞力者를 이렇게 搾取하엿고 또는 搾取한다.**[32]

이러한 종교의 계급성과 착취성은 『조선역사』 제1권 제2편 제Ⅲ장('四國의 文明') 제8절 '宗教들의 階級性'에서도 계속 서술되는데 즉, 계봉우는 종교를 계급사회를 옹호하는 수단이며, 그 종사자(즉, 샤만과 승려)를 정치지배층과 동일한 착취계급으로 인식하고 있다. 이러한 인식은 샤만이즘 및 샤만에 대해서

> **님검이나 샤만이나 勞力者들을 壓迫하고 搾取함에 있어 그 利害가 同一한 까닭에** 님검은 샤만을 信任하엿고 샤만은 님검을 擁護하엿다. 그래서 샤만들은 님검을 神聖한 물건으로 만들기 爲하여 때때로 神話를 짛어내엇다. (…중략…) 그뿐만 아니라, 王國의 秩序를 保安하기 爲하여 天에 祭하는 큰 「굿」을 때때로 擧行하엿다. (…중략…) 이러한 解說과 저러한 神話가 지금 우리가 보기에는 어리석은 거즛말이지만 그 時代의 人民들은 그런 말에 속이우엿고 **님검들은 그들(샤만 — 인용자 註)이 自己의 主權을 忠誠스럽게 擁護한다 하여 그 代價로 賞祿을 주엇으며 또는 그들로 하여곰 勞力者를 搾取하게 하엿다.**[33]

---

32 위의 책, 45쪽.

고 서술하고 있는 것이라던가, 또 불교 및 승려에 대해서도

> 그러나 그 때의 님검들은 自國에 固有한 샤만이즘으로만 넉넉히 녀기지 않앗다. 自己에게 利益을 줄 수 있는 것이라면 비록 外國의 宗教라도, 또는 多種의 宗教라도 맞아들이기를 사양하지 않앗다. (…중략…) 그러므로 **님검들은 僧侶를 爲하여 寺刹을 짛어주며 佛像과 大鐘을 만들어주며 人民들에게서 田土, 奴婢, 그他 財産等의 施與를 받는대에 對한 權利를 許諾하엿다.** 또 어떤 때에는 님검(眞興王)이 髮을 削하고 僧으로 되며 그 안애는 尼로 되는 일도 있엇나니 그것은 **님검과 僧侶는 同一한 階級에 屬하엿다는 것**을 表示함이엇다.[34]

고 서술하고 있는 것에서 살필 수 있다.

비록 착취-피착취라는 이분법적 계급사회시대의 종교가 지닌 속성에 대한 과학적 인식이기는 하나, 계봉우 자신이 일시(1908~1919) 기독교에 입교하여 장남의 이름을 '베드로'라고 지을 정도로 두터운 신앙심을 지니고 있었던[35] 점에 비추어보면 그의 종교 인식은 다소 이중적인 면을 보인다 하겠다. 1920년대 초 사회주의사상으로 전향함은 물론 활발한 사회주의운동에 전념하면서[36] 변화된 인식 때문이라고 추정된다.

---

33 위의 책, 121~123쪽.
34 위의 책, 123~125쪽.
35 조동걸, 앞의 글, 132~134쪽.
36 반병률, 「러시아혁명 전후 시기 계봉우(桂奉瑀)의 항일민족운동, 1919~1922－기독교 민족주의자에서 사회주의자로」, 『한국학연구』 25, 2011.

7. 계봉우가 참고한 문헌자료들

계봉우는 『조선역사』의 서술에서 간혹 참고한 문헌들을 주석(註釋) 또는 본문에서 언급하고 있는데 이들 참고문헌들을 열거하면, 먼저 중국의 자료로는 『설문해자(說文解字)』, 『세왕세기(帝王世紀)』, 『상서(尙書)』, 『산해경(山海經)』, 『맹자(孟子)』, 『삼국지(三國志)』, 『회남자(淮南子)』, 『고금주(古今注)』, 『사기(史記)』, 『한서(漢書)』, 『모시(毛詩)』, 『포박자(抱朴子)』, 『위략(魏略)』, 『후한서(後漢書)』, 『신당서(新唐書)』, 『구당서(舊唐書)』, 『후주서(後周書)』, 『서청고감(西淸古鑑)』(梁詩正, 1749) 등이다. 다음, 한국의 자료는 「광개토왕비문(廣開土王碑文)」, 『삼국유사(三國遺事)』, 『고려사(高麗史)』, 『용비어천가(龍飛御天歌)』, 『청파극담(靑坡劇談)』(李陸, 1438~1498), 『동국통감(東國通鑑)』, 『동국사략(東國史略)』, 『동국여지승람(東國輿地勝覽)』, 『패사(稗史)』, 『대동운부군옥(大東韻府群玉)』(權文海, 1534~1591), 『지봉유설(芝峯類說)』(李睟光, 1563~1628), 『북새기략(北塞記略)』(洪良浩, 1724~1802), 『아방강역고(我邦疆域考)』(丁若鏞, 1762~1836), 『문헌비고(文獻備考)』, 『당의통략(黨議通略)』(李建昌, 1852~1898), 『조선정감(朝鮮政鑑)』(朴齊絅, 1886), 『조선풍속집(朝鮮風俗集)』(今村鞆, 1914) 등과 최남선(崔南善)의 여러 저술들(「朝鮮의 石器時代」, 「稽古箚存」, 「古代東西의 交通」)이었다.

위 참고 문헌자료들을 보면 거의가 전근대 시기에 저술된 것이고 계봉우와 동시대에 저술된 것으로는 최남선(1890~1957)과 이마무라 토모(今村鞆, 1870~1943)의 저술 정도에 불과하다. 그렇다면 계봉우는 과연 위 참고 문헌자료에만 의존하여 나름 방대한 저작인 『조선역사』(1・2권)를 찬술할 수 있었을까? 더군다나 위 참고 문헌자료만으로 한국의 노예사 및 계급투쟁사를 엮는 게 가능한가?[37]

---

37 특히, 앞에서 살핀 양만과 상민 간의 차별이라던가, 백정에 대한 차별・학대 등에 관한

이에 계봉우가 『조선역사』를 탈고(1936)하기 3년 전에 백남운이 유물사관에 입각하여 저술 발간한 『조선사회경제사』(1933, 일본 改造社에서 간행)가 주목된다. 과연 계봉우는 백남운의 이 책을 보았을까? 더군다나 1920~30년대에 간행된 한국통사류 중 노예 및 계급 문제에 주안(主眼)을 둔 서적은 백남운의 이 책 외에는 거의 없었던 것이다.

그런데 계봉우가 1953년에 수정 저술한 『조선역사』 제1권 서언에서 역사가 계급대립에 의해 진행된다는 인식에서 한국사를 서술함을 밝히면서 아울러 이러한 작업(시도)은 종래의 한국 사학자들이 시도하지 못한 자신의 첫 걸음이라고 자찬(自讚)한[38] 점을 신뢰한다면, 그가 백남운의 이 책을 보지 못했다고 본다.[39]

그렇지만 계봉우가 시종일관 계급사관의 논지를 견지(堅持)할 수 있었던 데에는 분명 그가 참고한 주요 저술이 없지 않았을 것이다. 필자는 이러한 저술 가운데 하나로 한장경(韓長庚)의 「朝鮮農民의 經濟生活史」를 조심스럽게 거론하려 한다.

독립기념관에서 수집한 계봉우 소장 자료 중 괘지(罫紙) note에 초록(抄錄)한 「朝鮮農民의 經濟生活史」가 있는데, 제목 하단에는 위 자료의 필자인 '全朝鮮農民組合 韓長庚'이 기재되어 있다(〈그림 1, 2〉 참조).

계봉우가 초록한 위 자료는 한장경이 『동아일보(東亞日報)』 1931년 8월 1일(土)부터 8월 8일(土)까지 총 7회에 걸쳐 연재한 것임이 확인된다(〈그림 3〉 참조).

한장경에 대해 인물사적 정보는 국사편찬위원회 한국사데이터베이스(http://db.history.go.kr)에서 찾을 수 있었는데, 대략 다음과 같다.

상세한 서술은 자료가 참고되지 않으면 쉽게 서술되지 못하는 내용을 담고 있기도 하다.

38 앞의 주 15의 본문 인용문 참조.

39 박걸순, 『한국독립운동의 역사 34 - 국학운동』, 독립기념관 한국독립운동사연구소, 2009, 307쪽.

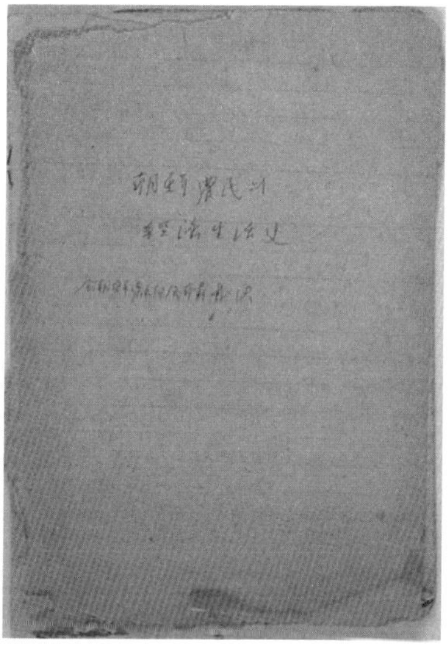

〈그림 1〉 계봉우 초록 노트 표지

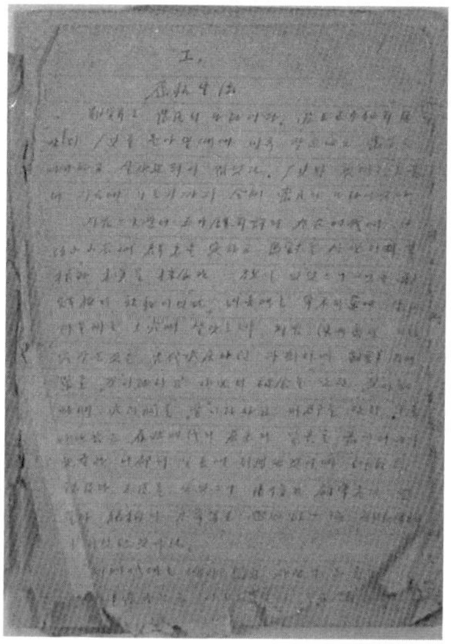

〈그림 2〉 계봉우 초록 노트 본문

- 1928년 8월, 조선농민사 확대중앙이사회 함흥(咸興) 대표 및 중앙위원
- 1929년 4월, 조선농민사 제2회 선농(全鮮)대표대회의 함흥 대표
- 1931년 1월, 전조선농민조합(全朝鮮農民組合) 제1회 대표대회(代表大會) 집행위원 겸 조사쟁의부장(調査爭議部長)
- 1937년 9월 15일 경성부 종로에서 설립한 인쇄업체 대동출판사(大同出版社)의 감사(監事)

비록 단편적인 정보이지만 그가 1920~30년대 조선 농민운동의 주요 인물로 활약했음을 알 수 있다. 조선 농업문제에 많은 관심을 가졌기에 조선농민의 경제생활사를 연구·정리하여 신문지상에 연재하였던 것이다. 한장경은 이밖에 조선 농업의 역사 및 현안에 대한 몇 편의 글도 신문지상에 연재하였는데, 일례로 『동아일보』에 1932년 4월 3일부터 4월 26일까지 총 10회에 걸쳐 연재한 「小作慣習과 小作人生活」이다.

여하튼 한장경의 1931년에 작성한 「朝鮮農民의 經濟生活史」를 계봉우가 꼼꼼히 베껴 보았다는 것은 본인의 연구·저술에 필요했던 때문이겠는데, 그 시기로 보아 나중에 계봉우가 『조선역사』를 집필하는 데에 주요 참고자료가 되었음이 분명한 것 같다.[40]

「朝鮮農民의 經濟生活史」의 목차를 제시하면 다음과 같다.

朝鮮農民의 經濟生活史 (一)

全朝鮮農民組合 韓長庚

原始生活

豪族階級과 下民階級의 發生

〈그림 3〉 한장경의 신문 게재 논설

原始生活

豪族階級과 下民階級의 發生(이상, 제1회 게재)

農奴의 發生

三國時代農民生活

三國時代의 田制(이상, 제2회 게재)

高麗의 田制

貴族僧侶의 跋扈와 農民(이상, 제3회 게재)

李太祖의 均田制 宣言(제4회 게재)

田主와 耕作者間의 爭議

兩班階級과 農民(이상, 제4~5회 게재)

契의 發達(제5~6회 게재)

李朝末葉의 農民生活(제6~7회 게재)

그러면 간략하게 「朝鮮農民의 經濟生活史」에서 서술한 한장경의 신분·계급 인식을 살펴보자.

40 한장경의 「조선농민의 경제생활사」가 동아일보에 연재된 1931년에 계봉우는 연해주에서 활동하고 있었기에 동아일보의 열람이 그리 어렵지는 않았을 것으로 본다.

• 원시공산제사회의 해체 배경 및 과정

血族組織에 基한 種族의 各部落은 **人口增殖에 依하야 豊沃한 土地를 求하게 되고** 그 結果는 部族의 移動을 必要로하야 部落間의 接觸이 생기고 部落間의 接觸은 必然으로 征服 被征服의 結果를 招來하얏스니 (…중략…) **部落의 移動과 部落間의 侵略은 太古血族集團의 部落을 破壞하야 近代的家族制가 發生하고** ㅆ**라서 原始共産制가 破壞되고 個人財産의 觀念이 發芽하엿스니**[41]

• 계급의 발생 배경 및 구성

各部落은 他部落의 侵入을 막기 爲하야 사냥時代의 武器가 一層 發達하야 (…중략…) **各部落에는 豪族이 잇서 主로 戰鬪의 일을 마텃스니** 扶餘의 四加와 濊貊의 渠帥와 高句麗의 五部와 沃沮의 長帥와 肅愼의 大人과 三韓의 主帥等은 모다 그 部落의 豪族이며 豪族의 미테는 下民이 잇서 主로 農業에 從事하엿스니 (…중략…) **豪族과 下民의 二大階級의 形成은 身分高低의 差異로부터 私有財産制에 基因한 經濟的 搾取關係가 發生하야** 豪族은 下民으로부터 그 生活의 資料를 엇고 下民은 豪族을 奉命하엿스니 (…중략…) **豪民은 邑과 部落을 主管하야 下民을 모다 奴僕으로 待遇하며** (…중략…) **이 時代의 農民은 豪族에게 隷屬된 一種의 農奴이엿다.**[42]

• 봉건사회의 發芽와 귀족정치의 발달

이미 **列國時代**(고조선의 멸망 이후~삼국의 정립 이전 ― 인용자 註)**에 豪族과 下民의 二大階級이 생기고 壓迫 被壓迫關係와 主從關係가 儼然히 成立되야 「封建社會」가 싹트기 始作하엿고 三國時代에는 階級이 더욱 明白하게되야 貴族政治가 相當히 發達되엿다.**[43]

---

41 「朝鮮農民의 經濟生活史(1)－豪族階級과 下民階級의 發生」, 『東亞日報』, 1931.8.1.

42 위의 글.

43 「朝鮮農民의 經濟生活史(2)－三國時代農民生活」, 『東亞日報』, 1931.8.3.

• 有產계급과 無産계급으로의 분화

貴族의 跋扈는 高麗政治의 特色으로서 貴族과 土豪는 人民의 耕作地를 奪取하야 그 土地의 收益을 私食하고 그 人民을 農奴로 使役하얏다. (…중략…) 그리하야 **從來의 貴族과 下民과의 封建的 階級關係는 一步를 進하야 土地貴族이라는 有産階級과 農民과 農奴의 無産階級의 發生을 보게되고** 農民과 農奴는 權力의 壓迫과 財産의 搾取라는 二重의 苦痛을 밧게 되엿다.[44]

위 인용문들에 서술, 표현된 인식 및 개념은 계봉우의 『조선역사』와 적잖은 유사성이 발견된다. 예를 들어 원시공산제 사회가 해체되는 배경 및 과정이 태고(太古)의 혈연집단 부락이 파괴되어 근대적 가족제가 발생했으며 개인(사유)재산의 관념이 발아(發芽)된 때문이라고 한 점,[45] 계급의 발생 배경 및 과정을 각 부락에 전투를 전담하는 호족(豪族)이 하민(下民)을 경제적으로 착취하게 되면서부터라고 한 점, 이러한 호족과 하민은 삼국시대에 이르기까지 양대 계급으로 존재하면서 압박과 피압박이라는 주종 관계를 성립시켰다는 점, 고려시대에는 토지귀족인 유산(有産)계급과 농민・농노(農奴)인 무산(無産)계급이 발생하여 유산계급의 압박과 경제적 착취로 무산계급이 고통을 받았다는 점 등이 그러하다.

물론 한장경이 계봉우가 『조선역사』를 서술하면서 드러내지 않은 용어 및 개념을 사용하면서 한층 세련・성숙된 역사인식을 보여주고 있었음은 구별된다. 그렇지만 한장경 역시 유물사관 및 계급사관에 입각하여 조선(한국) 농민의 경제생활사를 서술하고 있었던 것이다.

---

44 「朝鮮農民의 經濟生活史(3)－貴族僧侶의 跋扈와 農民」, 『東亞日報』, 1931.8.4.

45 한편, 이에 대해 계봉우는 원시 族屬에 여러 개의 대가족이 발생한 때문이라 인식하였다.

8. 여언(餘言)

이상, 『조선역사』 1・2권에서 확인되는 계봉우의 시대별 신분・계급 인식을 정리해 보면 다음 〈표〉와 같지 않을까 본다.

〈표〉 계봉우가 인식한 시대별 신분계급 구성

<table>
<tr><th>시대 / 신분·계급</th><th>역사 이전 시대</th><th>夫餘(북)·辰(남) 시대</th><th>四國 시대</th><th>南北國 시대</th><th>고려 시대</th><th>조선 시대</th></tr>
<tr><td rowspan="2">상층신분 착취계급</td><td rowspan="2">富者</td><td>大 封主</td><td rowspan="2">貴族
shaman
僧侶</td><td rowspan="2">貴族
富豪</td><td rowspan="2">貴族
兩班</td><td>兩班</td></tr>
<tr><td>小 封主(豪民)</td><td>中人</td></tr>
<tr><td rowspan="2">하층신분 피착취계급</td><td rowspan="2">貧者</td><td>下民</td><td>自由民(庶民)</td><td>農民</td><td>農民</td><td>常民</td></tr>
<tr><td>下戶(= 奴隸)</td><td>奴隸(下戶)</td><td>奴隸</td><td>奴隸</td><td>賤民</td></tr>
</table>

당대의 유물사관론자들이 유물사관에 입각하여 기계적으로 한국사를 시대구분하고 있었고(즉, 원시공산제사회 → 고대노예제사회 → 중세봉건제사회), 그에 따라 피지배(착취)계급에 대한 용어도 '노예 → 농노'를 사용하고 있었던 점과 비교하면, 위 〈표〉에서 볼 수 있듯이 계봉우는 통시적으로 '노예'라는 개념・용어를 피지배계급에 대해 일관하고 있었다. 그런 면에서 볼 때 계봉우는 나름 독특한 역사인식을 지녔다고 하겠다.[46]

계봉우의 한국사 서술은 박은식, 신채호 등이 보인 문명사관(文明史觀) 내지 관념론적 사관과도 분명한 차이를 보였다. 그렇지만 '민족'을 계급과 동일 가치에 두었고 이 양자의 통합을 강조했다는 점에서[47] 계봉우를 유물사관, 특히 계급투쟁사관에 의해 한국의 민족사를 체계화한 인물로 평가할 수 있지 않을까 본다.

---

46 계봉우의 역사인식을 백남운, 李淸源의 그 것과 비교해 보면 그가 유물사관의 기계적인 적용을 배제한 측면이 있다고 평가되기도 한다(이영호, 앞의 글, 99쪽).

47 이현주, 「계봉우의 사회주의사상과 역사서술 체계－독립운동사 서술체계를 중심으로」, 『한국학연구』 25, 2011.

| 참고문헌 |

계봉우, 『朝鮮歷史』 1·2권, 1936(원고본 『北愚 桂奉瑀 資料集』 2, 독립기념관 한국독립운동사연구소, 1997 所收).

계봉우, 김필영 역, 『꿈속의 꿈』, 강남대 출판부, 2009.

박걸순, 『한국독립운동의 역사 34－국학운동』, 독립기념관 한국독립운동사연구소, 2009.

반병률, 「러시아혁명 전후 시기 계봉우의 항일민족운동, 1919~1922－기독교 민족주의자에서 사회주의자로」, 『한국학연구』 25, 2011.

白南雲, 『朝鮮社會經濟史』, 改造社, 1933(윤한택 역, 이성과현실, 1989).

윤병석, 「계봉우의 생애와 저술목록」, 『인하사학』 1, 인하역사학회, 1993.

______, 「이동휘와 계봉우의 민족운동」, 『한국학연구』 6·7合, 인하대 한국학연구소, 1996.

______, 「해제－북우 계봉우의 한국사 저술」, 『北愚 桂奉瑀 資料集(2)』, 1997.

______, 『간도역사의 연구』, 국학자료원, 2003.

______, 「계봉우의 민족운동과 한국학」, 『한국학연구』 22, 2010.

이영호, 「계봉우의 한국역사 인식과 역사관」, 『한국학연구』 25, 2011.

이현주, 「계봉우의 사회주의사상과 역사서술 체계－독립운동사 서술체계를 중심으로」, 『한국학연구』 25, 2011.

조동걸, 「해제－북우 계봉우의 생애와 저술활동」, 『北愚 桂奉瑀 資料集』 1, 독립기념관 한국독립운동사연구소, 1996.

______, 「북우 계봉우의 생애 및 연보와 저술」, 『한국학논총』 19, 국민대 한국학연구소, 1997.

韓長庚, 「朝鮮農民의 經濟生活史(1~7)」, 『東亞日報』, 1931.8.1~8.

국사편찬위원회 한국사데이터베이스, http://db.history.go.kr

부록

삶 후의 삶*

한국의 영웅, 학자, 계몽가인 나의 아버지 계봉우에 대한 회고

계학림

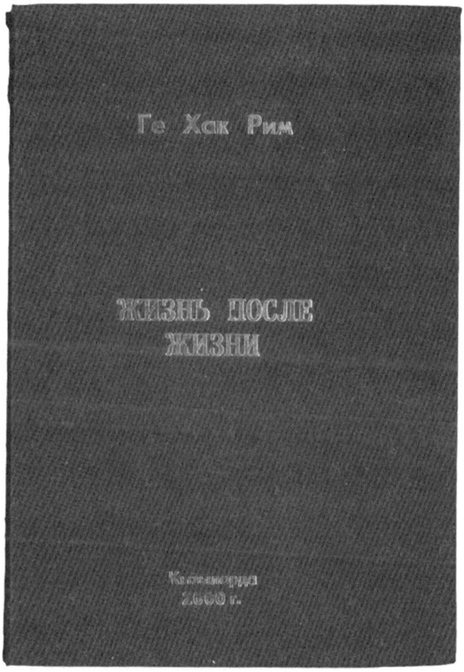

〈그림 1〉『삶 후의 삶』 표지

* 이 글은 계학림(Ге Хак рим)이 카자흐스탄에서 자비로 출판한 Жизнь после жизни(г.Кызылорда : ВЕНЕРА, 2000)을 이원용(러시아연방 대통령 소속 사회과학 아카데미, 정치학박사)이 역주하고, 반병률(한국외대 사학과 교수)이 감수 및 교열한 것이다.

〈그림 2〉 계봉우(1880~1959)

형제애를 표하며

이 소책자의 저자 계학림은 한국의 영웅이자 학자이며 계몽가인 계봉우의 넷째이자 막내아들이다. 그는 1926년 블라디보스토크에서 태어났다. 그의 말내로 그는 크즈일오르다 사범대학을 미친 후 1951년 아르이크로 발령받았고, 이곳 촌락에서 카자흐스탄 아동교육에 44년을 바쳤는데, 이곳에서 퇴임하여 연금생활자가 될 때까지 일하였다. 계학림은 유년시절부터 소비에트 한인들에게 운명으로 주어진 모든 것을 겪었다. 그는 학자 계봉우의 자녀들 가운데 유일하게 소비에트 러시아에서 태어났다. 나머지 자녀들은 아버지가 유랑하던 시기에 태어났다.

유일한 딸인 계화림(1909~1989)은 조선에서 태어났으며, 교육대학을 마친 후 원동에서 교사로 일하였다.

상남 계내림(1914~1949)은 중국에시 태이났다. 1932년 공산대학(Комвуз)을 졸업한 후 마찬가지로 1943년까지 교사로 근무하였다. 그러나 그의 삶은 직업을 바꿔야만 하게 되었는데, 이는 그가 나이든 부모님과 동생들을 보살펴야 했기 때문이다. 그는 회계업무를 습득하였고 자신의 짧은 생을 마칠 때까지 기계・트랙터 수리소(MTC)에서 일하였다.

차남 계정림(1916~1994)은 중국에서 태어났는데 카자흐스탄으로 이주한 후 1941년 크즈일오르다에서 농업전문학교를 졸업하였다. 그는 칼막친스크 지역에서 청년시절부터 기계공으로 일하기 시작하였는데, "리스숍호즈스트로이"[1] 트러스트에서 법에 정해진 정년이 지난 후에도 오랫동안 책임기계공으로 일하였다.

---

1 리스숍호즈스트로이(Риссовхозстрой)는 우리말로 직역하면 "쌀생산숍호즈"임 — 역주.

삼남 계창림(1920~1999)은 중국에서 태어났다. 그는 카자흐스탄으로 이주된 후 당시 이미 성인이 된 누나처럼 가족과 따로 떨어져 살게 되었는데, 그는 사마르칸트 인민경리대학을 졸업한 후 상품담당자로 일하였고 크즈일오르다 구역 과일·채소거래소 소장으로 정년퇴임하였다.

가족은 참으로 화목했으며 자녀들의 아버지에 대한 사랑은 매우 컸다. 이는 시차는 있지만 모든 자녀들이 아버지의 품에 모여 서로에게 도움을 준 사실에서 확인할 수 있다.

이 회고록의 저자가 원동에서 부모님과 함께 크즈일오르다로 이주한 때는 11살이었다. 그는 1년 동안 고려인학교에서 공부하였으나 1938년 고려인학교가 폐쇄되었고, 모국어인 한국어밖에 모르는 아이들이 러시아어학교로 옮겼다. 그리고 계봉우와 마찬가지로 고려인학교 선생님

〈그림 3〉 1928년의 우리가족. 블라디보스토크.
첫 번째 줄 : 왼쪽부터 계정림, 계창림, 계학림(저자)
두 번째 줄 : 어머니, 할머니, 아버지
세 번째 줄 : 계태림, 계화림

들은 직업을 바꾸거나 실업자로 전락하였다. 아버지가 교사로 근무하던 학교에서 공부를 아주 잘했던 소년은 "언어를 잃어버린" 아이가 되었고 학업에 흥미를 잃어버렸다. 그는 가까스로 9학년까지 다닌 후 학교를 그만두고 가족을 돕기 위해 일하였다. 후일 그는 자신의 사춘기시절 개구쟁이 모습이 아버지의 생애에서도 있었다는 사실을 알게 된다. 아버지가 그러했듯이 학업과 성숙한 삶으로 돌아왔다.

〈그림 4〉 아버지와 누나. 1956년 크즈일오르다.

제2차 세계대전이 일어났다. 많은 고등교육기관들이 남부 러시아, 우크라이나로부터 크즈일오르다로 이주해 왔는데, 그 중 하나가 크림 의과대학이었다. 젊은 청년은 대학생이 되고자 하는 열망이 매우 컸는데, 공인된 대학졸업장을 따자고 마음속 깊이 다짐했던 것이다. 그는 입학시험에 무난히 합격하였고 의과대학에 입학하였다. 그러나 의사가 되지 못하였다. 학업을 시작한 지 3개월 후 노동전선으로 소집되었던 것이다. 1937년 당시 나이가 어린 탓에 희미한 기억에 남아 있던 화물수송열차 "붉은 열차"가 또 다시 약 600명의 한인들을 카자흐스탄과 우즈베키스탄 북쪽에 위치한, 낯 설은 코미사회주의연방공화국의 우흐타로 이송시켰다. 후에 계학림은 그가 강제노동수용소라는 소름끼치는 곳에 배치된 것을 알게 되었다. 노동군들은 죄수들과 함께 일하였다. "인민의 적들"과 범법자들은 거대한 눈 덮인 산들을 따라 경계하는 경계병들의 감시하에서 반은 굶주리고, 반은 헐벗은 상태로 탄광에서 강제 노역을 하였는데, 육체적으로 가장 힘든 일들을 하였다. 계학림은 처음에 대장간의 단조공으로 있었는데, 이후 보다 쉬운 일인 지질학자 팀으로 옮기게 되어 살아남을 수 있었다. 건강이 좋지 않았던 18세의 청년이 대장간에서 장기간 일한다는 것은 감당하기 힘든 고역이었다.

거의 3년 동안 계학림은 이곳 북쪽에 있었다. 1946년 여름에야 그의 큰 형이 그의 서류를 크즈일오르다 교육대학에 제출하였는데, 이로 인해 젊은이는 강제노역에서 벗어날 수 있었다. 그는 북쪽의 눈 더미에서 이미 그의 고향이 되어 버린 따뜻한 도시로 돌아와서 대학에 들어갔다. 4년 후 그는 국가위원회의 지시로 튜멘-아르이크로 가게 되어 이곳에서 44년을 근무하였다. 이 시기에 대한 추억은 소박한 것이나 "제2차 대전 시기 헌신적 노동에 대한 메달", "노동 베테랑", 카자흐스탄 문화부 표창이라는 귀한 상들을 수여받았다.

계봉우의 자녀들은 성인이 되어서야 한민족의 학문과 문화사에 일정한 기여를 한 사람이 계봉우였다는 것을 깨닫게 되었다. 삐걱거리는 낮은 책상에 앉아 밤을 새우며 온종일 글 쓰는 부친과 부친의 고민을 어린 소년이 이해한다는 것은 쉽지 않은 일이었다. 그 당시는 무엇이 아버지가 쓴 글들을 기다리고 있는지 알 수 없는 그러한 때였다. 고려인들이 고향을 떠나게 된 1937년과 많은 고려인 지식인들이 총살되거나 강제노동수용소로 끌려간 1938년을 우리는 잊지 않을 것이다. 말수가 적고 소박한 초급학교 선생으로 이미 연로한 계봉우는 감시기관들의 눈길을 피할 수 있었다. 그리고 고려인학교가 폐쇄된 이후 그는 시골마을에서 교사를 하고 있던 큰 아들에게 아예 이사를 가서 연금생활을 하였다. 그리하여 정부의 내무인민위원부조차도 위대한 지성과 인품을 지닌 사람을 삶에 지쳐버린 노인으로 착각했던 것이다!

자녀들은 아버지가 쓴 모든 글들을 소중하게 간직하였고, 마침내 커다란 변혁의 시대가 도래하자, 특히 계학림과 그의 누나 화림은 아버지의 원고들을 동방학 학자들의 자산으로 만들기 위해 온갖 노력을 다하였다. 계학림은 자신의 회고록에서 여러 학술기관들에 얼마나 많은 편지를 보냈으며, 그리고 이들 기관이 카자흐스탄으로 유배되어서도 끊임없이 학문연구를 멈추지 않았던 교육자의 저술들의 의미를 이해하지 못하고 있었다고 말하고 있다. 심지어는 원동 고려인들의 운명을 잘 아는 모스크바의 한국학 전문가들조차도 계봉우가 역사와 언어학 글들을 상상할 수조차 없는 열악한 상황에서 집필한 사실을 짐작하지 못하였다. 어떤 학자가 계학림에게 보낸 답장에는 계봉우의 글들에 인용 문헌이 없고 어떤 자료를 활용했는지 알 수 없다는 언급이 있다. 모스크바의 학자들은 그들에게 흥미로운 이 발견물들이 심지어 크즈일오르다 시내에서조차 멀리 떨어진 도서관도 고문서자료관도 없는 시골마을에서 집필되었다는 것을 상상조차 할 수 없었던 것이다. 독학으로 연구하는 학자에게는 스스로의 탁월한 기억력만이 조국의 역사와 모국어에 대한 자료의 원천이었던 것이다.

막내아들의 노력 덕분에 계봉우는 현재 한국의 영웅(사후 독립장이 추서됨), 학자 및 평론가로 회자되고 있고 그의 업적들은 그의 역사적 조국에서 발간되고 있다. 그러나 한국에서는 이러한 걸출한 역사적 인물의 운명에 대해서는 전혀 알지 못하면서, 단지 일제강점시기 1919년 3 · 1만세운동에 참가한 임시정부 조직자중의 한 혁명가로 알고 있었고 그의 업적을 존경하고 있었다. 그의 조국은 1920년대 원동에서의 그의 발자취를 알지 못한다. 독자들은 어떤 일이 있었는지 이 소책자에서 알 수 있을 것이다.

학자이자 혁명가인 계봉우의 자녀들 — 특히 이미 거의 75세가 된 계학림 — 은 조국에서 계봉우의 묘소에 참배하기 위해 대표를 파견하고 신문에 아버지에 대한 글을 쓸 때까지 기다리고만 있지 않았다. 계학림과 그의 자녀, 친척 및 손자와 친구들은 계봉우 기금을 설립하였고, 현재 학자이자 혁명가인 자기들의 조상이 사람들의 기억 속에 영원히 남게 하기위해 노력하고 있다.

계봉우의 유산과 그의 삶은 아직 더 연구되고 체계화시킬 필요가 있는데, 현재 한국에서 연구자들에 의해 이러한 작업이 진행되고 있다. 학자의 아들인 계학림의 회고는 이 탁월한 인물의 삶을 이해하는데 도움이 될 것이다.

언론인, 카지미르치크 안토니나

저자로부터

〈그림 5〉 저자(계학림)

나는 잊을 수 없는 내 부모님 품에서 다른 자녀들보다 더 오래 살았다는 점에서 행복하다. 네아들 가운데 막내인 나는 부모님으로부터 더 많은 애정과 보살핌을 받았다. 나는 카자흐스탄에서 우리 계씨 집안의 시조이신 나의 아버지에 대한 기억이 후손들의 기억 속에 살아있고, 이들이 아버지의 업적과 사상을 알며 마치 살아계신 사람처럼 떠올리게 되기를 간절히 원한다.

우리 가정에는 아버지께서 자신

의 생애에 대해 1936년 1월 28일 친필로 쓰신 이력서가 보관되어 있다. 아버지는 자신의 전기인 『꿈속의 꿈』에서 자신의 인생에 대해 많은 것을 말하고 있다. 나는 단지 6학년까지 한국어학교에서 배웠고 이후로는 러시아어를 쓰는 카자흐족들 사이에서 러시아어로 교육받는 삶을 살았기에 어린 시절 습득한 지식들 중 일부는 기억 속에서 지워졌다. 이미 고령이 된 나이(지금 나의 나이는 이미 73세가 넘었다)지만 나는 아버지의 저술에 담긴 사상을 이해하고 아버지를 느끼기 위해 다시 한국어를 배우기 시작하였다. 나는 아버지가 살았던 시대를 상기하기 위해 내가 지닌 역사지식을 활용하였다.

부모님의 품안에서

나의 아버지 계봉우는 1880년 8월 1일 북한 영흥군의 가난한 농민가정에서 태어났다. 그는 일찍이 11살에 아버지를 여의고 의지할 곳 없는 사람으로서 고통과 모든 어려움을 겪으셨다. 나의 할아버지는 아내와 두 자녀를 남긴 채 1891년 12월 5일 33세의 나이로 돌아가셨는데, 할아버지가 돌아가신 후에 빚에 대한 대가로 집과 모든 재산을 빼앗겼다. 이에 앞서 1887년에는 다섯 살의 동생이 콜레라로 죽었다. 할머니는 자식들을 키우기 위해 모든 힘을 쏟으셨는데 쉬지 않고 일하시면서 자식들에게 변변치 않은 죽이라도 먹이기 위해 남의 집 빨래와 바느질과 허드렛일을 하셨다. 그러나 할머니는 병에 걸린 어린 딸을 죽음으로부터 지키지 못하셨다. 당시 나라에는 콜레라, 천연두라는 전염병이 창궐하였는데 1894년에 가서야 예방접종이 시작되었다. 할머니는 아들과 함께 홀로 남겨졌다. 할머니가 하나 남은 자기 아들을 얼마나 사랑했는지를 쉽게 이해할 수 있다. 아들 외에 이 세상에 그녀에게는 아무것도 남지 않았던 것이다. 그리고 아버지는 할머니에게 사랑과 보살핌으로 보답하였다.

아버지의 전기 『꿈속의 꿈』에는 서당에서의 어린 시절에 대한 아버지의 회고가 자세히 실려 있다. 이 전기에는 부모님의 아들에 대한 사랑과 아들의 부모님에 대한 사랑이 잘 표현되어 있다.

> 내가 여덟 살 되던 해, 늦은 봄 어느 날에 아버지께서 한손에는 술병을 들고, 다른 한손으로는 천자문 책을 가슴에 품은 나의 손목을 붙잡고서 윤선생님의 서재로 처음 가게 되었다 …… 나는 그날 입학하려 갈 때에는 걸어갔으나 집으로 돌아오는 때에는 발바닥에 흙 한 점 묻히지 않았다. 이렇게 말하면 너희들은 마차 같은 것을 탔으려니 생각할 것이다. 그러나 그런 것이 아니다. 어머니의 등에 업히어 집에까지 돌아왔다는 말이다. 다시 말하면 하학한 후 아이들의 무더기에 휩싸이어 서재의 대문밖에 나온 즉, 어머니께서는 몇 시간 전에 그리로 오셨던지 나의 앞에 등을 대이고 업히라고 하신다. 나는 좋은 김에 사양도 하였지만 다짜고짜로 권하시는 어머니의 말씀에 못 견디어 그날부터 아침저녁으로 업혀서 오고가고 하였다. 우리 집에서 서재까지 1km는 넉넉히 되는 그 길에서 어른들의 웃음과 아이들의 조롱을 얼마나 받았던지 나는 너무도 부끄러워 얼굴을 등에 대고 다리를 버둥거린 지 며칠 후에야 겨우 내 발로 걷는 자유를 얻었다

어린 학생은 일 년 만에 천자문을 습득하였다. 그러나 인생은 그에게 홀로된다는 첫 경험을 안겨주었다. 오로지 아이들을 먹여 살려야 한다는 걱정으로 인하여 할머니는 이전과 같이 더 이상 아들에게 관심을 기울일 수 없었다. 소년은 말썽을 부리기 시작하였는데, 건달아이들과 어울렸고 그들에게서 도박을 배웠으며 심지어 담배를 피우기 시작하였

다. 절망에 빠진 할머니는 아들을 엄하게 훈육하고 다시 서당으로 보내기 위해 결혼할 생각까지도 하셨다. 할머니는 아버지에게 이미 열한 살로 어린아이가 아니라는 점을 상기시키셨다. 사실 할아버지는 아버지를 다음해에 결혼시키시려고 하였고 이미 15세의 약혼녀를 찾아낸 상태였다. 당시의 풍습에 따르면 15세부터 결혼을 하였는데 부모님들 간에 의기가 투합되면 7세의 어린이도 결혼하는 경우도 종종 있었다.

그러나 소년은 스스로 학업에 복귀하였다. 2년의 방랑아 생활을 마치고 1893년 아버지는 약 30명을 가르치고 있던 훈장인 김에게로 갔다. 학생들 중에는 결혼한 사람도 있었다. 학생들은 훈장에게 학비를 낼 수 있을 때까지만 배울 수 있었다. 아버지는 학업을 소란스럽게 마치게 된다. 어느 날 스승은 아주 사나운 얼굴로 수업에 들어왔는데, 아이들은 훈장 선생이 술을 마셨다는 것을 곧 알아차렸다. 그는 아버지를 향해서 고함과 욕을 하였다. 훈장은 팔을 걷어 올리고 서당을 따뜻하게 하기 위해 놓여 있던 불타는 석탄이 들어 있는 화로를 들어 학생들을 향해 던지려고 하였다. 소년은 그의 노여움이 학비 때문이라는 것을 깨달았고 눈물을 흘리며 서당을 떠났다. 이에 더하여 할머니는 집을 빼앗겼고 모자는 집을 떠나 이 도시에서 저 도시로 방랑생활을 하게 된다.

작은 가정에게 참으로 힘들고 굶주린 해가 시작되었다. 대부분 옥수수 죽물과 쌀죽을 마셨다. 소년에게는 자기 이불조차 없었다. 옷은 한 벌밖에 없었다. 아버지는 이 옷을 입고 서당에 다녔고 잠을 잤는데, 할머니가 아버지 옷을 빨기 위해 바지와 윗도리를 벗기게 되면 아버지는 알몸으로 집에 하나밖에 없는 이불을 둘러싸고 빨래가 마를 때까지 기다려야만 하였다.

그러나 그에게 지식에 대한 열망이 일어났고 이미 학업과는 떨어질 수 없었다. 3년을 김선생에게서, 이후 3년을 다른 선생에게서 배웠다. 그는 대부분의 지식을 책으로부터 얻었다. 19~20세가 될 무렵 그는

〈그림 6〉 아버지의 어머니 정씨

자기 삶의 좌우명을 다음과 같이 정했다 : 호랑이는 죽어서 가죽을 남기고 사람은 지식을 남긴다. 21세 때 아버지는 김관용과 함께 유명한 학자인 최(최통 — 감수자 주)를 만나기 위해 돈과 먹을 것도 없이 강원도로 향한다. 이 두 청년은 낯 설은 마을들을 이틀 동안 헤매었지만 최선생을 찾지 못하고 결국 돌아올 수밖에 없었다. 이 당시 많은 젊은이들이 권위 있는 교육기관에서 배우고자 일본으로 향했지만 아버지는 홀어머니를 남겨두고 떠날 수 없었다.

교사와 투사

아버지의 전기를 분석한 후, 나는 아버지가 약 10년에 걸쳐 공부를 하였고 현재 우리 기준으로 볼 때 중등교육을 마친 것으로 볼 수 있다는 결론을 내렸다. 19세기 말 조선에는 아직도 단일한 교육체계가 존재하지 않았다. 따라서 아버지는 여러 곳의 사설학교(서당)와 여러 선생들에게서 공부를 하였다. 그러나 "진정한 공부는 스스로 하는 것이다"라는 말은 헛되지 않은 말이다. 독서로 진리와 세상을 알고자 하는 자신의 지적 갈증을 해소하면서, 그는 역사, 철학, 언어학, 문학 및 지리학 영역에서 깊은 지식을 습득하였다. 1903~1906년 기간에는 한국사와 중국사 공부에 열중하셨다. 아버지는 고향인 영흥의 홍명학교에서 교사생활을 시작하였다. 이후 2년 동안(1909~1910) 함흥에 있는 영생중학교에서 교사로 재직하셨다.

그 당시 비극적인 사건들이 그의 조국을 뒤흔들었다. 아버지의 유년기와 청소년기의 조선은 난국의 시기였다는 점을 언급할 필요가 있다. 이미 1876년 일본은 무력으로 한국정부에게 불평등 무역조약에 서명하게 하였다. 한국은 일본 무역상사들에게 항구를 개방하여야만 하였다. 이러한 불평등 조약을 다른 강대국들(미국, 러시아, 이후 영국, 프랑스)도 이 작은 나라에 강요하였다. 값싼 외국상품의 수입은 나라의 경제기반을 흔들었고 수공업자와 농민들의 몰락을 재촉하였다. 약 30년간 인민봉기가 조선을 뒤흔들었는데, 이 봉기들은 자국 정부와 이 정부가 불러들인 청국군인들로부터 무자비하게 진압되었다. 1894년 조선의 두 강력한 이웃국가인 중국과 일본은 조선영토에서 전쟁을 하였다. 1894년 12월 농민봉기를 진압한 후 일본 식민주의자들은 친일정부를 구성하였다. 다른 나라들도 조선에서 자신의 이권을 추구하였다. 이들은 광산채굴권, 철도부설권 및 다양한 산업이권을 따내었다. 일본은 이 나라의 완전한 주인이 되기를 꿈꾸었다.

이러한 상황에서 아버지는 유년기와 청소년기를 보내셨다. 때문에 조국을 생각하는 아버지의 심적 고통, 혁명투쟁에의 적극적인 참여, 그의 학문적 관심영역이었던 조국의 과거사에 대한 연구들을 이해할 수 있는 것이다.

투쟁의 길로

1905년 러일전쟁에서 러시아의 패배는 조선 전국을 고통스러운 충격에 빠지게 하였다. 일본은 조선에 대한 완전하고도 공식적인 통치체제를 구축하였다. 나라의 진보적 지식인들은 이 사건을 비극으로 받아들였다. "사람들은 이 어둠을 통곡하였고 일부 사람들은 자살로 생을 마감하였다"라고 한 신문은 적었다. 1910년 8월 꼭두각시에 불과했던 조선국왕은 일본통치자를 위해 자신의 모든 권한을 포기하는 문서에 서명할 것을 강요받았다. 조선은 마침내 자기의 강력한 이웃의 식민지로 전락하였는데, 애국자들은 이를 받아들일 수 없었다. 새롭고도 무자비한 탄압이 나라를 휩쓸었다. 그러나 이러한 탄압은 오히려 인민들의 저항만을 강화시켰을 뿐이다.

왜 그렇게 많은 한인들이 19세기 말, 20세기 초에 조국을 버리고 이웃국가들로 떠났는가라고 사람들은 가끔 묻는다. 조선 인민들의 상황은 이전에도 고통스러운 것이었으나, 식민체제는 이를 더욱 악화시켰다. 거대한 규모의 토지가 지방 지주들에 의해 탈취되었다. 농민들은 토지를 임대하여야만 하였는데 임대비로 수확물의 60%에서 때로는 80%까지 지불해야만 하였다. 각종 세금은 쉰 두 가지가 있었다. 농민들은 몰락하여 갔고 머슴으로 전락하였으며 다른 나라로 이주하거나 버려진 곳의 숲이나 관목을 태운 자리에 농사를 짓는 화전민이 되었다. 참나무 막대로 때리는 태형은 조선인민들에게 일반적인 것이었다. 1913~1918년 동안에 이 벌을 당한 조선인들은 약 30만 명에 이른다.

조선인 프롤레타리아트들의 상황도 편한 것이 아니었다. 노동시간은 종종 17~18시간까지 연장되었다. 조선의 도시에서 파업이 일반적인 현상이었다는 것은 놀랄만한 일이 아니다.

조선의 지식인들은 차별을 받았는데, 이 시기에 아버지는 이미 지식인에 속하게 되었다. 일본당국은 조선인들의 민족적 감정을 고무케 할 수 있는 서적들 즉 조선역사를 비롯한 문헌들을 불태워 버렸다. 당시 조선인민들이 자랑스럽게 여기던 많은 오래된 기념비들이 파괴되었고, 조선인민들의 모국어는 학교 교과목에서 외국어가 되었고 반대로 일본어는 모국어로 되었다. 아버지는 다음과 같이 명료한 예를 들고 있다: "학교에서 조선어는 1주일에 1회, 일본어는 10회를 가르쳤는데 일본어 교육시간은 1주일에 26~27시간이었다. 이 학교에서의 조선인 교사의 급여는 일본인 수위의 급여와 같았는데, 이는 모든 곳에서 마찬가지였다. 예를 들면 일본인 대장장이는 하루에 1원 40전을 받았는데 조선인은 84전을 받았다."

조국, 인민, 조국의 역사, 언어, 문학 및 구전문학을 그렇게도 사랑하셨던 아버지는 이러한 상황에서 활동해야만 하였다. 여기에서 나는 아버지가 유형지인 카자흐스탄에서 이를 바로잡고 보전하고자 한 그의 희망의 원천과 이 모든 것들이 아버지에게는 소중한 것이었다는 점을 을 알 수 있다.

계봉우는 이미 1907년 전국적 비밀조직인 신민회에 참여하였다. 그는 26세에 조국독립을 위한 투쟁의 길을 가겠다고 스스로에게 다짐했다고 쓰고 있다. 스스로에게 중요한 이 과제를 그는 전기 『꿈속의 꿈』에 시로 표현하였다: "살아도 구차히 살면 사는 것이 또한 욕이오, 마땅히 죽을 때에 죽는 것이 오히려 영광이로다."

"나는 20세기 초 낙후된 봉건적 조선에 일본의 식민압제에 저항할 실질적인 힘이 없었다는 것을 깨닫고 있었다. 전면적 무장투쟁을 촉구하는 어떠한 호소도 모험이었을 것이다"라고 아버지는 쓰고 있다. 젊은이들은 힘을 기르고 투쟁을 준비할 필요가 있었다. 바로 이 때문에 계봉우, 이동휘 및 그들의 동지들은 조선 청년들을 위한 사설 무료학교를 열었다. 그들은 자신의 학생들에게 민족정신, 애국심 그리고 식민주의자들에 대한 증오를 앙양시켰다. 이들의 이러한 노력들의 첫 결과물을 일본인들은 1908년 함흥에서 맛보게 되었는데, 당시 약 2천 명의 젊은이들이 반일본 시위를 벌였던 것이다(저자가 『꿈속의 꿈』의 내용을 잘못 이해한 것이다. 즉, 이 집회는 반일시위가 아니라 1908년 함흥에서 개최된 함남대운동회를 말한다—감수자 주).

1년 후 1909년 10월 26일 조선민족의 영웅 안중근은 하얼빈역에서 일본식민정책의 대변자 이토 히로부미에게 폭탄을 던졌다.[2] 아버지는 1914년 민족영웅인 안중근의 공적에 대한 책을 쓰셨는데, 현재 안중근의 공적은 동판에 영원히 새겨져 있다. 이 글에 대한 회고가 아버지의 전기 『꿈속의 꿈』에 실려 있다. 내가 서울에 있을 때에 이 글의 행방을 찾지 못한 것이 아쉽다. 아버지가 조선민족의 영웅에 대해 처음으로 글을 썼을 가능성도 있다(계봉우가 1914년 『권업신문』에 연재했던 「만고의사 안중근전」을 말하고 있는 것으로 보인다 — 감수자 주).

일본에 의해 한국이 완전히 합병된 후인 1910년 아버지는 동료들(이 동료들 중에는 후에 임시정부의 국무총리가 되는 이동휘도 있었다)과 함께 중국의 북간도로 넘어간다. 이 시기부터 아버지를 이미 직업적 혁명가로 볼 수 있다. 당시 아버지는 자신의 계몽활동을 계속하였고 많은 사람들을 교육하였는데, 무엇보다도 조선역사와 지리였다. 그는 종종 콩이 가미된 조로 만든 죽(때로는 소금만을 넣은)을 먹으며 하루에 쉬지 않고 10시간씩 일하였다고 쓰고 있다. 그는 그렇게 빈약한 음식으로 그러한 많은 업무를 수행한다는 것이 쉽지 않았다는 것을 스스로 알고 있었으나, 젊음과 가난에 대한 익숙함은 그가 모든 고난들을 견뎌낼 수 있도록 하였다. 아버지는 할머니와 아내 그리고 어린 딸을 중국으로 데려왔는데, 이는 아버지가 고난을 이겨나가게 하는데 도움을 주었다.

2 안중근이 이토 히로부미에게 '폭탄을 던졌다'는 '저격을 하였다'의 오기이다.

1912년 봄 계봉우는 러시아의 원동으로 첫 여행을 떠난다. 그는 이미 19세기에 많은 한인들이 사람들이 매우 적었던 원동으로 이주했다는 것을 알고 있었다. 차르정부는 토지경작을 원하는 근면한 사람들의 이주에 대해 반대하지 않았다.

아버지는 누군가를 만나게 되면 그를 선동하였다. 블라디보스토크에는 약 2만 명의 한인들이 살고 있었다. 그곳에는 한인들이 밀집하여 모여 사는 마을인 신한촌이 있었는데 민족학교들이 있었고 신문이 발행되고 있었다. 이곳에 항일운동의 미래 지도자들인 최재형, 문창범 등과 같은 이들이 일하고 있었다. 이후인 1920년 최재형은 (임시정부의 — 감수자 주) 재무총장, 문창범은 교통총장에 선임되었다.

나는 1993년 8월 서울에서 최재형의 딸인 엘리자베따를 만나게 되었는데 그녀는 현재 알마티에 살고 있고 그녀의 언니는 모스크바에서 살고 있다.

그 당시를 회고하고 해방운동의 지도자들에 대해 언급하면서 아버지는 러시아에서 혁명운동에 적극적으로 참여했던 볼쉐비키인 알렉산드라 김 스탄케비치에 대해 특별한 관심을 기울였다. 그녀는 하바로프스크에 있었던 원동인민위원회 외무인민위원으로서 한인사회당을 설립하는데 적잖은 노력을 기울였다. 아버지는 임시정부가 발행한 독립신문에 실린 몇 가지 기사를 알렉산드라 김 스탄케비치에게 증정하였고, 그녀의 비극적 운명에 대해 말씀하셨다. 1918년 9월 16일 두려움을 모르는 여성혁명가의 삶이 끝났다. 백군들은 그녀를 아무르 강변에서 총살하였다. 뽀얀 가을 강물이 한인 여성혁명가의 마지막 안식처가 되었던 것이다. 그녀의 나이 불과 33세였다.

한국의 학자들은 알렉산드라 김을 연구할 때에 항상 아버지의 글을 인용하고 있다. 아버지는 "뒤바보"라는 익명으로 많은 글을 썼으나 바로 얼마 전 80년대에 학자들은 이 익명의 실제 인물이 계봉우라고 동일한 결정을 내렸다. 이전까지는 아버지 글들의 필자를 여러 인물들로 추정하곤 했다.

1913년 아버지는 잡지 『대진』의 편집자로 일하였는데 이 잡지는 재정적 어려움으로 인하여 단지 3호까지만 출판을 하고 문을 닫게 되었다. 아버지는 그리 길지 않은 시간을 여러 가지 신문들의 기자로 일하였다. 기자를 그만 둔 후 아버지는 가족 및 이동휘와 함께 중국의 하마탕으로 돌아왔다. 이곳에서 아버지는 초급학교 교사로 일하였으나 저술 작업을 멈추지 않았다.

이처럼 아버지의 삶은 항상 어려웠다. 당시 그의 가족은 이미 여섯 명이었는데 교사 봉급은 1년에 러시아 돈으로 환산하면 5루블 30코페이카였다. 친구들의 지속적인 도움에도 불구하고 교사를 하면서 가족을 부양하기란 쉽지 않은 일이었다. 게다가 불행이 닥쳐왔다. 1916년 11월 당시 "대한광복군정부"의 책임비서였던 아버지가 일본경찰에 의해 하마탕에서 체포된 것이다.

그는 어머니의 놀란 눈빛과 아버지를 걱정하는 가족들의 염려, 특히 그날 밤 아버지와 함께 자던 다섯 살 된 아들의 울음소리를 자신의 생애 내내 기억하였다. 어린 아들은 마치 아버지를 더 이상 보지 못할 것을 알기나 하는 듯하였다. 아버지가 유배되었을 때 그 아들이 죽었던 것이다.

아버지는 서울에 있는 경찰기관에 이르기까지 경찰체계의 최종심의까지 모든 심의과정을 겪으셨다. 조사를 할 동안에는 자주 아버지를 무릎 꿇게 하고 조사를 하였다. 그는 조사과정에서 수사관으로부터 많은 조롱과 조소를 들어야만 하였다.

— 당신들에게 대포가 있는가? 함대는?라고 수사관 중 한 명이 물었다.

— 아무 것도 없어? 그럼 어떻게 독립을 이루려고 하는데? 당신들은 아무것도 할 수 없어!

아버지는 체포된 지 5일이 지나 1년 동안 영종도 유배 판결을 받았다.

외부 세계와 차단되어 1년이 지나갔다. 아버지는 자신이 유배된 동안 아버지 양식을 대기 위해서 섬 주민들이 53원을 썼다고 쓰고 있다. 1년의 유배생활이 끝난 후 아버지는 고향인 영흥에서 거주지 제한처분 3년(1917.11~1920)을 보냈다.

그러나 이러한 난관에도 계봉우가 1919년 3월 사건에 적극적으로 참여하는 것을 막지는 못하였다. 아버지는 유배되어 있으면서도 서울에서의 봉기준비에 대해 잘 알고 있었다. 이 봉기에 참가하기 위해 아버지는 그가 평양에 있는 신학교에서 공부하기 위해 평양에 가야만 한다는 거짓 핑계거리를 만들었고, 입학 허가를 받기 위한 것처럼 꾸며 1919년 2월 27일 서울에 도착하였다. 이렇게 하여 아버지는 조국의 역사에 기록되는 혁명적 사건에 적극적으로 참가하게 되었다.

역사학자들은 이 사건을 조국해방에 있어 다양한 의미를 부여하고 있다. 그러나 1907년 일본인들에 의해 폐위된 대한제국의 전 황제인 이희(Ли Хи)의 사망이 인민대중들이 참가하게 하는 촉진제가 되었다는 것은 잘 알려져 있다. 그는 갑자기 사망하였는데 일본당국의 지시에 의해 그가 살해되었다는 소문이 돌았다. 1919년 3월 1일 사망한 황제의 명복을 빌기 위해 인민대중들이 서울로 모여들었다. 사회의 각계 조직의 지도자들은 이를 이용하여 선언문을 작성하였는데, 이것은 역사에 "민족대표 33인"의 선언이라고 알려져 있다. 서울에 있는 파고다공원에서 선언서가 낭독되었고 이는 대규모의 시위로 확산되었다. 온 나라는 파업과 대중적 항거의 물결로 뒤덮였다. 일본권력은 시위자와 파업을 피로써 탄압하였고 체포하기 시작하였다. 3월 중순경부터 봉기자들은 전국을 휩쓸었다. 봉기자들은 경찰서, 일본 관공서, 고위직 일본관료들과 부자들의 집을 파괴하기 시작하였다. 시골지역에서는 농민들이 지주들의 저택을 습격하였다. 피의 사건은 2개월 동안 멈추지 않았다. 일본권력은 봉기자들을 막기 위해 군대를 움직였다. 전국적으로 체포와 고문 및 처형이 이루어졌다. 역사학자들의 통계에 따르면 당시 조선인민들은 많은 희생을 당하였다 : 8천 명이 살해되었고, 1만 6천 명이 부상당했으며, 5만 3천 명이 체포되었다. 그러나 이러함에도 불구하고 일본권력은 인민들의 저항을 잠재울 수 없었다.

임시정부

모든 이 사건들에 적극적으로 참가한 계봉우는 투옥을 피하기 위하여 다시 유배지인 함흥[3]으로 3월 3일 돌아와야만 하였다. 아버지는 거주지로부터 이동할 수 있는 자유로운 공간이 5km로 제한되어 있었다. 아버지는 경찰의 허락 없이는 이 거리 이상을 넘어갈 권리가 없었는데, 국경을 넘어 탈출할 대담한 계획을 세우셨다.

아버지는 당분간 고향으로 돌아올 수 없다는 것을 잘 알고 있었기에 그곳에 사는 두 친척 형제들과 헤어짐의 인사를 나누고자 노력하였다. 이는 매우 위험한 행동으로 판명되었다. 경찰들은 이미 아버지를 추적하였고, 아버지는 친구들이 기다리고 있는 원산항으로 서둘러 움직였다. 아버지의 친구들은 러시아 선박에서 화부로 일하는 조선인을 통해 추적당하고 있는 계봉우를 소금을 실은 선창에 숨겨 탈출시키기로 약속을 해 놨던 것이다. "기선이 당장 떠난다는데, 그 때에는 의례히 검사하러 올라오는 일본 순사놈의 꼬락서니를 거저 냉랭한 정신으로 보

3 앞에서 저자는 유배지가 영흥이라고 했는데 이곳에서는 함흥이라고 쓰고 있다. 오기로 판단됨 — 역주.

는 것이 귀찮아서 중로에 가지고온 술 한 병, 그것을 그대로 병나발을 불고 산더미같이 쌓아놓은 소금섬 위에 누워 있었다. 십년이나 끊었던 술에 아마 얼큰하게 취하여 만사를 다 잊어버리고 단잠을 잤던 모양이다. 그 이튿날 해가 동천으로서 높이 떠오른 늦은 아침에야 겨우 깨어났다. 배는 벌써 함흥의 바다를 지난듯하다"라고 아버지는 적고 있다. 경찰들은 아버지를 찾지 못했던 것이다.

계봉우는 블라디보스토크를 거쳐 비밀리에 중국의 하마탕으로 잠입했는데, 친구들이 이곳으로 그의 가족들을 데리고 왔다. 이때서야 아버지는 1919~1920년에 일본인들이 그의 가족들이 살고 있던 집을 두 번 불태웠다는 사실을 알게 되었다. 세 자녀와 어머니 그리고 부인은 기적적으로 살아남았던 것이다. 알지 못하는 중국가족이 그의 가족들을 위한 안식처를 제공했다. 아버시의 농지늘은 여러 차례에 걸쳐 아버지의 가족을 구했고 새로운 안식처를 찾아 주었으며 할 수 있는 한 모든 것을 구해 주었다. 가정용 도구, 식기, 옷들을 가져왔고 음식을 나누어 주었다. 아버지는 이러한 도움을 준 기존에 안면이 있던, 그리고 안면이 없던 사람들에게 평생 동안 감사한 마음을 가지고 사셨다.

아버지는 가끔 집에 있으면서 자신의 일에 몰두하였다. 가족을 부양하는 것은 어머니의 어깨에 지워졌다. 어머니는 얼마나 많은 고통과 가난을 가족이 겪어야 했는지를 말씀하시곤 하셨다. 내 어머니는 고아로 숙모에게서 컸는데, 그 숙모는 16세의 내 어머니를 28세의 인텔리겐챠인 내 아버지에게 시집보냈던 것이다. 이 때 어머니의 숙모는 어머니가 행복한 삶을 살 것이라고 희망하셨다. 그러나 아버지가 지하운동을 하는 모든 세월 동안 어머니는 행복하기 보다는 오히려 고독했었다. 빈번한 이사, 경찰의 감시, 가족에 대한 걱정 그리고 처참한 빈곤은 1924년까지 가족들을 늘 따라다녔다.

1919년 8월 계봉우는 혁명조직인 (북간도—감수자 주) "(대한—감수자 주)

국민회"의 방침에 따라 조선인 이민자 그룹의 구성원이 되었는데, 이들은 상해에 임시정부를 조직하고 파리평화회의에 자신의 대표를 파견하였다. 그들은 조국 문제를 평화적으로 해결하기 원했던 것이다. 그러나 이 대표들에게 회담의 원칙은 단지 유럽국가들에 한한 것이며 조선 문제를 논의하는 것은 "바람직하지 않은 것으로 인정된다"고 통보되었다.

조선에서의 파업은 끊이지 않았는데 이로 인해 일본인들은 한국에서 군사적 통치를 끝내고 지금부터 "문화적 통치의 시대"를 연다는 미사여구로 포장된 선언을 한다. 일본정부는 새로 부임한 조선총독 사이토 마코토에게 개혁할 것을 위임하기까지 하였는데, 물론 후에 이 개혁은 기만전술로 밝혀진다.

인민들에게 민족해방투쟁을 계속하는 것 이외에는 다른 선택이 없었다. 아버지는 약 1년 동안 완전히 정치투쟁의 소용돌이 속에 있었던 상해에 머물렀는데, 대한민국 임시정부 신문인 "독립신문"사에서 적극적으로 일하셨다. 1920년 4월에만(1월부터 5월까지 – 감수자 주) 이 신문에 네 편의 아버지 글이 발표되었는데 이 글들은 조선독립운동사에 속하는 의미 있는 글들인데 다음과 같다 : 「김 알렉산드라 소전」, 「북간도 그 과거와 현재」, 「의병전」, 「아령실기」. 현재 한국의 역사학자들에게 이 글들은 조국의 해방운동 연구의 1차 자료로 활용되고 있다. 나에게 한자로 써진 이 글들의 사본이 보관되어 있다.

모스크바로의 여행

계봉우는 1920년 3월(4월 — 감수자 주) 상해에서 한인사회당에 입당하고 곧 잡지 "자유종"의 편집자로 임명되나 오래 일하지는 못하게 된다. 1920년 8월 임시정부의 방침에 따라 아버지는 몽골과 베르흐네우진스크를 경유하여 모스크바로 학업을 위해 떠났다. 블라디미르 일리치 레닌의 지시에 의해 코민테른은 동양의 민족해방운동에 큰 관심을 기울이고, 장차 해방될 국가들 특히 조선의 간부요원 양성에 노력했다.

친구들 및 동지들과 떨어진다는 것이 아버지를 우울하게 했다. 그러나 그가 아직 잘 모르는 나라에는 흥미로운 만남들이 그를 기다리고 있었다.

모스크바로의 여행은 그를 몹시 흥분시키는 일이었다고 그는 자신의 전기에 적고 있다. 1920년 9월 23일, 조국과 중국에서의 그의 끝없는 여행을 제외하고, 그는 상해에 있는 기차역에서 자신의 최초의 가장 긴 여행을 시작하였다.

상해는 지평선 너머로 사라졌다. 기차는 러시아 국경을 향해 달렸다. 아버지는 자신을 미행하는 자가 없는지 자세히 살폈고, 이어 자신이 위험에 처해 있다는 것을 확신하고 열차의 창문에서 거의 벗어나지 않았다. 외부 침략자들을 막기 위한 중국인민들의 투쟁의 상징인 만리장성이 보였다. 도시들, 큰 기차역들, 작은 정거장들이 창문을 통해 헤엄쳐 갔다. 마침내 10월 1일 장거우역에서 장차 코민테른에 참가할 4인은 작은 자동차로 갈아타고 4일 동안 몽골을 달린다. 고비사막을 따라 2,300km를 달린 그들은 베르흐네우진스크에 도착한다. 이렇게 어렵고 위험한 길을 택한 것은 그들이 노출될 것을 염려하였기 때문이라고 아버지는 설명하고 있다. 아버지는 그 당시 자바이칼 지역을 백군장군인 세메노프 일당들이 점령하고 있었다는 것을 잘 알고 있었다.

1920년 일본 점령군들은 극동에 상륙하였고 전 연해주를 점령하였다. 이곳에서의 내전은 1922년 4월까지 계속된다.

소비에트 국가에서

아버지는 소비에트 러시아에 남았다. 한국의 문헌에 의하면 그는 상해파 고려공산당 지도자였는데, 이 상해파에 대립하고 있던 공산주의 그룹이 이르쿠츠크파이다. 그들은 민족해방투쟁의 방법과 미래의 조선에 대한 견해에 있어 이념적 정치적 갈등을 보였다.

이 당시 처음에는 일본에서 공부한 한인 학생들 사이에서, 이후에는 조선의 큰 도시들에서 마르크스주의 그룹이 형성되었고 1925년에는 조선공산당이 창립되었다. 그러나 이 길은 그리 녹녹치 않았다. 다양한 그룹들 간에 장래의 조국과 외국 침략자들로부터 조국을 해방시키는 방법들과 관련하여 격렬한 논쟁들이 일어났다. 심지어 이르쿠츠크에서는 공판과 군사혁명재판이 있었다. 1921년 5월 18일 아버지와 동지들은 혁명의 적으로 간주되어 각각 서로 다른 징역형량을 선고받았다. 아버지에게는 5년의 징역형이 선고되었다. 그러나 한국문헌에 따르면 이동휘와 당의 다른 동무들의 변호로 계봉우는 1921년 11월 15일 풀려난다.

이르쿠츠크의 재판과정에 대해서는 한국 학자들의 몇몇 저술에 기술되어 있다. 나에게는 윤병석, 반병률, 조동걸의 친필서명이 있는 책들이 있는데, 이 책들은 1995년 8월 한국에 방문했을 때 저자들이 나에게 선물로 준 것이다.

1920년 6월 19일(11월 28일-감수자 주) 레닌은 코민테른 제2차 대회에 참가한 한인 공산주의 대표자들을 크레믈린에서 맞이한다. 이 대표단의 지도자는 이동휘였고 통역은 김 아파나시 그리고 대표단의 구성원은 홍도와 박진순이었다.

이르쿠츠크 사건 이후 아버지는 정치투쟁을 떠났고 전적으로 학문과 교육활동에 전념한다. 이는 아버지의 의식적 선택이었음이 분명하다. 1922년 아버지는 조선인청년잡지인『새사람』의 주필로 일했고, 이후 모든 생애를 교육과 학문작업에 바친다.

계몽가

1923년 계봉우는 러시아의 원동으로 이주하는데 처음에는 이만시로 가서 그곳의 소학교와 성인학교에서 교사로 일하기 시작했다.

1930년 5월 아버지는 블라디보스토크에서 하바로프스크로 이주하는데 이곳의 (원동-감수자 주)공산대학에서 조선어 교사로 일한다. 아버지는 이곳에서 3년을 연구하여 조교수(доцент) 직위를 획득한다.

이 시기(1923년-감수자 주)에 그는 (이만-감수자 주) 고려인회의 요청으로 초급학교용 첫 교과서인『조선역사』를 집필하였다. 이 교재에 이어 (1924년-감수자 주)『붉은 아이들』이라는 조선말 교과서가 발간되는데 이 교과서는 하바로프스크구역 학무부의 지정에 의해 쓰여 졌다. 한인들이 집단으로 거주하는 지역에서 아버지는 이들의 모국어로 아이들을 가르쳤다. 당시 이러한 교과서들은 학교에 꼭 필요한 것이었음에도 부재했었다. 당시 소련은 문화혁명을 선포하고 과거 글이 없던 민족들을 위해 알파벳을 만들었으며 소련 내에 있는 100개 민족의 모국어 교과서를 발행했다. 아버지는 이 유익한 일에 자신의 재능을 쏟았던 것이다.

이에 더하여 1930~1931년에 계봉우는 초급중학교 조선어교과서를 저술하고 이후 1936년 8월에는 1~2학년용 고려어교과서를 저술하였다. 이 교과서들은 고려인들이 강제 이주되기 전까지 아이들이 배웠던 유일하고도 마지막으로 발행된 교과서였다. 아버지가 쓴 교재는 재 발간되었으며 이 교과서들로 고려인 어린이들이 교육받았다. 지금도 크즈일오르다에는 아버지가 쓴 교과서로 모국어를 배웠거나 아니면 아버지에게 직접 교육받았던 학생들 수십 명이 생존해 있다.

비록 아버지는 어려서부터 역사에 관심이 많았지만, 환경이 아버지로 하여금 한국어와 한국어 방법론 연구에 열중하게 만들었고, 아버지는 이미 조국 밖 외국에 머물고 있었지만 이 연구에 매우 열중하였던 것이다.

아버지는 다른 영역의 학문연구도 이미 원동에 있을 때 시작하였다. 1932년 9월 그는 1893~1894년 조서에서 일어난 농민봉기를 밝히는 『동학당 폭동』이라는 책을 썼는데, 이 책은 종교 분파인 "동학-동양의 가르침"의 지도하에 대규모 봉기를 이끌었던 자연발생적인 반봉건 운동에 대해 말하고 있다. 1947년 과학아카데미 동방학연구소 집행부의 요청에 의해 아버지는 이 저술을 손수 재 집필하였고 내가 우체국을 통해 동방학연구소로 보낸 일이 기억난다. 현재 이 논문은 아버지의 전집 제2권에 들어가 있다.

시골 교사

나는 지금까지 아버지의 책들, 어머니의 회고와 아버지 자신의 말씀에 의거하여 아버지의 인생에 대해 이야기 했으나, 앞으로는 많은 것을 내 스스로가 기억하는 것을 말하고자 한다. 내 나이 일곱살이었는데, 당시 우리 가족은 자주 거주지를 옮기었다. 우리는 하바로프스크에서 우수리스크 지역의 스비야기노 역으로 이사했는데, 이곳에서 아버지는 1935년 7월까지 일급학교 교사로 일하였다. 그리고 1935년 우리는 (스파스크에 위치한 — 감수자 주) "광동코뮨" 꼴호즈로 이주하였고 이곳에서 아버지는 초급중학교의 초급반과 상급반에서 가르치셨다.

나는 우리 가족이 왜 그렇게 자주 이사를 해야 했는지 정확히 설명할 수 없다. 무엇이 이미 유명한 교육자이자 큰 도시의 상급학교 조교수였던 아버지를 꼴호즈로 옮기게 했는가? 아버지의 전기를 연구하면서 나는 두 가지 — 경제적 그리고 정치적 — 이유를 제기할 수 있다.

1930년대 초 분별없고 지나치게 조급한 집단화의 결과 — 이에 대해 지금은 공개적으로 말할 수 있다 — 기근이 심하게 일어났다. 6명인 우리가족에게 배급된 빈약한 빵을 15~16세 된 형 데니스(Денис)[4]가 사탕박스로 스스로 만든 저울로 재면서 조각으로 나누었고, 어머니가 검게 얼어버린 감자로 요리한 죽탕을 우리 가족이 먹었던 것을 나는 생생하게 기억한다. 어머니는 모든 것을 절약하였고, 자신이 먹을 것을 우리들에게 주었다. 이것은 좋은 결과로 이어지지 못했다. 언제인가 어머니는 굶주림으로 인해 현기증이 났고 물통을 나르다가 계단에서 쓰러졌던 것이다. 나는 지금까지 그렇게 맛있었던 삐로족[5]을 잊을 수 없다.

---

4 계정림을 말함 — 역주.

학교에서는 교사들에게 커다란 삐로족을 주었는데 아버지는 이 삐로족을 막내아들인 나에게 가져다주셨다. 시골에서의 삶은 다소 나았다. 부모님과 아이들은 텃밭에서 열심히 일하였는데, 우수리스크의 기후는 너무 좋아 텃밭 작물이 잘 자랐고 우리가족은 물론 많은 다른 한인들의 목숨을 구하였기 때문이다.

정치적으로는 이르쿠츠크에서의 재판이 아버지에게 어떠한 후과를 가져왔는지 나로서는 판단하기 어렵다. 당시 5년(3년 — 감수자 주) 징역형에서 아버지를 구한 것은 레닌의 간섭이 있었기에 가능한 것이었다. 이 사건 이후에 조국해방을 위해 바친 수년간의 투쟁과정에서 동료들에게 환멸을 느꼈을 가능성이 있다. 다양한 한인 당분파들 간에 계속된 투쟁이 일어났다. 우리는 지금 소비에트 권력을 위한 잔혹한 투쟁에 대해 많은 것을 알고 있다. 당시 트로츠키-부하린주의자들에 대한 투쟁 슬로건은 스탈린 탄압을 가져오게 하는 위력으로 작용하였다. 과거 지하운동가였던 아버지는 분명 우리에게 임박한 위험을 감지하셨을 것이다. 그는 이미 56세로 젊은 나이가 아니었는데, 투쟁을 함께 했던 동지들과의 모든 연락을 끊고 그들과 찍은 단체사진을 모두 없애버렸으며, 시골교사로 눈에 띄지 않게 살았던 것이다.

내가 학교에 입학했을 때 아버지가 내 선생님이었다. 물론 나는 당시 아버지의 교육방법에 대해 평가할 수 없었다. 나에게는 아버지가 선생님이었고 아버지의 교육을 받으며 나는 다른 어린이들과 함께 열심히 공부했다. 아버지는 나에게 항상 다정하게 대했고 나의 어린 꿈을 이해했으며 나의 장난질을 용서하셨다. 이때가 1935년이었다. 우리는 "광동코뮨" 꼴호즈에서 살았는데 우리 집 길 건너에 가게가 있었다. 어느 날 나는 이 가게에서 하모니카를 파는 것을 알게 되었는데 이미

5　고기, 야채 등을 갈아 소로 넣어 구운 러시아 빵 — 역주.

몇몇 아이들은 이 악기로 거리에서 불며 놀고 있었다. 나는 부러워한 나머지 깊은 생각 없이 아버지의 월급에서 5루블을 빼내어 하모니카를 샀다. 내가 돈을 훔친 사실은 곧 발각되었고 아버지는 나를 벌하지 않고 손으로 때리지도 않으셨다. 이때의 아버지의 용서를 나는 지금까지 잊을 수 없다.

아버지가 교사로서 어떠했는지 평가할 수 없다. 그러나 중등학교 행정국에서 작성한 것으로 보이는 흥미로운 문서가 보관되어 있다. 이 문서에는 글쓴이의 서명과 날짜가 없다. 그러나 나는 이 문서가 우리가 "광동코뮨" 꼴호즈에 살 때 1936~1937년의 학기 중에 써진 것으로 판단한다. 바로 그 당시 아버지는 중등학교에서 일하셨기 때문이다. 다음은 아버지에 대한 평가이다.

> 6학년 B반 담임 계봉우의 특성.
>
> 그는 6학년 B반 담임이다. 그는 모든 학급에서 모국어로 가르친다. 학생들의 성적과 규율 및 출석률은 괜찮은 편이다. 모든 교과목에 대한 계획과 준비는 훌륭하다. 어떠한 실수도 하지 않는다. 언어지식과 문법능력은 뛰어나다. 학생들의 성적향상을 위해 적극적으로 임한다. 담임교사로서 학생들을 교육하는데 계획한 절차에 따라 학생들을 훈육하고 학생들을 대하는 태도가 좋다. 정기적으로 신문 『선봉』을 읽는다. 이데올로기적으로는 확고부동하며, 스스로 공부하여 정치교양을 높이고 있다.
>
> 확고한 신념을 갖고 학생들의 실력을 높이려 경주하고 있으며 학생들의 출석을 꼼꼼히 살핀다. 사회적인 활동은 하지 않는다. 교육활동을 좋아하며 교육에 매진할 생각을 하고 있다. 자신의 직무에 매우 충실하다.

이것이 상급학년 교사에 대한 평가이다. 이 글에 의하면 이 학교에서는 실제로 조선어와 조선역사 교과서로 학생들이 배웠음이 분명하다! 글쓴이가 아버지가 과거 잡지사 주필, 계몽가 및 교육활동에 종사했었다는 경력을 알고 있었을까? 그럴 리가 없다. 그런데도 그는 아버지의 문법능력과 인내성 심지어는 이데올로기적인 확고한 신념에 대해 언급하고 있다! 이것이 바로 아버지의 삶에 대한 최종적인 평가라 할 수 있다.

미지의 세계로

한인 강제이주에 대해 쓴 글들은 참으로 많다. 당시 내 나이는 이미 열한 살이었는데, 나는 길 위에 사람들을 모아놓았던 장면을 생생하게 기억한다. 당시 전개되고 있던 비극들을 어린소년이 이해하기란 어려웠다. 어른들은 분주히 움직였고 물건들을 챙기고 길에서 먹을 음식물들을 준비했다. 새끼돼지들을 도살하였고, 훈제한 돼지고기 냄새가 맛나게 풍겼다.

아버지는 우울한 표정으로 아무 말씀이 없었다. 또 다시 그에게 먼 낯선 오지로의 여정이 기다리고 있었다. 그곳에 무슨 일이 그의 가족을 기다리고 있는지 알 수 없었다. 당시 우리는 부모님과 두 아들(정림과 나) 이렇게 넷이었다. 화림 누나는 치타에 있었고 창림 형은 스베르들로프에서 공부하고 있었으며, 큰 형 태림은 하바로프스크에 있었다.

크즈일오르다까지의 긴 여정이 생각난다. 우리는 첫 번째 열차로 20일을 갔다. 나는 바이칼을 지나갈 때, 어마어마한 타이가, 카자흐스탄의 스텝지역을 평생 기억한다. 열차가 정차했을 때 우리 소년들은 철도변의 길을 따라 돌아다녔고, 어머니는 열차 옆에서 곧바로 냄비에

음식을 하였다. 후에 성인이 되었을 때 나는 전염병으로 수십 명의 아이들이 죽었고 어른들의 근심이 컸다는 것을 알았다. 당이 도움을 주기 위하여 중앙아시아 지방으로 우리를 이주시킨다고 생각하는 철저한 공산주의자들이 있었던 것은 사실이다.

처음에 우리는 노동자들을 위한 교양교육시설에 배치되었는데, 이후 우리들은 각자 독립된 집들로 이사하였다. 우리가족은 처음에는 아파트에서 살았고 이후 아버지는 자신의 집을 짓기로 결정하였다. 전쟁 전 크즈일오르다의 잠불 거리에 있는 조그만 흙벽돌로 지은 집을 기억한다. 우리 가족은 이 크즈일오르다에서 또 다시 잦은 이사를 하게 된다. 현재 신발공장이 있는 장소에 있던 오래된 전염병치료병원 건물에서 조선어학교 수업이 시작되었는데, 이곳에서 나는 5학년이었고 교사인 아버지의 엄격한 감독 하에 다시 조선어를 공부하였다. 당시 나는 11~12세의 소년이었는데 내 나이에 교육자 및 학자 그리고 개인으로서의 아버지를 이해하고 평가한다는 것은 당연히 어려운 일이다. 다음에 인용하는 글은, 전쟁 시기에 젊은이로서 모스크바로부터 카자흐스탄으로 송환되었던 오늘날 유명한 동방학자인 박 미하일이 최근에 나에게 써 보낸 것이다.

> 유감스럽게도 크즈일오르다의 "20주년기념 전(全)레닌공산주의 청년동맹학교"에 역사학 교사로 있을 때 나는 귀하의 아버지와 3개월(1943년 초부터) 정도 교류할 수 있었고(대략 일주일에 한 번) 귀하의 아버지가 직접 쓰신 역사학 텍스트를 읽으면서 한국어를 공부할 수 있었습니다. 아울러 나는 귀하 아버지의 상해에서(한국의 임시정부에서)의 흥미로운 여러 활동에 대해 알 수 있었습니다. 카자흐스탄과 우즈베키스탄의 여러 지역으로 추방된 소비에트 한인들에 대한 옳지 못한 박해에도 불구하고 귀하의 아버지는, 한반도에서 소련과 미국이 충돌할 가능성을 염려하면서도, 한

민족의 훌륭한 미래를 전적으로 확신하고 계셨습니다. 내 기억으로는 귀하의 아버지는 항상 매우 온화하고 호의적인 분이셨습니다. 물론 한국의 역사와 문화영역에서의 박식한 그의 지식을 사용할 마땅한 곳을 우리는 찾을 수 없었습니다. 그러나 그럼에도 불구하고 그는 글쓰기를 멈추지 않았고 끊임없이 연구하였습니다. 나는 과거의 한국역사 뿐만 아니라 현대 한국사에 대해 그로부터 받은 값진 지식에 대해 항상 감사하고 있습니다.

모스크바, 1998년 11월 12일

나는 서울에서 박 미하일 니콜라예비치를 만나게 되었는데(1995년 — 감수자 주), 내가 계봉우의 아들이라는 것을 알고 그는 나에게 아버지에 대해 호의적인 말들을 많이 하였다. 그리고 그는 바로 나의 아버지와의 짧은 만남이 그로 하여금 동포들의 역사에 대해 깊은 관심을 갖도록 자극을 주었다고 말했다. 그는 한국학 영역에서 최고의 전문가가 되었다. 현재 그는 이 역사학 분야에서 석학으로 인정받고 있다. 박 미하일은 국제한국학센터 소장이며 모스크바국립종학대학교 명예교수이고 러시아과학아카데미 정회원이며 역사학 정박사이고 전(全)소비에트연방고려인연합회 초대 회장이다. 박 미하일은 1955년 П.Л.까피차 은메달을 받았고, 같은 해에 모스크바국립종합대학교에서 가장 최고의 상인 M. B. 로마노프 상을 수여했다.

아버지는 모국어를 완벽하게 이해하고 있었고 모국어를 사랑했으며, 미래를 예측할 수 없는 강제 이주 상황에서도 오랜 세월동안 축적된 지식을 보전하고 후대에 자신의 사상과 생각을 전하고자 노력하셨다. 언제인가 내가 아직 소년이었을 때 나는 아버지께 왜 한자를 쓰시느냐고 물었다. 나는 한자를 읽을 수 없었다. 아버지는 한자를 사용해야만 단어의 정확한 의미를 전달할 수 있기 때문이라고 대답하셨다. 아버지는 방대한 양의 한자를 알고 있었는데, 이에 대해서는 아버지의 저술을 읽는 사람이라면 누구라도 확신할 것이다. 언젠가 아버지는 5만개의 한자 중 한글에서는 1만 3천개의 한자가 사용된다고 나에게 말씀하셨던 기억이 난다. 모국어로 5학년까지만 마친 나에게는 매우 유감스럽게도 아버지의 유산을 포함하여 한자로 쓴 글들은 비록 사전의 도움을 받을지라도 난공불락의 요새인 것이다. 내가 읽을 수 있고 특히 나에게 소중한 책은 아버지의 자서전인 『꿈속의 꿈』인데, 여기에서 아버지는 자신의 생애에 대해 말하고 있다.

아버지의 지식을 전수받지 못한 것이 지금은 후회가 된다. 내가 12살이었을 때 아버지는 나에게 중국문자인 한자를 암기할 것을 제안하셨는데, 매일 다섯 개의 글자를 암기하면 글자 한 개당 20코페이카를 주시겠다고 약속하셨다. 나는 좋아하면서 이에 동의했는데, 이는 5코페이카면 극장을 갈 수 있었기 때문이다. 아버지는 나를 위해 밑줄이 그어진 공책에 한자를 쓰고 한글로 글자의 의미를 적으셨다. 그리고 다음날 과제를 점검하고 점수를 매기셨다. 한 달이 넘었을 때 약 200개의 글자가 쌓였으나 나는 이미 암기했던 글자들을 기억할 수 없었고 아버지는 이를 중단하셨다. 그러나 이 때 아버지께 한자를 배운 덕분에 내 나이 60이 넘은 지금까지도 수십 개의 한자는 나의 기억 속에 남아있다. 나는 아버지께 몇 개의 한국전통노래인 타령을 배워 암기하고 있는데 이를 자랑스럽게 생각한다. 이 때 배운 타령가사는 그가 쓴 『조선문학사』에 기록되는데 아버지의 전집 제1권에 실려 있다. 유감스럽게도 우리 카자흐스탄에는 한국민요를 부르는 일이 날이 갈수록 아주 적어지고 있다. 한국음악을 연주하는 일은 매우 드물고 새로운 한국음악을 작곡하는 사람은 아무도 없다. 젊은 세대는 모국어를 모른다. 나는 한국의 도움으로 이러한 단절이 메워지고 모국문화에 대한 관심이 부흥되기를 희망한다.

다시 전쟁 전의 시기로 돌아가고자 한다.

재난과 상실의 시기

(강제이주-감수자 주) 다음 해인 1938년이 우리 가족을 뒤 흔들어 놓을 것이라는 것을 우리는 생각하지 못했다. 러시아어를 한 단어도 이해하지 못하는 나는 새 학기가 되자 앞서 언급한 바로 그 학교의 6학년에 편입되었다. 그러나 학교 교육은 러시아어로 진행되었다. "민족학교의 재편성에 대하여"라는 소련공산당 중앙위원회의 결정서와 카자흐스탄 사회주의연방공화국 인민위원회 결정서 No.583에 의해 원동에서 강제이주된 한인학교, 전문대학, 대학은 여타의 민족교육기관들과 마찬가지로 폐쇄되었다. 바로 이런 식으로 사람들을 바꾸려하는 시도가 시작되었고, 그 결과 현재 민족문화가 상실되었고 민족은 모국어를 빼앗기게 되었다. 젊은이들과 심지어 중년 세대도 모국어를 알지 못한다.

1937~1938년의 학기가 아버지 직업경력의 마지막 해가 되었다. 그의 나이 이미 58세였다. 이 나이는 거의 연금생활자의 나이였으나 한국과 중국에서 일한 경력은 인정되지 않았다. 어머니는 불과 55(45-감수자 주)세에 불과한데, 만일 아버지를 좇아 이 나라에서 저 나라로의 유랑생활을 가정주부로서의 생활이라고 한다면 어머니는 평생 가정주부였을 뿐이다. 그리하여 우리 부모님은 연금 수령자의 자격을 부여받지 못했다. 원동에 있는 어느 고문서보관소에서 소비에트시기에 일한 정확한 경력 자료를 찾아낼 수는 있다. 60세가 되었을 때 아버지는 일하신 경력에 대한 자료를 모으기로 결심하고 이만市에서 일한 사실을 증명해 줄 것을 동향인들에게 요청하였다. 1940년 4월 29일자로 써진 기록이 보관되어 있다.

계봉우 동무가 원동의 이만시에 거주하면서 소학교 및 성인들을 위한 학교에서 1922년 12월부터 1923년 10월까지 일한 것이 사실이며 이를 확증합니다.

나는 신문 『레닌 기치』에서 문예원고 담당자로 일하는 남해룡입니다.

남해룡 동무의 서명을 확인함

『레닌 기치』 주필(서명은 알아보기 어려움)

근무경력에 대한 자료들을 모은 노력 끝에 아버지는 1950년대까지 매 달 28루블의 보조금을 받게 되었다.

이주된 후 형 데니스는 농업전문학교에서 공부했고 나는 초급학교에 있었다. 아버지의 엄격한 감시가 없었고 수업을 전혀 알아들을 수 없었던 나는 학업에 흥미를 잃고 아이들과 거리에서 노는데 열중했다. 마치 나의 아버지가 내 나이에 할아버지를 잃으시고 난 후에 하신 것처럼! 이 시기 가족의 유일한 대들보는 쏠로추프 마을의 꼴호즈 학교에서 교사로 일하던 형인 태림이었다.

우리에게까지 제2차 세계대전이 시작되었다는 소식이 들려왔다. 아버지는 핀란드 전선에서 소련군이 패배했다는 소식에 심히 걱정하셨고, 유럽에서 일어나는 사건들과 관련하여 지도를 살펴보셨으며 『레닌 기치』 신문을 진지하게 읽으셨다. 전쟁은 우리 가족을 더욱 어려운 상황으로 몰아넣었고 시간이 지나감에 따라 더욱 굶주리게 되었다. 가게에서 한 사람에게 빵 한 개만을 팔았고, 다음에는 2킬로그램씩을 팔았다. 그리고 그 다음에는 빵 배급표를 나누어 주는 체계로 바뀌었다. 그러나 이보다 더 어려운 일들이 우리 가족 앞에 기다리고 있었다.

1943년 나는 노동전선으로 동원되었고 부모님은 쏠로추프 마을에 있는 큰형 집으로 가셨다. 만일 그들에게 역경을 극복하는 타고난 익숙함이 없었다면 이 대가족(당시 형에게는 이미 어린아이가 둘 있었다)은 전쟁을 견뎌내지 못했을 것이다. 아이들부터 어른까지 모두 쉬지 않고 텃밭에서 일했고 야채를 키웠다. 어머니는 이것을 우흐타에 있는 나에게 소포로 보내셨는데 이로 인해 나는 살 수 있었다. 나의 형 태림의 운명을 보면 이 텃밭들을 어떻게 얻었는지를 알 수 있다. 그는 황무지를 스스로 개간하여 그곳에 벼를 심고 파종한 씨앗이 잘 자랄 수 있도록 날씨의 변화에 관계없이 차가운 간선수로를 통해 물을 댔다. 그러다 그는 감기에 걸렸는데 이것이 만성적인 늑막염으로 되었다. 당시에는 항생제를 구하기 어려웠다. 오랜 동안의 고통스러운 투병생활에도 불구하고 형은 1949년 35세의 나이로 세 자녀를 남긴 채 사망했다. 당시 나는 우리 모두에게 소중한 돌아올 수 없는 형을 잃은 아버지가 그토록 슬픔에 찬 눈물을 흘리는 것을 처음 보았다. 형은 자신의 생을 바침으로써 우리 가족을 혹독한 전쟁시기에서 건져냈던 것이다.

형이 죽은 지 일 년이 지나 우리 가족은 크즈일오르다로 돌아왔고 나는 그곳의 대학에서 공부하였다.

은둔자

1946년 내가 북쪽으로부터 돌아왔을 때 아버지가 전혀 변한 것이 없다는 것을 알았다. 그는 이전과 마찬가지로 여전히 시간의 대부분을 자신의 책과 원고를 쓰는데 할애하고 있었다. 그리고 나는 우리 집에 있던 한국식 난방인 따뜻한 온돌방에 앉아서 노트와 원고와 씨름하고 계시는 많이 늙으신 아버지를 보았다. 그는 항상 무엇인가를 썼다. 나는 나중에서야 아버지가 많은 저술을 집필하였다는 것을 알게 되었을 뿐이다! 카자흐스탄에서 아버지는 자신의 가장 중요한 작품들을 쓰셨다: 두 권의 시 모음집 『조선문학사』(1948~1949년), 『조선말의 되이진 법』(1955

년), 그리고 『니야기 모음』을 작성하셨다. 아버지는 그의 책들이 언젠가는 필요하여 요구되어질 것이라는 것에 대한 어떠한 기대도 하지 않으면서 심지어 그의 나이 70이 훨씬 넘어서도 묵묵히 자신의 작업을 계속해 나갔다. 어머니는 아버지에게 종종 "당신 책들이 누구에게 필요한가!"라고 화를 내시면 아버지는 "언젠가 이것들이 필요할 것이야. 이곳에 내 모든 자산이 들어있어"라고 답하셨다.

1951년 대학교를 마친 나는 좌낙크오르간스키 지역의 마을인 튜멘-아르이크의 역사 교사로 배치되었다. 1952년에 부모님은 나에게 오셨고 나와 함께 1957년까지 함께 사셨다. 당시 아버지 나이는 70을 넘기셨는데 정정하고 건강했다. 아버지는 시간이 날 때면 항상 온돌 바닥에 앉아서 삐걱거리는 낮은 책상에 기울여 글을 쓰셨다. 당시 내 나이 30살로 나는 아직 젊었는데 이때는 이미 아버지가 어떠한 사람인지를 이해할 수 있었다. 나는 아버지가 종종 펜을 놓고 작은 창문을 통해 멍하니 바라보며 무엇인가를 생각하시던 모습이 애절하게 떠오른다. 당시 아버지의 나이가 되어버린 나는 지금 아버지가 당시 무엇을 고민하셨을까 궁금하다. 조국에 대해서? 아버지가 쓴 책의 운명에 대해? 투쟁할 때의 친구들과 동지들에 대해? 이제야 나는 아버지가 염려하시던 심중을 헤아릴 수 있을 뿐이나.

1950~1952년이었을 때 부모님은 크즈일오르다에 사셨는데 아버지는 큰 딸인 계화림과 함께 조국으로 돌아가시길 그렇게도 원하셨다. 이 때문에 심지어 누나의 가정에 불화가 일기도 했다. 아버지는 누나에게 큰 기대를 걸고 있었다. 화림은 교육받은 여성이었고 모국어와 러시아어를 아주 잘 했으며 한자도 술술 읽었기 때문이다. 당시 아버지의 젊은 친구인 김두봉은 훌륭한 언어학자이었으며, 북조선 최고인민회의 의장이었다. 아버지는 그와 서신교환을 하였다. 두 분은 만남을 희망했는데 이 만남은 이뤄지지 않았다. 김두봉이 다른 많은 사람들처럼 김일성의 "적"이라는 명단에 들어 있었고 탄압을 받았기 때문이다.

출판 시도

나는 아버지가 고통 받는 것을 지켜보면서 아버지를 돕고자 노력하였다. 스탈린이 사망하고 1956년 소련공산당 20차 당대회에서 후르시쵸프가 스탈린의 개인숭배를 비판하는 보고서를 발표한 후, 우리는 마침내 나라 안을 자유롭게 다닐 수 있게 되었다. 나는 모스크바에 가서 아버지의 저술들의 출판을 시도해봐야겠다는 생각이 들었다. 나는 전쟁 전 "20주년기념 전(全)레닌공산주의 청년동맹학교"에서 함께 일했던 아버지의 동료 김진호에게 도움 받기를 기대했었다. 그는 외국문학출판사에서 일했다. 1956년 겨울방학 때 나는 수도인 모스크바로 향했다. 그러나 나의 희망은 이루어지지 않았다. 아버지의 친구는 우리에게 아무 도움도 줄 수 없었기 때문이다.

이렇게 되자 나는 북조선 대사관에 문의하기로 결심했고, 직접 대사를 만나기를 원했으나 2등서기가 나를 맞이했다. 그는 이런 저런 설명을 하면서 평양에 있는 과학아카데미에 넘길 것이니 원고들을 놓고 갈 것을 제안했다. 나는 생각한 끝에 그렇게 하지 않기로 했다. 오늘날의 실정을 생각해 볼 때 당시 내가 북조선 대사관에 원고를 넘기지 않은 것은 잘 한 일이었다. 그러나 당시 나는 매우 괴로웠다. 아무런 성과도 없는 모스크바 여행은 아버지를 슬프게 했을 것이 분명했기 때문이다. 그러나 아버지는 나에게 아무 말씀도 하지 않으셨다. 나는 북한 대사관에서 받은 "모란봉" 담배 한 갑을 아버지에게 선물했다. 조국에서 온 이 작은 기념품이 아버지의 마음을 더욱 자극했다는 것을 알게 되었다. 향수로 인하여 아버지는 편안하지 않았는데 내가 보관하고 있는, 이제는 알아보기 어려운 아버지의 마지막 편지들이 이를 말해 준다. 이 편지들에서 아버지는 북조선의 지도자들에게 그가 조국으로 돌아갈 수 있게 도와달라고 호소하고 있다. 그러나 답장이 없었다. 조선에서는 전쟁이 일어났고 북조선 정부는 아버지에게까지 신경 쓸 겨를이 없었던 것이다.

아버지는 한국풍습을 진정으로 숭배했는데, 한국풍습에 따르면 부모는 막내 또는 장남과 살아야만 했다. 1957년 나의 아버지와 어머니는 크즈일오르다로 돌아가서 이제 장남이 된 계정림(우리는 그를 데니스라고 불렀다)과 함께 살기를 원하셨다. 그곳 크즈일오르다에서 1959년 7월 5일 80세의 나이로 생을 마감하셨다. 나의 어머니 김야간은 1968년에 돌아가셨다. 우리는 옛 그즈일오르다 묘지에 부모님을 모셨다.

〈그림 7〉 아버지와 어머니. 1952년.

원고는 불에 타지 않았다. 그러나……

아버지의 유산인 책과 원고들은 누나인 화림이 죽을 때까지 30년간을 보관하였다. 그러나 누나에게는 아버지의 유산을 보관할 적당한 장소가 없었다. 아버지가 잉크로 질이 좋지 않은 낡은 종이에 쓴 원고들은 습기로 인하여 번졌다. 게다가 다른 방해물들이 있었다 — 습기, 쥐, 좀벌레. 세월이 흘렀고 누나는 1989년 사망했다. 귀중한 유산은 나에게로 넘어왔다. 그러나 비록 내가 아버지께서 전 생애동안 써놓으신 저술들의 장래를 매우 걱정했을지라도 나 또한 아무것도 할 수 없었다.

나는 아버지의 유산을 보관하거나 또는 출판해 줄 것을 모스크바와 레닌그라드의 도서관에 요청했으나 이뤄지지 않았다. 예를 들어 소련과학아카데미 동방학 레닌그라드연구소 원고담당 분과(레닌그라드 도서관은 나의 요청이 담긴 편지를 이곳으로 넘겼다)는 그곳은 한국고문헌만을 보관하기에 아버지의 저술은 받을 수 없다고 나에게 답변해왔다.

아버지 일과 관련하여 다소 긍정적인 답변이 왔다. 1957년 1월 3일자로 소련과학아카데미로부터 나에게 편지가 왔는데 전문을 적으면 다음과 같다.

> 존경하는 계학림 동무!
>
> 1956년 10월 20일자 귀하의 서신에 대한 답변으로 소련과학아카데미 동방학연구소는 귀하 부친의 원고 『동학당 폭동』과 『조선역사』가 본 연구소 도서관에 보관되어 있음을 알려드립니다. 이 원고들은 한국분과의 한 회의에서 논의되어졌는데, 논의 결과 한국분과는 다음과 같은 결론에 도달했습니다 :
>
> 1. 잘 알려지지 않았거나 잘 알려진 한글과 한자로 써진 많은 한국학 문

헌들을 기초로 하여 쓴 원고들로서 계봉우 동무의 저술은 일정한 학문적 의미를 지니고 있습니다.

2. 그러나 이 저술들이 20년 전에 쓰여졌고 이 글들에는 최근 20년 동안의 소비에트 및 세계 한국학의 업적이 들어가 있지 않음으로 인해 이 저술들을 원본 그대로는 출판할 수 없습니다. 게다가 계봉우 동무의 저술들은 방법론적으로 일관성 있게 유지되고 있지 않으며 기술되고 있는 사건들과 시기의 올바른 사회경제적 특성 등이 부재합니다. 원고들의 큰 단점으로는 마찬가지로 그곳에 저자가 집필 시에 참고한 근거자료인 과학적 자료가 불충분하다는 점입니다.

귀하가 귀하의 편지에서 쓴 계봉우 동무의 다른 저술들과 관련해서는 우리가 읽어보지 않았기에 뭐라 말씀드리기 어렵습니다.

답변이 늦어져 죄송하다는 말씀을 드립니다. 많은 양의 한자와 한문 인용문 그리고 옛 한글로 써진 원고를 읽는데 연구소 동료들에게 많은 시간이 필요했기 때문입니다.

소련과학아카데미 동방학연구소 부소장, 경제학박사 E.Ф. 코발레프

연구소 학문비서, 역사학박사 П.П. 부세프

모든 지적은 옳고 정당하다. 과학적 저술, 특히 학위논문을 쓸 때는 그래야만 한다. 그러나 한 가지 고려되지 않은 것은 어디에서 그리고 어떠한 조건에서 계봉우의 글이 쓰여졌는가 하는 점이다. 쏠로추프와 튜멘-아르이크에서 거주하는 상황 — 게다가 러시아어와 다른 유럽어를 모르는 — 은 아버지로 하여금 "최근 20년 동안의 소비에트 및 세계 한국학" 저술들을 접할 수 없게 만들었던 것이다. 사건들을 직접 목격한 아버지의 증언들은 의미를 갖지 못하고 무시되었던 것이다. 내가 위 편지를 소개한 것은 다른 사람들이 아버지의 저술들에 대해 관심이라도 갖도록 하는 일이 나에게 얼마나 어려웠는지를 보여주기 위함이다.

그러나 얼마 후 나는 동방학연구소로부터 같은 해인 1957년 하반기에 조선관련자료특집(언어학과 문헌학)을 발간하려한다는 편지를 받았다. 동방학연구소 한국분과장인 И.С. 카자케비치는 이 자료모음집을 위해 아버지의 저술 중에서 원고 하나를 보내줄 것을 제안해 왔다. 그러나 연구소의 이러한 요청을 우리는 '기술적인 이유'로 인하여 수행할 수 없었다. 우리는 '원고들의 때가 올' 때까지 원고들을 보관해야 했다.

마침내 소련과학아카데미 동방학연구소로부터 아버지의 원고들을 그곳에 선물로 줄 것을 제안하는 편지를 받았다. 사회주의국가 분과장인 И.С. 카자케비치는 다음과 같이 썼다.

> "50년대 말 우리는 존경하는 귀하의 아버지와 서신교류를 하였습니다. 당시 어떤 이유로 서신교류가 끊겼는지 나는 말할 수 없습니다(아버지는 1959년에 사망하셨다 — 저자) …… 그의 모든 원고가 보관되어 있다니 다행입니다. 그리고 우리는 그 원고들을 동방학연구소에 기증하겠다는 귀하의 결정에 기뻐하고 있고, 이곳에서는 현재 귀하의 아버지를 기억하고 존경하고 있다는 점을 말씀드립니다. 우리가 원고들을 받게 되면 도서관에 귀하의 아버지 이름의 문서군을 만들어 보관하겠습니다(이 도서관에는 이미 동학에 관한 원고가 하나 있습니다). 전문가들에게 연구할 기회가 주어지는 것이며 저술들의 일부를 출간할 기회도 있을 수 있습니다. 아직은 이에 대해 말하기 어렵지만 어찌되었든 간에 원고들은 저자의 이름 — 즉 귀하의 아버지 — 으로 인용되어 사용될 것입니다"

1984년 3월 봄 방학 때 나는 모스크바로 출발했고 연구소 부소장이며 아카데미 회원인 김 게오르기 표드로비치의 참석 하에 사회주의국가 분과장인 И.С. 카자케비치에게 다음의 아버지의 저술들을 전달했다 : 『조선말의 되어진 법』, 『조선문법』, 『고려가악사』, 두 권으로 된

『조선문학사』, 『종래 조선의 토지문제』, 두 권의 『통속문학집』 그리고 세 권의 『조선역사』.

몇 년이 지나 나는 동방학연구소를 방문하였는데 모든 원고들이 보관되어 있고 연구소 직원들과 대학원생들에 의해 한국의 역사, 문학, 언어학의 학문적 연구를 위한 1차 자료로 이용되고 있다는 사실을 알게 되었다. 언젠가 아버지의 저술들이 필요할 날이 올 것이라고 어머니에게 하신 아버지의 말씀이 옳았던 것이다.

1988년 아버지 원고들의 운명에 대한 나의 질문에 연구소 언어분과 상급연구원인 Л.Р. 콘체비치는 다음과 같이 나에게 답변해 왔다.

> 저명한 조선 역사학자이며 언어학자인 존경하는 귀하의 부친인 계봉우의 원고작품들은 소련과학아카데미 동방학연구소 문서보관소에 소중히 보관되어 있습니다. 일군의 전문가들이 이 원고들을 접하고 있습니다. 나 스스로가 조선어학자이기에 조선어와 조선문학에 대한 귀하 부친의 원고들을 살펴보았습니다. 현재 급격한 조선학의 발전이 있었는데, 낡은 전통적 형식으로 써진 계봉우의 작품은 비록 이 작품들이 풍부한 사실적 자료들을 담고 있다고 할지라도 낡아버린 것입니다. 오늘날 게다가 한자와 함께 써진 그 원고들을 출판한다는 것은 그 가능성이 없습니다. 외국, 즉 남한에서 한국어 문법 시리즈가 출판되고 있는 것은 사실입니다. 그 시리즈물에는 소비에트 학자들에 의해 써진 문법을 제외하고는 이전의 모든 문법들을 담고 있습니다. 만일 귀하께서 반대하지 않는다면 나는 적당한 학문기관들과 접촉하여 귀하 부친의 원고들 중 하나를 원 상태 그대로 출판하고자 노력하겠습니다. 어쨌든지 간에 계봉우의 작품들은 우리 과학사에 중요한 자산으로 남을 것입니다. 기회가 닿는 한 그것들은 연구되고 인용될 것입니다. 아마도 시간이 지나면 그것들에 대한 개괄논문도 써질 수 있을 것입니다

Л.Р. 콘체비치는 계봉우의 모든 경력을 보내 줄 것을 요청하였고, "귀하 부친의 훌륭한 업적과 그의 노력은 잊혀 지지 않을 것이다"라는 내용을 첨부한 아버지에 대한 논문을 쓰겠다고 약속하였다.

새로운 시대

페레스트로이카의 시대가 되자 국제관계가 해빙기를 맞이했고, 많은 소비에트 고려인들이 북조선으로 여행을 떠나기 시작했다. 그러나 1992년 외교관계가 맺어지기 전까지 남한으로부터 카자흐스탄 온 사람은 없었다.

소련을 방문한 최초의 한국학 학자들 중 한 사람이 한국국적 소유자이며 헬싱키 대학교의 교수인 고송무였다. 그는 모스크바에 머물면서 동방학연구소에서 나의 아버지에 대해 알게 되어 1990년 나와 관계를 갖게 된다.

〈그림 8〉 고송무 교수

1993년 5월 우리는 크즈일오르다의 데니스 형 집에서 그를 만났는데, 그는 8월 30일 토메나르이크에 있는 우리 집을 방문하여 3일을 손님으로 머물렀다. 나는 그에게 아버지의 원고인 『함흥민요』, 『북방민족의 말』, 『우리말과 카자흐 회화집』을 그에게 넘겨주었다. 유감스럽게도 1993년 8월 말 튜멘-아르이크에서의 고송무와의 두 번째 만남이 마지막 만남이 되고 말았다. 1993년 9월 21일 역량을 한창 꽃피울 학자는 비극적으로 생을 마감하였다. 그가 사망한 이후 그에게 전달했던 원고 일부는 되돌려 받게 되었다. 그러나 고송무가 동방학연구소의 언어분과장인 Л.Р. 콘체비치 교수에게 받은 『조선말의 되어진 법』과 『조선문법』은 어디에 있는지 아직 알 수 없다.[6] 나는 이들 원고가 한국에 있는 고송무 교수의 부인에게 있거나 알마티에 있다고 생각한다. 아버지의 전기 『꿈속의 꿈』은 알마티에 살고 있는 박 넬리의 말에 따르면, 고송무가 사망한 후 고송무 부인에게 그녀가 전달했다고 한다. 그러나 원본은 사라졌다. 나는 이르건 늦건 간에 이 책들이 책을 취급하는 암시장에 나타날 것이라고 생각한다. 나는 언어학 영역에서 『조선문법』(1947년, 170쪽)과 『조선말의 되어진 법』(1955년, 178쪽) 이 두 권이 아버지의 가장 탁월한 연구물이라고 생각한다. 나에게는 고송무가 이 책들에 대해 1993년 7월 1일 서울에서 언어학 연구자들의 잡지에 보고한 보고서의 사본만이 남아 있을 뿐이다(잡지 『한글소식』 №251, 24쪽, "한글 새소식" 참조).

조상의 조국에서

아버지 원고들과 관련된 모든 슬픈 역사에도 불구하고 1995년은 나의 인생에서 가장 좋은 해이다. 1995년 8월 대한민국 정부는 광복 50주년 기념행사에 나를 서울로 초대하였다.

---

6 계학림은 2011년 8월 인하대 한국학연구소에서 주최한 학술회의에 참석하였을 때, 고송무 교수를 도왔던 카자흐스탄 알마티의 박 넬리 교수에게 이 책이 있다는 것을 거의 확신한다고 역자에게 말했다—역주.

나는 몹시 두근거리는 가슴으로 아버지에게 사후에 추서된 "독립장"을 받았다. 이것은 나에게 아버지 사후 36년 동안 내 인생에서 가장 자랑스럽고 잊을 수 없는 순간이었다. 이러한 일은 나는 꿈조차 꿀 수 없었던 것이다! 대한민국 정부는 아버지의 공적을 그렇게 높게 평가했던 것이다! 이 훈장은 단지 아버지의 공적만을 인정하고 있는 것이 아니다. 이 훈장은 아버지가 겪은 모든 고통, 오랜 세월 반 굶주린 생활, 위험한 혁명 활동, 체포, 유배, 감옥생활, 가족에게 있었던 지속적인 위협과 때때로 있었던 오랫동안의 가족과의 이별이 헛된 것이 아니었다는 것을 인정하고 있는 것이다. 카자흐스탄의 조그만 시골마을에서 유형이라는 고통과 희망이 없던 시기에 아버지가 말한 아버지의 꿈이 실현된 것이다 : 그의 책의 시대가 도래한 것이다!

서울에서 체류기간에 아버지의 활동과 생애를 연구하는 많은 학자들과의 만남은 나를 행복하게 했다. 윤병석 교수, 조동걸 교수, 반병률 교수, 모스크바에서 온 박 미하일 교수와 여러 사람들은 아버지와 아버지가 한국학에 기여한 것에 대해 정답게 말했고, 아버지에 대한 몇

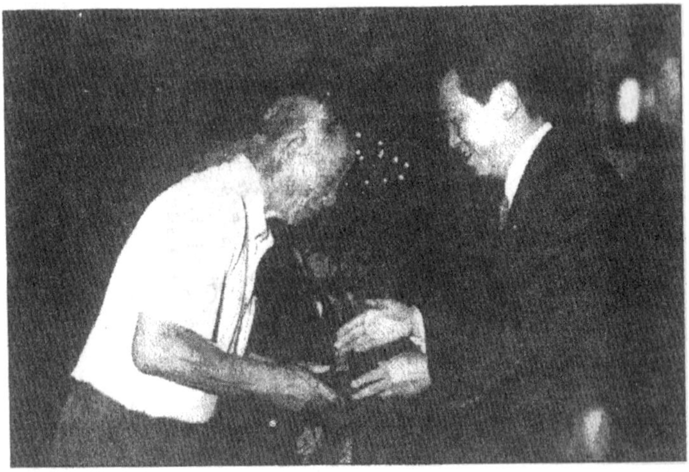

〈그림 9〉 1995년 8월 16일. 서울 훈장 수여

권의 책을 나에게 선물했다. 이 책들로부터 나는 아버지의 생애에 대해 많은 새로운 것을 알게 되었다. 아버지는 사람들이 그를 기억하고 그의 저술들이 필요하게 될 것이라는 점을 잊지 않으셨던 것이다. 이 것을 안다는 것은 나에게는 기쁨과 동시에 슬픔이었다. 아버지가 한평생을 바친 저술들이 그토록 늦게 인정되었던 것이다!

〈그림 10〉 왼쪽부터 저자, 박 미하일 니콜라예비치 교수(모스크바), 윤병석 교수(한국). 1995년 8월 서울.

〈그림 11〉 첫째 줄 : 왼쪽 반병률 교수, 오른쪽 조동걸 교수. 1995년 8월 서울.

내가 생각하지 않았던 가장 뜻밖의 일은 서울에서 일가들을 만난 것이었다. 계주앙은 서울에서 발행되는 신문에 실린 나의 인터뷰를 읽고 어렵지 않게 나를 찾아냈다. 우리는 한 평생 동안 우리에게는 일가가 없는 것으로 — 적어도 소련연방 내에서는 — 알고 있었는데, 갑자기 이런 뜻밖의 기쁜 만남이 찾아온 것이다! 서울에 있는 일가들에게 아버지의 활동은 새로운 발견이었다. 그들은 큰 관심을 가지고 아버지에 대한 나의 얘기를 경청했다. 어느 한 날은 나를 위해 서울에 있는 한 레스토랑에서 점심 모임을 가졌다. 이 만남에 대한 추억은 계씨 집안 신문에 몇 장의 사진들과 함께 실렸다. 헤어질 때 그들은 두 권의 계씨 집안 족보를 나에게 선물했다.

서울 여행에서 많은 추억이 남았다. 한국을 다녀 온 후에 『고려일보』 신문에 "조상들의 조국에서의 8일"이라는 나의 자그마한 기사가 실렸다. 바로 얼마 후에 "대한민국 독립 50주년 기념식" 카세트테이프가 나에게 송달되었다.

〈그림 12〉 계씨 종친들과 함께. 서울. 1995년 8월 서울.

추억

서울에서 돌아온 후 나는 내 인생을 완전히 바꾸기로 결심했다. 44년 동안 바쳤던 내가 사랑했던 일을 그만 두고, 1995년 11월 내 젊은 시절의 도시인 크즈일오르다로 이사했다. 이사한 이유는 두 가지인데, 한 가지는 친척들과 가까이 살고 싶었고 다른 한 가지는 아버지의 정신적 유산을 적극적으로 홍보하기 위함이었다. 나는 언론인, 학자, 3호 중등학교 학생들을 만나 아버지의 생애와 활동에 대해 말하였다

1989년부터 시작하여 계봉우에 대한 수십 편의 기사가 『고려일보』, 『크즈일오르진스크키예 베스찌』, 『크즈일오르다』 및 『노바야 크즈일오르다』 신문들에 실렸다. 크즈일오르다 시민들에게 계봉우가 어떤 인물인지와 그를 통해 한인 디아스포라에 관심을 갖게 하는 최초의 발행물 중의 하나인 기사 「망각해서는 안 된다」가 있다. 나의 동료이자 토메나르이크 마을에 위치한 53호 중등학교 여교사인 C. 일리야소바가 쓴 것으로 기억되는데 여기에 전문을 적는다.

> 옛 러시아 묘지에 내전의 영웅이며 빨치산 부대 지휘자인 홍범도의 묘소 옆에 나란히 소박한 묘비에 사진과 비명이 적힌 계봉우의 묘가 있다. 눈에 띌 것 없는 평범한 묘비는 드물게 모든 사람의 시선을 머물게 한다. 사람들은 말하기를 시간은 모든 사람들을 정당하게 평가하게 만든다라고 한다. 어떤 이에게는 불멸을, 어떤 이에게는 불명예를. 그러나 계봉우는 얼토당토않게 세 번째인 — 망각 — 으로 운명 지어졌다. (…중략…)
>
> 계봉우는 조선의 한 지방의 가난한 농민가정에서 태어났다. 하늘은 그에게 비범한 재능을 선사했다. 때문에 그는 특별한 어려움 없이 사립 중학교를 마치고 18살에 교사가 되었다. 1910년 일본에 의한 조선의 합병은 그를

선택의 기로에 서게 만들었다. 굴종이냐 투쟁이냐. 그는 두 번째를 택했다. 젊은 교사는 조국을 떠나 오랜 세월 중국에 머물렀다. 이민생활에서 계봉우는 교사로 일하고 민족해방운동에 적극적으로 참가한다. 그리고 …… 자신의 최초의 학문적인 결과인 조선역사와 지리 교과서를 발간한다.

젊은 한인망명자의 정치활동은 걸출하였다. 1919년(1916년 — 감수자 주) 그는 일본경찰에 체포되고 서울로 이송된다. 여기에서 그는 인적이 드문 지역인 영흥으로 경찰의 감시하에 4년 동안 유배된다. 이 시기에 계봉우의 정치적 신념이 결정되어진다. 1920년 그는 한인사회당에 입당하고 상해에서 한국임시정부 건설에 참가한다. 또한 바로 이 시기에 그는 새로 설립된 정부의 방침에 따라 학업을 위해 모스크바로 떠난다. 학업을 마친 후 조국으로의 길은 폐쇄되어 있었다. 그곳에는 젊은 공산주의자의 죽음을 기다리고 있었던 것이다. 계봉우는 극동에 남을 수밖에 없게 된다. 그러나 이곳에서도 그는 일을 멈출 수 없었다. 그의 삶은 죽을 때까지 일과 함께 했다. 그는 조선인청년회 잡지인 『새사람』의 주필이 되었고, 동시에 대학을 준비하는 학교와 몇몇 한인학교에서 한국어를 가르친다. 계봉우는 학문적 연구를 위해 시간을 할애한다. 조선어 문법교과서, 독본 『붉은 아이』, 『고려인의 구력과 명절의 미신』이 잇따라 발행된다. 그는 열정과 창조적 사고로 충만되어 있었다. 그러나 1937년은 모든 것을 무너뜨렸다. 스탈린 탄압이라는 피의 회오리바람은 고려인들을 포함하여 나라 안의 많은 민족들을 쓸어버린다. 계봉우는 크즈일오르다로 강제 이주된다. 공포와 혼돈이 그의 낙천적인 성격에 타격을 가하였음에도 불구하고 그는 고려인 학교를 개설하기 위해 허가받으려 노력한다. 허가는 받았으나 학교는 잠깐 동안만 존재하게 된다. 1938년에 학교 폐쇄명령이 떨어졌던 것이다. 아이들을 가르치는 것 이외에 다른 것은 생각하지도 않았던 사람에게 이것은 비극이었다. 그는 14년이라는 긴 시간을 문자 그대로 고행자의 삶을 산다. 이 도시에서 저 도시로 이 마을에서 저 마을로 자주 이사를 한다. 그림에도 불구하고 그는 자기 생애의 가장 중요한 일 — 교육자로서의 삶 — 을 버리지 않는다. 생의 마지막 5년을 계봉우는 튜멘-아르이크에서 보낸다.

등유 램프의 희미한 불빛이 종이를 비추고, 이 종이에 노인의 힘없는 손이 수수께끼 같은 한자를 적어 나간다. (…중략…) 1984년부터 계봉우의 모든 원고는 모스크바에 있는 소련과학아카데미 동방학연구소에 보관되어 있다. 생각건대 그 원고들의 시대가 돌아왔다. 이 소박한 묘비에서 떠나려고 서두르지 마십시오. 진실로 고귀한 영혼인 이 묘비 앞에 머리 숙여 경의를 표하십시오

『레닌의 길』, 1990.3.13

이 기사를 뒤이어 십여 편이 넘는 기사가 공화국, 지역 및 도시 신문들에 실렸다. 나는 이 기사를 쓴 고가이 레프, 최 발렌티나 마찬가지로『고려일보』,『크즈일오르진스키예 베스찌』,『노바야 크즈일오르다』의 편집진들에게 계봉우에 대한 사회여론 형성과 특히 우리민족의 역사와 역사 일반의 교양육성에 적극적으로 노력해 준 것에 대해 감사드린다. 출판물과 함께 지역 텔레비전과 라디오 방송국이 적극적인 역할을 하였다. 아버지에 대한 나의 이야기는 "제2의 조국"이라는 다큐멘터리 필름으로 지역방송국 기자들에 의해 제작되었고, 카자흐스탄으로의 한인 강제이주 60주년을 맞이하여 공화국 채널인 "하바르"에서 방영되었다.

아버지 계봉우에 대한 기억을 영원히 보전되게 하는 과정에서 나에게 가장 어려운 일은 부모님의 시신을 좋은 장소로 이장하는 일이었다. 이 계획을 1995년부터 시도하였다. 계봉우의 후손인 모든 친족들이 나의 의견에 찬성하였다. 부모님이 안장된 묘지의 일부가 방치되어 관목들이 자라고 있었는데 이것이 우리를 괴롭게 했다. 무덤까지 접근하기도 어려웠다. 이것은 부모님에 대한 불효였던 것이다. 우리의 관습에 따르면 민족전통 절차를 엄격히 준수하면서 이장해야 한다는 것

을 젊은이들에게 알려주고자 한다. 아버지와 같은 유사한 삶을 살은 한국의 영웅 "붉은 장군" 홍범도 역시 세 번을 이장하였다.

재정적인 문제는 전혀 큰 어려움이 아니었기에 우리는 모두 함께 이장을 결정할 수 있었다. 이 묘지는 물이 솟구쳐 올라 종종 물이 매우 높게까지 찼기 때문에 우리를 불안하게 했다. 따라서 우리는 시당국의 도움 하에 필요한 모든 일을 수행하기로 결정했다. 1998년 10월 10일 장엄한 장례식이 치러졌다. 대한민국 대사 이영민, 도시 사회단체 대표들과 학생들을 초빙하였다. 대사는 이 행사에 서신을 보냈는데 다음과 같이 썼다.

> 존경하는 계학림과 영웅 계봉우의 후손 여러분!
>
> 무엇보다도 먼저 초빙해주신데 대해 감사드리고자 합니다. 나는 영웅 계봉우 후손들의 노력에 감사드리며 진심으로 기쁘다는 것을 말씀드립니다. 투사에 대한 기억과 그의 공적에 대한 기억은 후손들에게 영원할 것이며 자손대대로 이어질 것입니다.
>
> 계봉우와 같은 그러한 영웅들의 자기희생적인 위업으로 인해 대한민국은 독립을 쟁취하였고 국민들은 항상 이 영웅들과 크즈일오르다 동포들을 기억하고 존경할 것입니다.
>
> 나는 이 행사에 참여하지 못함을 매우 유감스럽게 생각합니다.
>
> 이 기회를 빌어 본 행사가 무사히 치러지기를 바랍니다.
>
> 존경을 표하며,
>
> 이영민 카자흐스탄 대한민국 대사

현재 한국의 두 영웅인 나의 아버지와 홍범도를 기리는 기념관이 건설되고 있다.

1997년 계봉우 기금이 조성되었다. 이 기금의 내력은 다음과 같다.

〈그림 13〉 아버지 묘소에서 대한민국 대사(가운데). 1996년 5월 21일 크즈일오르다.

기금을 만들고자하는 생각은 오래전부터 있었으나 나는 그것을 어떻게 실현시킬지를 몰랐다. 계봉우 개인에 대한 몇몇 기사들이 출판물에 실린지 바로 얼마 안 된 가을 어느 날 차가이 레오니드 페트로비치가 기금설립 제안을 가지고 나를 찾아왔다. 나는 이에 찬성하였고, 그는 필요한 서류들을 준비하는데 시간과 노력을 아끼지 않았다. 나의 조카이자 계봉우의 손자인 계 레프 알렉세예비치와 나는 재정을 보태었다. 마침내 1997년 10월 계봉우 기금이 설립되었다(등록번호 No.2968-1933). 이 기금의 대표는 차가이 레오니드 페트로비치가 맡았는데, 그는 첫해에 매우 열정적으로 일하였다. 그는 채널 "하바르"에 영상물을 제작하게 했고, 그의 아이디어로 크즈일오르다 국립대학교 박물관에 계봉우기념실을 만들었으며, 한국독립을 위해 투쟁한 투사인 계봉우를 기리는 실천적 학술회의를 조직했다. 이를 준비하는 과정에서 주제는 넓어졌는데, 1998년 12월 2일 개최된 컨퍼런스의 주제는 "지역 고려인 디아스포라 : 과거와 현재"였다. 이 컨퍼런스에서는 계봉우의 생애와 학문저술에 대한 것을 포함하여 많은 흥미로운 보고서들과 소식들이 발표되었다. 현재 기금은 계씨 집안이 관리하고 있다.

1999년 초에 나에게 기쁜 일이 또 찾아왔다. 계봉우 기금의 청원에 의해 바고니코프 거리가 계봉우 거리로 이름을 바꾸게 되었던 것인데, 이에 대해 공화국과 지역신문들이 전했다. 얼마 전 나는 서울로부터 잡지 『한글 소식』 330호를 받았는데, 여기에 김필영 교수의 논문인 「카자흐스탄. 크즈일오르다市의 계봉우 거리」가 실려 있었다. 김 교수는 현재 이 도시에 한인 이름을 딴 거리가 네 개 있다고 언급하고 있는데 다음과 같다. 한국의 영웅 계봉우와 홍범도, 소련영웅 민 알렉산드르, 사회주의 노동영웅 채정학.

마침내 내가 오랫동안 염원했던 다른 꿈이 실현되었다. 1999년 6월 14일 계봉우 거리에 기념판을 다는 경축행사가 열린 것이다. 대리석으로 만든 기념판은 할아버지를 추억하는 선물로 손자이자 학자인 계 예브게니가 준비한 것이다. 내가 아버지의 무덤 앞에 아버지를 기리는 좋은 기념비를 세울 수 있게 된다면 나의 마음은 평안해 질 것이다. 아직까지 나는 아버지에 대한 기억을 영원히 보전하기 위해 내가 할 수 있는 모든 일을 했고 하고 있다.

고백과 감사

나는 1999년 4월 서울에서 열린 대한민국 임시정부 수립 80주년 기념식에 초청되었다. 30명의 대표 중 카자흐스탄에서는 두 명이 초청되었는데, 나와 알마티에 사는 대한민국 임시정부 총리를 지낸 이동휘의 손녀 이 류드밀라였다.

서울 체류기간 동안 받은 감명은 잊을 수 없다. 이 감명들은 항상 내

기억 속에 남아있을 것이다. 조상의 조국에로의 이번 여행이 나의 인생에서의 마지막이 될 것이 분명하다. 비록 이렇게 생각하는 것은 슬픈 일이나 이것은 인생의 준엄한 진실인 것이다. 내 인생 후반기의 모든 기쁨들은 아버지 이름과 연관되어 있다. 우리 가족에게 보관된 아버지에 대한 모든 논문, 모든 텔레비전 방송, 발간된 아버지의 모든 저술들은 새로운 숨을 쉬게 하는 것이며, 일하는데 새로운 활력을 준다.

나는 대한민국과 대한민국의 일부 국민들이 나에게 보여준 관심과 존경 그리고 호의는 아버지 이름과 활동 때문이라는 것을 매우 잘 이해하고 있다. 나는 부모님이 그토록 사랑했고 죽는 날까지 돌아가기를 꿈꾸었던 조국의 해방을 위한 투쟁과 학문에 대한 아버지의 기여가 공적으로 평가받는 날까지 부모님께서 생존하시지 못한 것을 안타까워한다.

나는 최근 아버지의 저술들이 소련에서의 고려인들을 아는데 1차 자료로 사용되고 있고, 현재 아버지의 조국에서 출판되고 있는 것을 기쁘게 생각하고 있다. 독립기념관 한국독립운동사연구소는 1996년과 1997년 두 권의 계봉우 전집을 발간했다. 그 첫 권에는 전기인 『꿈속의 꿈』과 『조선문학사』가, 제2권에는 『조선역사』와 『동학당 폭동』이 실려 있다. 1999년에는 도서출판 학민사에서 『과학의 원수』가 단행본으로 출판되었다.

나의 가족 모두와 계봉우의 후손 모두는 아버지의 저술들을 출판하는데 참여한 학자들과 그의 유작의 연구자들, 특히 존경하는 고송무, 윤병석, 반병률, 조동걸, 김필영, 박환, 김학민과 다른 여러분들의 출판을 위한 엄청난 수고에 대해 진심으로 감사드린다.

아버지에 대한 나의 회고 — 이것은 역사적 운명에 의해 결정되어 버린 독립국가연합에 사는 한인들 중 한 개인의 역사일 뿐이다. 그렇게 그들은 운명 지어졌다. 그들은 역사의 바람에도 꺾이지 않았을 뿐만 아니라 삶에서 자신의 자리를 찾았으며, 밝은 미래와 존중받는 세

〈그림 14〉 왼쪽부터 저자, 박환 교수. 1995년 8월 9일 추멘-아르이크.

상이 올 것을 믿었다. 이러한 사람들은 젊은이들의 본보기가 될 것이다. 이러한 사람들과 이들의 행위가 역사를 만드는 것이다. 과거 없는 현재 없고, 현재 없는 미래는 없다. 고려인들은 자신들의 역사를 알아야만 한다. 내가 자긍심을 갖고 탁월한 인물이라고 확신하는 계봉우와 같은 그런 사람들이 역사의 일부를 구성하는 것이다. 인문학의 다양한 영역에서 그의 지식 범위는 매우 넓다. 그는 산문작가, 시인, 언어학자, 구전문학자, 역사가, 언론인, 사회 활동가 및 혁명가였다. 그러한 사람들을 과거에는 계몽가, 박식자라고 불렀다.

오늘날 독립국가연합에 유명한 학자와 작가들 중 한인들이 적지 않다. 그들 중에는 학술원 회원, 박사, 교수들이 있다. 그러나 그들은 모두 러시아어를 쓰는 이들이다. 나는 한국학자 중 내 아버지의 저술들을 읽을 수 있는 사람을 단지 몇 명을 알고 있을 뿐이다. 이는 모스크바에 있는 학술원 회원 박 미하일 니콜라예비치와 알마티에 있는 박일 교수이다.

아버지의 저술들은 한국의 학자들에게 특별한 관심을 불러일으키고 있다. 나는 시간이 지남에 따라 아버지의 저술들 전부가 출판되고 아버지의 이름이 한국해방운동사에서 뿐만이 아니라 문화사에서도 존중받는 위치를 차지할 것이라고 확신한다.

지나가는 20세기의 마지막 해인 2000년이 왔다. 『고려일보』(2000.1.21)에 따르면 계봉우는 20세기 한국의 위인들에 속했다고 한다.

현재 나의 모든 생각은 2000년 8월 1일 아버지의 탄생 120주년 기념비를 완성하는데 쏠려있다.

〈부록 1〉 계봉우 가계도

	자녀	손자	증손자
계봉우 (1880~ 1959)	딸 계화림 1909년 한국에서 출생 1989년 크즈일오르다에서 사망		
	아들 계태림 1914년 중국에서 출생 1949년 쏠로추베에서 사망	계영자 1938년 메드시스트라市에서 출생 연금생활자, 레닌스크市에 거주함	1. 최 울리야나–아이 둘이 있음 2. 최 알렉산드르–아이 셋 있음 3. 최 리니야–아이 하나가 있음
		계 로베르트 1940년 출생 잠불市에 거주함	1. 계 이고리–아이 둘 있음 2. 계 예브게니–아이 둘 있음
		계 엔게르 1945년 출생 1989년 사망	1. 계 에두아르드–아이 하나가 있음
	아들 계정림 1916년 중국에서 출생 1994년 크즈일오르다에서 사망	계영실 1939년 출생 연금생활자, 크즈일오르다에 거주함	1. 김 마리나–아이 하나가 있음 2. 김 에두아르드–아이 하나가 있음
		계 알렉스 1942년 출생 기계공, 레닌스크市에 거주함	1. 계 블라지슬라프–아이 둘 있음
		계 타차야나 1949년 출생 타시켄트市에 거주함	1. 박 유리 2. 박 예카테리나
		계 니콜라이 1951년 출생 교사, 알마티에 거주함	1. 계 라우라 2. 계 이리나
	아들 계창림 1920년 중국에서 출생 1999년 크즈일오르다에서 사망	계 레프 1944년 출생. 건설기사 크즈일오르다市에 거주함	1. 계 뱌체슬라프–아이 둘 있음 2. 계 빅토리야–아이 하나가 있음 3. 계 비탈리–아이 하나가 있음
		계 블라지미르 1946년 출생 1999년 알마티에서 사망	1. 계 나탈리야
		계 베니아민 1948년 출생 1993년 크즈일오르다市에서 사망	1. 계 블라지슬라프 2. 계 올가
	아들 계학림 1926년 블라디보스토크에서 출생 크즈일오르다에서 거주하고 있음 연금생활자	계 류보비 1950년 출생 기사, 코칸드市에 거주함	1. 신 비탈리 2. 신 빅토리야
		계 류드밀라 1952년 출생	
		계 리지야 1956년 출생. 교사. 케메롭스크 지역 베레좁스키市에 거주함	1. 최 유리 2. 최 에카테리나

〈부록 2〉 계봉우의 저술 목록

1. 국어학 분야

『붉은 아이』, 1924. * 소재 불명.

「고려문전과 나의연구」, 『선봉』 1930.11~12 10회 연재물.

『고려어교과서』 이권 상편, 원동국립출판부, 1932.

『고려어교과서』 일권, 원동변강국립출판부, 1937. * 강채정과 공저.

『吏頭集解』(원고본), 1943.

『조선문법』 제1권(원고본), 1947.

『조선문법』 제2권(원고본), 1948.

『북방 민족의 말』(원고본), 1955. * 소재 불명.

『조선말의 되어진 법』(원고본), 1955.

『조선문자 원류고』(원고본). * 소재 불명.

『우리말과 가작흐 회화집』(원고본). * 소재 불명.

한글말풀이 초록 원고.

2. 국문학 분야

『朝鮮歌樂史』(원고본), 1929.

『通俗文學集』 권1, 2(원고본), 1930. * 소재 불명.

「과거 고려의 평민문학」; 『선봉』 1930.5.22~6.8까지 6회 연재.

이야기 모음 원고, 1938.

『詞와 別曲의 變遷』(원고본), 1944.

계봉우시집(원고본, 총 14편 수록), 1947.

『朝鮮文學史』 1, 2권(원고본), 1950.

『童謠民謠集』(원고본), 1950. * 소재 불명.

『금강산』 상, 하권(소설 : 원고본).

『함흥민요』(3막 4장 극본 : 원고본).

한국노래 및 일반음악사 관련 초록(원고본).

『유충렬전(?)』(원고본).
노래 가사 모음(종이 낱장 54매).
가악(歌樂) 관계사료 초록 원고(4쪽).

3. 역사분야

『新韓獨立史』(등사본), 1912. * 吉東基督學堂 교재. * 소재 불명.
『朝鮮歷史』(등사본), 1912. * 중등학교 교과서. * 소재 불명.
『最新東國史』(등사본), 1917, 哈爾賓普文社. * 永新・德興學校 등 교과서. * 소재 불명.
『吾讎不忘』(등사본), 1912. * 소학교 수신교과서.
『安重根傳』(미완 원고). *「만고의사 안즁근뎐」이란 제목으로 『권업신문』 1914.6.15 ~8.29(폐간호)까지 10회 연재.
「北墾島 그 過去와 現在」, 『獨立新聞』, 1920.1.1~22까지 4회 연재.
「俄領實記」, 『獨立新聞』, 1920.2.26~4.8까지 12회 연재.
「金알렉산드리아小傳」, 『獨立新聞』, 1920.4.17~ 22까지 3회 연재.
『義兵傳』, 『獨立新聞』, 1920.4.27~5.27까지 10회 연재.
『新撰주신史』(등사본), 1923. * 소재 불명.
『東學黨暴動』(원고본), 1932.
『朝鮮歷史』 제1권(원고본), 1936.
『朝鮮歷史』 제2권(원고본), 1936.
『朝鮮歷史』 제3권(원고본), 1952.
『朝鮮歷史』 제1권(원고본), 1953(수정본).
『朝鮮歷史』 제2권(원고본), 1953(수정본).
『한국사연습』.
日淸戰爭實記 초록 원고.

4. 사회 · 경제 분야

「社會의 假志士」, 『太極學報』 25, 1908.

「學校의 弊害」, 『太極學報』 26, 1908.
「京城勞動會에 對하야」, 『獨立新聞』 1920.5.27.
『從來朝鮮의 土地關係』(원고본), 1932.
「고려어 교수 문제에 대하여」, 『레닌기치(레닌의긔치)』, 1939.9.10.
『한국토지문제』.
『조선의 농업구조』.
『朝鮮經濟史抄』(원고본).

5. 민속 · 종교 분야

『과학의 원수』(노트 수필 원고), 1930. * 김학민 주해로 1999년에 학민사에서 간행.
『고려인의 구력과 명절의 미신』, 원동변강출판부, 1931.

6. 기타

「弔鄭昌贊君」, 『獨立新聞』, 1920.4.10.
「리(이)력서」, 1936.1.28 작성.
『꿈속의 꿈』 상, 하권(수필 원고), 1944. * 김필영 옮김으로 2009년에 경남대 출판부에서 간행.
논설 관련 초록(수필 원고, 4쪽만 잔존).

※ 이 밖에도 계봉우(필명 : '계봉우', '게봉우', '뒤바보', '北愚', '檀仙', '四方子' 등)는 1912년 북간도에서 발행한 월간지 『大震』의 주필을 비롯하여 1914년 연해주에서 『권업신문』 기자, 1919년 上海에서 『救國日報』 기자, 1920년 上海에서 『自由鐘』의 주필, 1921년 치타에서 『새사람』의 주필 등을 역임하였으므로 해당 신문이나 잡지를 조사하면 투고한 글들이 적잖게 나올 것으로 보임.

| 참고문헌 |

「20세기 한국의 위인들」, 『고려일보』, 1999.1.1.
「계봉우—혁명가, 작가, 학자」, 『크즈일오르진스키예 베스찌』, 1997.8.6.
강 Г.В., 『카자흐스탄의 한인들. 역사적 개괄』, 알마티.
계봉우, 『꿈속의 꿈』.
『북우 계봉우 자료집』 1・2, 독립기념관 한국독립운동사연구소, 1996・1997.
고가이 Л., 「무(無)로부터의 회귀」, 『고려일보』, 1996.3.22.
고가이 Л., 「사람들과 운명」, 『크즈일오르다』, 1995.5.22.
고가이 Л., 「슬픔, 밝은 비애」, 『고려일보』, 1998.10.29.
고가이 Л., 「지나가는 세기의 영웅들」, 『고려일보』, 1999.11.5.
고송무, 「계봉우 유산에 대한 언어학회 보고」, 『한글소식』 No.251, 1993.
고송무, 『카자흐스탄과 중앙아시아에서의 한국학 소식』 No.3, 1993, 헬싱키-알마티.
박 환, 『러시아한인민족운동사』, 탐구당, 1995.
박 Б.С., 『백학 나라의 후손들』, 타시켄트, 1990.
박 В., 「이름의 귀환」, 『크즈일오르다스키예 베스찌』, 1998.10.21.
양원식, 「한국독립투사들의 후손들이 카자흐스탄에 살고 있다」, 『고려일보』, 1997.4.26.
윤병석, 『한국독립운동의 해외사적 탐방기』, 지식산업사, 1994.
조동걸, 『독립군의 길따라 대륙을 가다』, 지식산업사, 1995.
차가이 Л., 「영원한 기억」, 『고려일보』, 1999.5.22.
차가이 Л., 「크즈일오르다는 계봉우를 기억한다」, 『크즈일오르다 타임즈』, 1999.5.20.
최 В., 「세월을 끊기지 않게 하기 위하여」, 『고려일보』, 1997.10.4.
카린 С.Х., 『현자의 세계』, 모스크바, 1962.

| 필자 소개 |

윤병석(尹炳奭 Yoon Byungseok)은 인하대학교 사학과에서 정년퇴임한 후 명예교수로 있으며, 한국독립운동사를 전공하고 있다. 주요 논저로 「계봉우의 민족운동과 한국학」(『한국학연구』 22, 2010), 『3·1 독립운동과 김덕원 의사』(공저, 모시는사람들, 2013), 『대한과 조선의 위상-격동과 시련의 조선말·대한제국·대한민국시대』(선인, 2011), 『안중근 연구-하얼빈의거 100주년의 성찰』(국학자료원, 2011) 등이 있다.

반병률(潘炳律 Ban Byungyool)은 한국외국어대학교 사학과 교수로 재직하고 있으며, 한국 근현대사를 전공하고 있다. 세부전공분야는 한국독립운동사, 한인이주사, 해외동포사, 한-러 관계사이다. 주요 저서로 월봉저작상(1999년)을 수상한 『성재 이동휘 일대기』(범우사, 1998)를 비롯하여, 『여명기 민족운동의 순교자들』(신서원, 2013), 『1920년대 전반 만주·러시아 항일무장투쟁』(독립기념관, 2009), 『국외 3·1운동』(공저, 독립기념관, 2009), 『우스베키스탄 한인의 정체성 연구』(공저, 한국정신문화연구원, 2001) 등이 있고, 편저로 이인섭 원작의 『망명자의 수기』(한울아카데미, 2013)가 있다.

박노자(Vladimir Tikhonov)는 노르웨이 오슬로대학교 인문학부 문화연구 및 동방언어과 교수로 재직하고 있으며, 한국사상사와 한국현대사를 전공하고 있다. 주요 논저로 「착한 천성의 아이와 같은 저들-1880~1900년대의 러시아 탐험가들의 한국 관련 기록에서의 오리엔탈리즘적 (허위) 인식의 스펙드럼」(『대동문화연구』 56, 2006), 『우리가 몰랐던 동아시아』(한겨레출판, 2007) 등이 있다.

조원형(趙原珩 Cho Wonhyong)은 인하대학교 한국학연구소 HK연구교수를 역임하였고, 국립국어원 연구사로 재직하고 있으며, 텍스트언어학과 일반언어학 이론을 연구하고 있다. 주요 논저로 「천주가사에 대한 텍스트언어학적 연구」(서울대 언어학과 박사학위논문, 2009), 「벵골어 용언 어미 -e의 기능과 선어말어미 -e-chh-의 문법화」(『언어학』 62, 2012), 「인터넷 백과사전 '위키백과' 문서의 텍스트성」(『텍스트언어학』 30, 2011), 『우리 시대의 문체』(공저, 월인, 2007) 등이 있다.

류준필(柳浚弼 Ryu Junpil)은 인하대학교 한국학연구소 HK교수로 재직하고 있으며, 한국문학사를 전공하고 있다. 주요 저서로 『근대계몽기 지식개념의 수용과 그 변용』(공저), 『동아시아 인식지평과 실천공간』(공저), 『아시아라는 사유공간』(공역) 등이 있다.

이영호(李榮昊 Lee Youngho)는 인하대학교 인문학부 사학전공 교수, 한국학연구소 소장으로 재직하고 있으며, 한국 근대사를 전공하고 있다. 주요 논저로 「내재적 발전론 역사인식의 궤적과 전망」(『한국사연구』 152, 2011), 『한국 근대 지세제도와 농민운동』(서울대 출판부, 2001), 『동학과 농민전쟁』(혜안, 2004), 『대한제국의 토지제도와 근대』(공저, 혜안, 2010) 등이 있다.

이현주(李賢周 Lee Hyunju)는 국가보훈처 연구관으로 재직하고 있으며, 한국 근현대사를 전공하고 있다. 주요 논저로 『한국사회주의 세력의 형성－1919～1923』(일조각, 2003), 『해방 전후 통일운동의 전개와 시련』(지식산업사, 2008), 『1920년대 재중항일세력의 통일운동』(독립기념관 한국독립운동사연구소, 2009) 등이 있다.

임학성(林學成 Lhim Hagseong)은 인하대학교 한국학연구소 HK교수로 재직하고 있으며, 조선 후기 사회사를 전공하고 있다. 주요 논저로 「조선시대 노비제의 추이와 노비의 존재 양태」(『역사민속학』 41, 2013), 「20세기 초 '간도'지역 거주 조선인에 대한 호적조사－한·중간 경계의 접점」(『環日本海硏究年報』 20, 니이가타대학, 2013, 日文), 『범월(犯越)과 이산(離散)－만주로 건너간 조선인들』(공저, 인하대 출판부, 2010) 등이 있다.

계학림(Ге Хаким)은 계봉우 선생의 막내 아들로 카자흐스탄공화국 크즈일오르다 쥬멘 아르크53중학교 교수로 정년퇴임했다. 저서로 부친에 대한 회고록인 *Жизнь после жизни*(г.Кызылорда : ВЕНЕРА, 2000, 본 책의 부록으로 역주본 수록)이 있다.

이원용(李元容 Lee Wonyong)은 러시아어 번역 및 러시아 관련 자유기고가로 활동하고 있다. 주요 번역서로는 『사할린 가미시스카 한인학살 사건 I－소련군·KGB 수사자료집－원 노문 수록』(북코리아, 2009), 『러시아문서 번역집 III－제정러시아 대외정책문서보관소(АВПРИ)』(선인, 2011) 등이 있다.